2021年度浙江省教育科学规划重点课题研究成果（2021SB059）
2018年度教育部人文社会科学研究规划基金项目成果（18YJA880013）

新经济、新就业、新空间

数字时代“新商科”青年人才培养

邱璐轶 ◎ 著

中国财经出版传媒集团
经济科学出版社
Economic Science Press

图书在版编目（CIP）数据

新经济、新就业、新空间：数字时代“新商科”青年人才培养/邱璐轶著．--北京：经济科学出版社，2022.7

ISBN 978-7-5218-3888-6

Ⅰ.①新… Ⅱ.①邱… Ⅲ.①高等职业教育-信息经济-人才培养-研究-中国 Ⅳ.①F49

中国版本图书馆CIP数据核字（2022）第135572号

责任编辑：李　雪　袁　溦
责任校对：隗立娜　齐　杰
责任印制：邱　天

新经济、新就业、新空间
——数字时代“新商科”青年人才培养
邱璐轶　著
经济科学出版社出版、发行　新华书店经销
社址：北京市海淀区阜成路甲28号　邮编：100142
总编部电话：010-88191217　发行部电话：010-88191522
网址：www.esp.com.cn
电子邮箱：esp@esp.com.cn
天猫网店：经济科学出版社旗舰店
网址：http://jjkxcbs.tmall.com
固安华明印业有限公司印装
787×1092　16开　15印张　300000字
2022年7月第1版　2022年7月第1次印刷
ISBN 978-7-5218-3888-6　定价：76.00元
（图书出现印装问题，本社负责调换。电话：010-88191510）

前　言

在数字经济的引领下，物联网、大数据、云计算、直播电商等数字新业态快速发展，这些新业态、新模式、新理念为青年人才带来了更多的发展机遇，同时也给高校人才培养和学科建设带来了更大的挑战。浙江省高职院校积极适应新业态的发展，通过产学研合作、校地合作、校企合作等方式，与数字产业空间紧密对接，建设一批融产学研合作与人才培养功能于一体的共享型校外实践基地，实现小空间大集聚、小平台大产业、小载体大创新。本著作以浙江省高职院校商科类专业为研究对象，对新外贸、新电商、新物流、新营销等商贸领域的数字化转型展开研究，探索数字经济时代职业教育数字化改革的新机制、新模式、新路径。

一、意义重大

浙江是全球数字经济发轫地和发展高地，打造了杭州、宁波、义乌等一批特色鲜明的数字经济城市，孕育了阿里巴巴、蚂蚁金服、海康威视等一批世界级的数字领军企业，建设了科技园、数字园、电商园、创业园、特色小镇、淘宝村等一批新型的数字产业空间。这些数字领军企业和产业空间通过高效的信息网络和发达的交通网络与城市核心区相连，围绕都市核心圈形成数字产业生态体系，为企业数字化转型提供了良好的生态环境，为年轻人创造了宽阔的逐梦舞台，构筑了丰富多样的数字经济生态圈。作为全国数字经济的先行者，浙江积极推进数字经济与实体经济的良性互动和深度融合，建设具有全球影响力的“互联网＋”创新创业中心，培育和吸引了一批优秀的数字青年人才。因此，打造和培育以数字经济为核心的青年人才“新空间”是区域产业生态体系构建的重要内容。

本著作基于浙江省“五个一批”产教融合实践，对数字经济与人才培养之间的“互动共生”“协同创新”“层次耦合”协同联动逻辑进行深入解读；并通过“青年数字人才”“青年技术人才”“青年创客人才”的深入访谈，分析数字时代青年人才就业行为、就业领域、就业空间的变化；最终，从“新经济、新就业、新空间”的视角，研究青年人才成长与区域产业互动的新路径，探讨数字经济时代高职产教融合生态圈构建的新模式。

1. 对数字产业空间打造具有引导作用

产业空间是产业发展的载体、人才培养的摇篮、城市发展的推进器。在创新驱动战略的引领下，以数字经济为引领的“科技园”“电商园”“创业园”“特色小镇”“淘宝村”等新型数字产业空间层出不穷，研究不同特色、不同功能的新型产业空间，对提高城市资源配置、科技创新和对外开放具有重要意义。

2. 对高职院校产教融合具有指导作用

本著作围绕“新经济、新空间、新青年”的主题，对数字经济时代高职院校新商科专业与区域产学研合作协同、人才培养协同、社会服务协同，展开实证分析和案例研究。并以国际商贸、物流管理、电子商务、财务会计等专业为具体研究对象，在校地互动、产教融合、创新创业等领域出思路、出方法，开辟了高职院校服务地方经济的新领域。

3. 对数字青年人才培养具有指导作用

随着都市圈产业转型升级步伐的加快，城市新型产业空间对青年人才、技术人才、创新人才的需求与日俱增。研究团队以杭州、宁波、义乌三个城市为主要研究对象，研究数字经济时代青年人才在就业行为、就业领域、就业空间等方面的变化，为高职院校的人才培养、专业建设和社会服务提出相关建议。

二、角度新颖

本著作从“新经济、新就业、新空间”的视角，分析数字经济时代青年人才与产业协同联动的逻辑，构建数字经济、区域创新与人才就业的耦合协调度评价体系，提炼高职商科毕业生的就业、创业典型案例，完善应用型、复合型、创新型的新商科人才培养体系，探索数字驱动下高职“新商科”专业产教融合的新模式、新路径。

1. 评价青年就业空间的集成创新能力

研究运用德国经济学家、地理学家阿尔弗雷德·韦伯的空间产业集群理论，从空间角度对青年就业空间的功能进行整合，强化创新、协同、开放、共享。同时，研究还基于集成创新理论，构建了青年就业空间集成创新能力评价体系，并运用层次分析法，对青年就业空间的集成创新能力进行评价。结果表明，以数字经济为引领的青年就业空间，要注重打造区域科技创新和信息创新平台，构筑多层级的创新集聚空间，孵化和培育一批优秀的数字企业，吸引更多青年人才集聚。

2. 探索“新商科”青年人才培养路径

研究以高职新商科类专业为例，探讨如何协同数字行业龙头企业、产业园区、特色小镇，打造跨境供应链促进中心、多语种数字客服中心、新媒体数字运营中心、智能财务数字管理中心、大学生众创空间等新型数字化产教融合基地。多层次、多渠道、多元化地整合与输出数字经济核心资源，为高职院校数字“新商科”产教融合平台建设、学科发展、专业建设、人才培养、社会服务提供有力支撑。

3. 构建数字时代高职产教融合生态圈

研究表明青年就业空间建设是一个多方协同创新的过程，在这个协同创新的生态圈内，高校要积极参与人才培养和专业建设，布局一批与产业紧密结合的特色专业和优势专业，合作建设一批共享型的校外实践基地。同时，研究表明青年就业空间也要通过集聚人才、信息、文化等高端要素，孕育都市圈框架下的新型发展平台，从而在更高水平上促进产业空间的转型升级，实现“新经济、新空间、新青年”协同发展。

三、案例翔实

本著作通过调研浙江10余所高职院校的商科类专业，研究数字经济时代“新商科”专业数字化人才培养、数字化专业设置、数字化课程改革、数字化“双师”队伍建设的改革实践，并从协同创新的角度全面阐述了数字经济驱动下高职院校“新商科”专业的数字化改革与产教协同实践。

◆ 问卷调查。重点对杭州、宁波、义乌三地20余个数字产业空间的从业人员开展问卷调查，调查数字产业空间的发展现状，同时调研软件开发、大数据、云计算、电子商务等数字行业的分类和分布，以及智慧服务、智慧教育、智慧民生等领域的数字化应用情况。

◆ 专题访谈。通过“专人专访”“专题专访”的方式，访谈30多位活跃在数字产业空间的青年人才，包括“新媒体运营”“跨境电商专员”“淘宝主播”“网店设计师”“数据分析师”“人工智能工程师”“物联网工程师”等，通过深度访谈和NVIVO软件的词频分析，了解数字青年人才的就业行为、就业领域、职业规划等。

◆ 层次分析法。基于协同创新理论，从产业分布、科技创新、人才就业三个层面，构建“数字产业空间协同创新能力评价体系”，并对宁波校地合作型的数字产业空间的协同创新能力进行评价和研究。

目前，对于数字经济理论问题研究的著作已有一定数量，但与数字经济相关的教育教学领域著作还比较少。《新经济、新就业、新空间——数字时代“新商科”人才培养》一书从协同创新的视角，探索数字经济驱动下，高职“新商科”专业人才培养和产教融合的新模式、新路径，对区域发展、产业创新和人才培养都具有重要的现实意义。在本书的写作过程中，参考和借鉴了国内外多位学者的相关理论和研究成果，在此深表谢意。此外，特别感谢宁波职业技术学院的董鸿安、杨林生、马翔、华忆迪、张琼、王一名、黄燕等老师的共同协助，提供了许多宝贵的资料和素材，也给出了许多诚恳的意见。其中，宁波职业技术学院董鸿安教授就高职院校新商科“数字引领、商贸主导、多语助力”国际商贸专业群人才培养模式创新及其建设绩效评价等方面给予了精心设计；王一名、黄燕、张琼等老师在新商科学生的实习就业过程中用心指导，为商贸领域培养了一批批优秀的青年人才。

同时，也要感谢国际经济与贸易专业2019届、2020届的林鸿维、宋佳佳、杨星宇、刘玉婷、陆晓霜、杨如曼、郑鸣靖、吴语嫣、陈怡琪、牟慧丹等同学，这些同学利用课余时间和寒暑假时间，跟我一起参与了浙江省青年人才多元就业、灵活就业的专题访谈和案例研究。其中，我与华忆迪老师一起带领学生团队，以小镇青年人才多元就业为研究主题，完成了《是“不务正业”还是“职业跨界”：数字经济时代青年多元就业调查研究》的调研报告，该报告获宁波市商务局相关部门领导的批示，同时在浙江省新苗人才计划项目、浙江省“挑战杯”大学生课外学术科技作品竞赛中取得了优异的成绩。

在此，还要非常感谢柯明亮、慎芳芳、张静、庄翼诚、周梦婷、杨凯奇、杨昕、许怡、应宛静、楼凯浩、徐雨朦等多位已经踏上工作岗位的宁职优秀学子，感谢你们积极配合学弟学妹的采访，耐心解答他们心中的疑问。感谢你们为此项研究提供了许多珍贵的一手资料，为学弟学妹们的实习和就业提供了宝贵的指导意见。其实，作为一名高职院校的商科专业教师，能够有机会带领学生开展青年人才就业主题相关的调研活动，对我个人的帮助也非常大。这种方式不仅丰富了我的第二课堂教学，同时也让我积累了更多实践教学经验。在实践过程中，我和学生们的足迹遍布浙江省多个新型数字产业空间，包括数字工厂、数字园区、数字社区、数字博览馆，通过实地走访和实景拍摄，勾勒出青年人才就业空间的最新场景；在走访过程中，我们认识了很多数字经济领域的青年企业家、青年创客、青年技术能手，他们毫无保留地跟我们分享了创业经历和成长故事，更好地激励了新一代大学生；在访谈过程中，我们团队分工合作，配合默契，肩负起数字“新青年”人物的拍摄、录制、采编的工作，收获满满。

最后，再次感谢所有支持本书撰写的同事、朋友、学生和家人。当然，由于我水平有限，本书的一些研究观点可能失之偏颇，书中不足之处在所难免，烦请各位读者与专家学者提出宝贵意见，以便修正。

邬璐轶

2022年6月18日

目　　录

第一章

研究综述

数字经济是继农业经济、工业经济之后的主要经济形态，是以数据资源为关键要素，以现代信息网络为主要载体，以信息通信技术融合应用、全要素数字化转型为重要推动力，促进公平与效率更加统一的新经济形态①。目前，我国的数字经济建设正步入快速发展的新阶段，数字产业化、产业数字化、服务数字化和数据价值化在各个领域的广泛应用，培育数字经济人才，加速数字中国建设，推动数字经济发展，已经上升为国家战略。

第一节　数字经济与工业发展

对于数字经济与工业发展的讨论，很多学者主要围绕工业 4.0 展开，他们将工业领域的数字化定义为提高生产效率和优化生产过程。然而，数字技术在社会发展中的作用不仅仅是工业效率的提高和生产技术的增强，同时还包括商业模式的创新和产业模式的变化。因此，从实际运作的角度来看，管理者需要考虑数字技术如何改变生产运作的整个环境，他们还需要决定哪些模块可以实施数字平台，哪些模块应该作为其他平台的组件，这些决策都会影响到公司的结构布局及其长远发展规划。

当前，已经有一部分汽车制造商走出传统商业模式，通过添加网络产品的特性来创造价值，从而提高产品的竞争力。早在 2015 年，汽车制造公司奥迪、宝马和戴姆勒公司以财团的形式建立了战略网络，他们以 28 亿欧元联合收购诺基亚旗下地图与位置服务业务“HERE”。HERE 以 50 多种语言为将近 200 个国家提供地图与位置服务，是全球领先的地图和位置服务供应商之一，它将成为驾驶辅助系统和自动驾驶的关键组成部分。三家汽车行业龙头一致认为，必须与汽车行业以外的公司展开合作才能更好地为客户提供差异化的服务。这个由汽车制造商收购数字服务公司的案例生动地表明，商业运营、战略和竞争环境已经发生了巨大的变化，在包罗万象的转换过程中，越来

① 国务院关于印发“十四五”数字经济发展规划的通知，中国政府网，2021 年 12 月12 日。

越多的产品和服务开始运用不同类型的数据，对其原有形态进行重构，使其得到最大的优化（Meny，2021）。

其实，在新兴的数字环境中的，企业的增值并不是通过单一产品特性增加的，价值创造过程是基于多个利益相关者的贡献、相互协同和创造。因此，产品和服务的数字能力使企业能够结合跨越传统行业边界的资源，将数字生态系统作为竞争条件之一，数字生态系统可以被理解为一个公司和其他机构的网络，通过共同利益相互联系，围绕数字平台创造和维持价值。因此，参与者通过加强网络效应来促进生态系统的生存能力以及资源整合能力，以增强跨行业生态系统的稳定性。

袁玉芝（2019）在数字产业推进过程中，以人工智能为重要技术支撑的数字型企业不断增多，企业之间的沟通和协同变得尤为重要，通过共享机制和模式，建设新型数字化产业共享空间，在未来会成为一种趋势。仵凤清（2021）运用社会网络分析方法，定量分析我国人工智能产学研合作创新特征。她表示，人工智能不断拓展应用场景，与多种技术形成的新型交叉技术已广泛应用于多个行业中，不断推动教育、医学、能源等各领域创新与变革，使"人工智能+产业"得到进一步发展。虽然第四次工业革命带来了很多的变革和工业改进上的优势，但企业在实施过程中依然面临着挑战，很明显的一点就是新雇员以及当前员工缺乏工业4.0体系所需达到的技能。所以，德国的诸多制造业企业希望能够按照工业4.0的需求对高等教育系统进行改造，他们希望通过产教融合等方式在大学层面建立未来人才库，提前实现企业所需的员工和劳动力储备具备工业4.0的基本技术能力。但是，目前的大部分大学是基于前三次工业革命建立起来的，并没有对工业4.0做出针对性的改良。也就是说，要想实现包括职业教育在内的大学可以在促进工业4.0所需的专业技能和知识储备方面发挥关键作用，高等教育必须为培训适应未来产业发展的人才进行课程和教材内容的调整。高校的学科建设和人才培养要在工业4.0应用的基础上，培养学生发掘问题、解决问题、故障分析、变化应对、数据处理等方面的能力。例如，马来西亚政府积极推进工业4.0，并对其高等教育体系做出了很多改革，他们制定了《2015—2025年马来西亚教育蓝图》，鼓励高校通过与企业合作开展实践教学，让学生更快适应工业4.0的需求。科斯昆等（Coskun et al.，2019）认为，高校学生社团活动在知识和技能形成中发挥了重要作用，于是他们设计了一个通用的路线图，并在伊斯坦布尔的高校实施开展。他们建议引入如Python和R等编程语言、统计分析方法、数据库系统、机器学习、安全系统和管理、嵌入式系统、工业机器人等新课程。同时，用可视化软件工具、模拟器、三维（3D）打印系统等对传统实验室进行升级，以实现数字经济发展背景下工业4.0的应用。

第二节 数字经济与乡村振兴

数字赋能助推乡村振兴，即以物联网、大数据、人工智能、区块链等新一代数字化基础设施为硬件基础，以数据化知识和信息为关键生产要素，以数字技术创新为核心驱动力，以现代互联网信息平台为重要载体，通过数字技术与农业农村发展深度融合，推动乡村产业、生态、文化、治理、服务等方面的数字化转型，促进实现乡村产业兴旺、生态宜居、乡风文明、治理有效、生活富裕（秦秋霞，郭红东等，2021）。

沈费伟（2021）认为，数字乡村产业模式致力于完善数字产业体系，主要形成了三种重要的实践方式，分别是农业物联网方式、农村电子商务方式、互联网特色农业方式。农业物联网的使用能够提高传统农业的生产效率和农产品质量；农村电子商务通过乡村线下生产和线上销售的结合，为村民在当地就业提供了多元的选择；互联网特色农业真正实现了特色农业与数字技术的融合发展，能够从源头上促进乡村振兴发展，包括借助直播、抖音等多种线上新兴渠道，致力于优化村庄数字资源配置，形成了诸如“农业基地 + 物联网”“农业生产 + 电商”“乡村生态 + 平台”等发展模式，促进农村经济向高质量迈进。胡文兵和杨兴红（2020）基于对我国长三角地区的淘宝村进行深入研究，调查了农村电商的发展现状，并指出当今淘宝村的建设突飞猛进，农村电商产业园数量快速增加，但农村电商仍面临着农产品品牌优势弱、农村物流系统建设滞后等问题，需要通过模式创新、产业升级，建立专业产品分拣仓，走出淘宝村面临的困境。王雨青（2021）认为要利用电子商务经济模式来推动农村经济转型，开设电子商务渠道，构建农村电商人才队伍，完善农村物流运输体系，为乡村振兴开辟新道路。

在短视频快速发展的背景下，农村直播电商也成为很多学者关注研究的对象。赵俊雅和徐晓燕（2020）认为农产品通过直播可以减少大量宣传费和广告费，但农产品售后服务系统较弱并且本土主播的专业直播技能较为缺乏成为主要问题。他们指出电商直播助力乡村振兴是非常好的一个途径，但需要改善农村电商条件，打造特色品牌，注重客户的服务，提升主播的专业技能。杨丹和张健挺（2021）认为要重视乡村旅游短视频的发展和人才培养，这两位学者从短视频传播内容的生产与制作分析了乡村旅游短视频的发展方向，并提出了乡村旅游短视频可持续发展的路径。近年来，数字赋能在乡村振兴上取得显著成效，但是也面临许多问题。例如，农村数字化基础设施薄弱，数据资源城乡分布不均衡，使城乡之间形成了巨大的数字鸿沟；农民数字化应用水平较低、农村数字化专业人才匮乏和农村数字化政策供给不足等都是阻碍农村数字化进程发展的不利因素。为了激发乡村振兴的内在动力，有较多学者认为需要开展数字化专业人才下乡行动，提高落后地区农民的数字技能，提高农民信息素养与技能，共同形成数字乡村的强大合力。因此，在数字技术植入乡村振兴建设中，一定要注意不能要面子工程，要注重基础设施的建设，还应注意产业链的多样化、多元化，扎实提升农村劳动力的数字技能水平，真正实现数字赋能乡村振兴，为乡村振兴的持续性发展提供可能性。苏岚岚和张航宇等（2021）从提升农民数字素养到促进数字乡村实践参与再到推动数字乡村全面发展的逻辑理论，指出了当前农民数字素养和数字乡村的研究动态，点明了农民数字素养对数字乡村发展的重要性，他们认为数字、产业、生活、生态与治理应当协同发展，推动农村转型。孔苏颜（2021）认为在数字技术激活乡村振兴新动能的同时，乡村也要依靠数字技术振兴构建多元协同机制，强化乡村振兴保障体系；注重文化资源保护传承，筑牢乡村振兴文化根基；加强乡村智库建设，强化乡村振兴人才支持。沈费伟（2021）对数字乡村韧性治理的建构逻辑与创新路径展开研究，他认为现阶段数字乡村在其发展过程中存在不可持续性、脆弱性、不稳定性的特点，认为数字乡村的韧性治理成为推动乡村振兴建设的战略选择，为实现乡村可持续发展提供了新思路。

第三节　数字经济与城市创新

创新是区域经济增长和城市可持续发展的关键驱动力。美国布鲁金斯（Brookings）学会在 2014 年提出了“创新区”的概念，布鲁金斯学会通过对全球区域创新系统建设的分析和研究，发现创新区已经成为一种新的城市空间模式。创新区的特点是技术密集、创新活跃，配套设施完备，如办公楼、商业公寓、住宅楼和零售中心布局紧凑、交通便利。城市创新区容纳了大量高新技术产业和创意产业，是创新驱动和集中发展的新空间载体。近年来，国内外学者们研究了城市创新空间的概念、内涵、演变、特征和类型。此外，他们还从产业结构、功能体系、组织联系和评价等角度进行分析，西班牙巴塞罗那、美国旧金山、加拿大多伦多的创新区都是城市创新区的成功案例。

在数字经济的影响下，城市在延续蓬勃发展的态势，智慧城市就是一个城市创新发展的典范。湛泳和李珊（2021）认为智慧城市建设有助于激发城市创业活力、推动创业进程，智慧城市建设能够吸引和集聚创新要素资源，推动城市高质量发展。他们通过城市创业活力和智慧城市发展的关系进行假设和检验，论证智慧城市建设和创业活力对区域经济高质量发展的影响。也有较多学者开展城市创新与人才研究，研究表明近年来各地政府高度关注地区人才资源，均衡分配人才资源，能更好地推进城市产业发展与数字技术互相融合，实现共同进步。

智慧城市的建设，将会繁衍出大量的新兴产业，这些新兴产业将有助于推动数字技术催生的创新产业快速发展并实现转型。因此，数字经济不仅推动了城市规划的变化和改进，还改变了城市或地区原来的状态。以往的城市发展注重的是实体物理空间，而在第五代移动通信技术（5G）网络技术下，在通信技术和网络技术的支持下，物理空间将不再是城市空间规划中所要面对的唯一维度，城市建设将变得多样化。随着智慧城市建设的不断深入开展，未来将会有更多的区域被开发成为“城市大脑”。例如，在医疗领域里面，可以建成医疗行业的“城市健康大脑”，在城市医院、疾控系统、社保中心、药店等系统中进行数据互通，从而可以及时分析判断居民的健康状况，开展城市的健康发展政策制定；在生态环境领域里面，可以建成“城市生态大脑”，可以对城市环境监测数据、气象数据进行综合判断，并分析城市的生态质量，然后通过科学手段分析，找到问题所在并解决。在这次新冠疫情中，龙瀛（2020）发现可以通过大数据、人工智能、机器人与自动化系统、智能建造、共享经济、互联网和云计算、传感网与物联网这些手段来促进城市发展和应对突发疫情，它们使城市更加富有韧性，更好地增强在应对疫情中的自信心。

但是，马惠雯（2021）认为大数据背景下的智慧城市建设有优有劣，大数据技术为我们城市建设的可持续发展提供了依据，大数据技术提高了城市服务的精准化程度、治理的科学化水平和城市的民主化程度。但大数据技术很难得到充分的利用，并且建设过程协调性不足、相关制度不完善等都导致智慧城市建设效果并不显著。所以需要对智慧城市的建设进行改善与优化创新，最终实现治理的智慧化、现代化、科学化和精准化。张亨明和章皓月（2021）认为城市数字化治理面临许多挑战，其中包括基础信息设施不健全、数字化认识不深刻、公众参与积极性不高、部门间信息流动不畅、治理资源整合不强等。要实现城市数字化治理就要从转变城市治理理念、创新城市治理模式、变革城市管理体制、丰富城市治理方式着手。在2021世界数字经济大会上我们看到智慧城市展厅的“一网统管”的地图，整张网络布局图将事件分析、综合巡查、联动指挥相结合，依靠互联网为基础，联动多个城市网络优化城市服务，有效提升国家治理现代化水平，这就是数字经济在智慧城市管理中的案例。

第四节　数字经济与青年就业

多元就业是数字经济所孕育的一种新职业状态，它的存在反映出当今社会中青年们的职业规划、未来方向的显著变化。为了追求更高的经济收入、寻求更多元的职业发展机遇，多重职业成为青年群体在职业发展中的一种新型就业模式。埃尔博尔（Alboher，2007）首先提出了“斜杠青年”的概念，非常形象地定义了拥有多个职业的青年人，在描述的时候需要用“斜杠”将不同职业进行划分。随着“斜杠青年”这一群体的增加，国内学者（敖成兵等，2017）开始从人群界定、产生的社会背景、职业规划方面对这一群体展开研究。

数字经济背景下，青年人会根据自己的偏好、政策、氛围去选择适合自己的职业。贺武华（2019）认为互联网平台的兴起，使大量的数据和信息有效结合，推动了青年职业发展从“纵向”到“横向”拓展，也推动了一些自由职业者通过信息整合来发展职业生涯。通过文献回顾发现，“斜杠青年”群体现象的出现，反映出信息时代的发展、数字技术的进步对青年人才多样化发展是有一定影响的。但也发现，活跃在数字经济领域的“斜杠青年”作为一个新兴群体有许多值得研究的问题，这些问题能够帮助我们深入了解青年多元就业背后的社会现象与态势发展。因此，本著作的第三章节专门对青年群体的多元就业、灵活就业展开研究，因为笔者认为这一群体与数字经济的发展有密切的关系。

南非的学者在研究中表明，新型冠状病毒肺炎（Covid-19）大流行病在经济和社会层面上的负面影响非常大，但它也向我们展示了远程工作的优势。虽然疫情期间，年轻人的失业率快速增高，但也是一个非常好的时期，能够有利于年轻人学习新技能、创造新工作，有利于发挥年轻人的潜力。在数字就业普及的情况下，年轻人将能够通过网络与企业进行互动，积极参加在线学习，积极参加虚拟培训课程，甚至通过网络平台进入国际就业市场。从虚拟现实到人工智能，年轻人正在寻找应用创新技术解决问题和提高生产力的方法。2022 年初美国的很多企业开始恢复正常的运行，但是许多公司并没有调整回疫情前的传统上下班工作模式。根据美国人力资源管理协会报告显示，82% 的美国企业高管表示，他们打算让员工选择在部分时间进行远程工作。根据总部位于康涅狄格州斯坦福德的研究和咨询公司高德纳（Gartner Inc.）的一项调查，近一半（47%）的人表示，他们将允许员工全职远程工作，因为他们发现远程办公的效率不比常规上班低。与此同时，36% 的公司表示，他们愿意雇用完全远程工作的员工（Graham，2017）。

此外，还有研究表明数字媒体对帮助妇女创业和维持企业的重大影响。如今，越来越多的女性利用数字技术开展独立工作，数字工具让她们有机会在家创业，并创造独特的工作日程，更好地保持工作与生活的平衡。移动办公方式和虚拟工作场所是具有弹性工作时间的新型工作模式和工作环境，通常被视为对有孩子的妇女有利，而且与低投入有关。泉恩（Tran，2017）的研究结果表明，参与研究的女性企业家中，有一半的时间在网上开展业务的人数超过 75%；大多数人将脸书（Facebook）和推特（Twitter）列为经营业务的主要数字媒体工具。在数字和社交平台上，他们通过加强和培养长期的客户关系来创建一个忠诚的脸书和推特的追随者。参与者还报告说，“写作”和“倾听”是女性工作者的主要沟通技能，有利于她们在网络环境下形成和维持社会关系。因此，通过研究得出的结论是，数字媒体工具和平台与女性创业之间存在着强大的正相关关系，它减轻了女性创业时的许多负担。

数字产业空间是都市圈网络体系高端要素扩散并重组形成的新空间，数字产业空间有利于新型数字人才和新型数字企业的集聚（黄永忠，2018）。随着数字化革新，数字经济发展规模的持续扩大，越来越多的青年人才选择数字领域作为自己重点发展的领域（黎淑秀、许昌秀，2020）。对于新一代的工作者而言，不断出现的职业形态和价值实现路径，正鼓励年轻人更加关注自身价值和成长需求（俞雅莲，2019）。后疫情时代，技术变革带动平台经济逐渐兴起，多元就业、灵活就业逐渐呈现，面对如此局面，政府、企业、社区都需要重新思考多元就业格局下的“就业空间变革”。青年工作者初到职场，他们对工作空间并没有话语权，大都只能接受它原本的面貌。但在数字化时代，为了保证灵活就业市场更加健康、稳定地向前发展，企业需进一步加强对青年就业者的关怀，包括对办公环境的改善。从格子间到开放式以及联合办公空间，再到远程办公、移动办公，随着人们工作观念的不断变化，对工作空间的定义和期待也在不断刷新（瑞安办公，2020）。对于数字经济背景下青年多元就业工作空间的设计，也要侧重于对工作者的人文关怀，体现“以人为本”，满足工作者办公、社交、人文等多方面需求，构建数字经济时代青年人才理想的多元就业空间。邱璐轶（2020）相信通过创新创业载体建设、服务平台建设、人才服务体系建设，城市能够更好地吸引创业项目和青年人才落户，更有利于构建集商业服务、休闲旅游于一体的新业态、全要素、便利化的青年人才集聚的新空间。

第五节 数字经济与人才培养

世界上第一个旨在促进学术和工业合作的科技园可以追溯到 1951 年，当时斯坦福大学建立了斯坦福工业园区，从而创造了一种新的大学 - 工业合作模式。20 世纪 80 年代，根据弗兰德里克·特曼（Frederick Terman）教授关于学术界和工业界结合的建议，斯坦福工业园发展成为硅谷。他认为，一所研究型大学可以为一个地区的经济增长作出贡献，而一个地区的发展必然会导致一所大学的更大发展。这标志着一种新的经济现象的出现，即科技园的出现，它将大学和科技产业紧密联系在一起。此后，许多国家对大学与企业的合作实践见证了这一关系，高校作为企业创新外部知识来源的重要性已在学术界得到广泛认可。

自 20 世纪 50 年代斯坦福工业园区建立以来，关于高等教育机构与技术创新能力相关性的研究大多集中在产学研合作上。学术界普遍认为，产学研合作有利于各合作实体的发展，有利于城市创新区综合实力的提升。但这些研究也还存在一些可以继续补充的地方。首先，目前大多数研究都是从企业、大学或研究机构中单一合作伙伴的角度对产学研合作的模式、管理机制和影响因素进行实证研究，很少有研究关注各种合作伙伴之间的相关性。其次，一些研究提出了衡量高校和企业发展的部分指标，但在数字经济的创新的环境中，缺乏对这两种动机之间关系的系统研究，尤其是不同类型的高校与科技型企业之间相关性的比较研究。因此，本著作试图在前人研究的基础上，从数字经济赋能职业教育人才培养的角度，分析产学研合作对两个实体之间的相关性的影响，并试图找出与职业院校人才培养和企业数字化发展相关的影响指标。

正如上面所阐述的，在数字经济与区域创新的研究上，产学研结合成为一个重要的切入点。在理论研究方面，许多学者从不同的角度开展产学研合作的研究。例如，三螺旋理论、协同理论、交易成本理论、资源依赖理论和博弈论等。其中，埃茨科威兹（Etzkowitz，2003）利用三螺旋理论分析了政府、学校和企业之间的关系对协同创新的影响，认为它们不仅保持各自的职能，而且密切合作、相互协调，共同促进创新过程中知识的生产、转化、应用和升级。在实证研究方面，许多研究集中在产学研合作的合作主体、合作动机、合作模式、管理机制、评价体系、影响因素等方面。在数字经济的背景下，行业与人才的需求关系因产业的快速发展而出现供需失衡的状态，这也导致了就业结构发生改变。近年来，有不少学者对数字经济时代的职业教育展开研究，发现技术型人才供不应求、人才素质与职业岗位匹配度较低、职业教育教学生态仍需不断重构等问题依然存在。

一、数字化学科布局

薛新龙（2019）提出面对数字经济时代下的产业结构与就业结构的变化，职业教育的学科布局以及相应的专业布局也应顺应时代的变化进行调整，以此来确保满足市场需求以及人才规模。同时，他还指出需要通过提升数字化人才的能力素养，以提高学生的竞争力。刘琛（2020）认为面对数字化带来的挑战的同时，也要充分利用数字化带来的“红利”，以此来提升职业教育的办学效率和成果，更好地应对数字经济带来的挑战。徐栋梁（2021）在数字信息技术催生职业教育变革的背景下，分析了职业教育面临的新机遇与新挑战，认为数字经济时代对职业人才培养有哪些新的要求，如何培养学生快速解决问题的能力、实操能力、对口专业能力是很重要的。在快速发展的时代背景下，职业教育也要动态更新。徐栋梁认为，我们应积极搭建数字产业人才数据平台，缓解人才的供需矛盾问题；提升职业教育的教学标准，培养高素质的人才；推动产教融合，探索新型办学模式；完善职业教育监控体系，提高教育效率；健全国家资历框架制度，从而全方位提高职业教育的效率。刘益宏（2020）在数字经济快速发展的背景之下，分析数字经济发展状况以及其对职业教育的发展与影响，对职业教育的转型发展提出建设性建议——加大对信息软件传输与信息技术服务两种新兴职业人才的培养，关注新媒体运营人才的动态发展，这使我国的职业教育发展能够更好地跟上数字信息化社会的发展。

二、数字化学习资源

从高校的数字化学习资源来看，新的数字技术正在改变着常规的学习环境中的教育。在可持续教育发展过程中，数字化学习系统被越来越多的高校启用，为大学生提供个性化的指导。当前的研究大大扩展了人们对人工智能技术和教育领域应用的理解。例如，学生与数字资源的互动在自主学习中就非常重要，如互联网、3D 环境、3D 软件和图书馆、虚拟社区、沉浸式场景等。在数字化环境中，优质的学习资源、良好的实践环境、完善的评估方法以及个性化的学习方法，都可以帮助学生的发展。

机器人、自动化、智能代理、绿色技术和其他技术学习资源正在改变我们的生活、工作和与他人交流的方式，人工智能和大数据正在被用于新的学习空间，为高等教育带来非常大的帮助。邓文勇（2020）从共生理论视角提出人工智能教育、数字经济为两大共生单元，具有以“资本要素”为桥梁的“互动共生”逻辑连接关系。例如，学校等教育机构可以利用大数据进行有效信息收集，根据收集的与个人特征、学习习惯或思维行动有关的学生数据，提供个性化教育。个性化元素非常强调个人成长和学习环境，学习者通过互联网社区和在线课程获得的知识和技能是个人发展的重点。个性化的学习环境包括各种学习服务、学习工具和应用程序，这些都是基于数字技术，为个人的需求而建立的，例如，开展有效教学、提升用户体验和创建个性化的学生档案。

不仅是学校，企业方也协同教育机构进入数字教育领域。清软英泰通信技术有限公司是一家专注于教育信息化的软件开发、教育系统的项目集成及校园安防产品的高新技术企业。公司主要研发适用于教育教学的管理云平台与各种应用软件，以智慧校园云平台为核心，涵盖教育教学、教育管理、校园安防与生活服务四大教育应用体系。智慧校园云平台实行统一的基础数据管理、安全的数据保障服务、深度定制的校园应用、全面感知的校园环境。特色应用包括家校互动、智慧教学、智慧管理、学籍管理、生活服务、校园宣传；特色产品包括校园直播、智能放学系统、学生选课系统、智慧互动班牌、学情分析系统、智慧听学系统。

三、数字化产教协同

协同创新是围绕创新目标，多主体、多因素共同协作、相互补充、配合协作的创新行为（Storper，2004）。数字产业空间的打造也是多方协同的过程，只有融合了人才、信息、文化等多方元素才能优化产业生态圈、激发区域活力。数字产业生态圈的形成并不是一蹴而就的，它通过系统功能的相互协同，使生态圈从不平衡状态发展到平衡状态（Mcafee，2016）。杨大鹏（2019）认为数字产业协同创新是数字技术知识流动和数字产品创新的过程，数字产业化的驱动按主体的不同可分为研发机构驱动、龙头企业驱动和特色小镇驱动，三者分别从研发创新、技术应用、规模发展等环节切入，推动数字产业的协同创新。近年来，也有学者从共生理论视角研究“产教融合”“校企协同”。产教融合作为新常态下推进人力资源供给侧结构性改革的重要举措，其特点就在于产业和教育的协同发展，并形成高效、稳定、共赢的产教融合生态圈。协同创新要求产教融合生态圈的各主体要素之间的高效流动，逐步形成了多元主体协同互动的创新生态链。王秋玉（2018）基于三重螺旋理论，探索政府、企业、高校等产教融合主体实现协同推进的模式，提出教育链、人才链与产业链、创新链有机衔接的产教融合生态圈建设路径。多伦多大学罗特曼（Rotman）管理学院的阿杰伊·阿格拉沃尔（Ajay Agrawal）教授2021年撰写的《人工智能经济学》一书，介绍了人工智能技术的发展对生产、就业、增长和促进和平等方面的潜在影响，引发了有关人工智能与经济学的激烈讨论。达吉雅娜（Tatyana，2020）认为在数字经济时代，人工智能教育作为以培养人工智能（AI）人才为核心使命的现代化教育形式，与数字经济关系密切，可以在大学期间提前布局。

目前，还没有学者从协同创新和互动共生双重视角来论述数字经济时代区域产教融合生态圈的变革与创新。数字经济是浙江省的“一号工程”，人才是数字产业发展的核心。因此，要通过产教融合的方式，加大对数字青年人才引进、培育和支持力度，协同高校优质教学资源、科技资源和人力资源，打造人工智能、大数据、云计算等领域的产教融合新空间，实现“新经济、新青年、新空间”协同发展。

第二章

数字时代的变革与创新

第一节　数字时代的产业变革与创新

近年来，“数字”正在悄无声息地改变着我们的工作和生活方式。我们工作由“四处跑腿”转为“一网通办”，我们的生活由线下转为线上，在线教育、远程办公、直播带货等新形态不断涌现。数字创新给人们带来了极大的方便，数字化的脚步正在不断加快。

数字创新开始于20世纪60年代，当时主要的表现是数字在技术和工艺流程自动化的应用。下一个阶段是在90年代中期，这个时间与互联网和移动通信的全球传播和广泛渗透有很大的关联。当前，数字创新是以一种新的方式进入我们的工作和生活中，其重点是将广泛的数字服务、数字产品、数字系统集成到数字社会生态和经济系统中。随着数字创新的加速发展，全球的农业、工业、服务业都在发生转型。在数字化的影响下，各行各业都在发生变革和创新，例如，以亚马逊、速卖通、淘宝为代表的零售贸易行业，以优步（Uber）为代表的出租车行业，还有以缤客（Booking）、爱彼迎（Airbnb）为代表的旅游运营商行业等，数字化创新成为行业发展的关键因素。

一、数字工业革命

自19世纪以来，世界经历了一波又一波的“工业革命”。第一次工业革命标志着大规模机器生产的开始，随着蒸汽动力的普及，纺织业、钢铁行业迅猛发展，传统手工制成品的生产也趋于机械化。19世纪末～20世纪初，随之而来的第二次工业革命为钢铁、汽车以及电力行业带来了迅猛的发展。在这一时期，随着生产线的出现，商品开始大批量生产，标准化的概念也随即出现。在20世纪70年代初的第三次工业革命中，全世界将目光投向了可再生能源和数字产业。随着电子、电信、信息技术、计算机、绿色能源等技术的出现，数字化的新工业时代拉开了帷幕，可编程逻辑控制器和工业机器人的应用进一步提高了生产效率以及自动化水平。而现在，第四次工业革命正在如火如荼地进行中。工业 4.0 以一系列前沿技术为代表，包括物联网（IOT）、云计算、虚拟现实、3D 打印、人工智能（AI）、数据分析、网络安全、智能工厂等（见图 2－1）。当前工业转型的目的是通过整合物理、数字和生物相关技术来创造一个虚拟世界，从而达到数字化的目的。

图 2－1　工业 4.0 代表性产业

工业 4.0 的理念最初是 2011 年被德国提出的，主要目的是加强德国在制造业的竞争力。随后，日本、美国、法国、英国等发达国家也开始纷纷效仿，在本国开展并实施了类似的项目。工业 4.0 的特点是智能制造与信息技术的结合，即人机智能的共生，是对现有工业进行最大程度的信息化改造。这一过程使有形的工业资源和数字科技能够通过物理网络系统互相建立联系，人、生产、服务通过网络传输数据，相互连接，利用有价值的信息，实现创新与合作兼具一体的智能系统。工业 4.0 应用广泛，包括产品设计、原型制作、生产、预测性维护、环境和健康监测等领域都有涉及，它的发展使机器人、模拟和自动化系统的使用无处不在，大大提高了生产效率、产品性能和生产力。工业 4.0 在很大程度上是将智能传感器与网络相结合，并利用数据做出最优战略决策，总体来说，它能够为社会获取更高效的资源配置、更有效的市场需求、更低的人力以及物流成本。

工业 4.0 体系的推进对劳动力的综合要求尤其严苛。它不仅要求从业人员具备人工智能、信息技术、数据分析、机器人等领域的先进技能，还要求他们具备认知、分析思维、决策、组织、逻辑推理、故障排除等能力。所以，大多数国家在通往工业 4.0 的道路上面临的主要挑战就是劳动力的综合技能水平。在工业 4.0 的影响下，信息和通信技术（ICTs）、人工智能（AI）快速渗入制造业领域，中国的制造业也在经历一场彻底的转型，数字化和自动化将部分或完全地取代人工。近年来，已经有一些劳动密集型企业将生产线从中国转移至越南、印度尼西亚和印度等国家。申洲针织作为长三角地区的大型服装生产企业，就在越南胡志明市、柬埔寨金边等地进行布局。事实上，由于信息通信技术和智能机器的盛行，中国的生产工人遇到了严重的就业挑战和工作压力；除了技术含量较低的职业，一部分可替代的管理和技术工作也在消失。

耿子恒（2021）指出人工智能对未来是一种高智能驱动力，是科技发展的巨擘。他分析了人工智能对产业结构转型升级、三次产业发展和企业管理变革的影响，人工智能将更多应用于我们的生活中，使各类事情变得便捷、自动化、智能化。有人说，人工智能的发明是为了给“懒人”带来更加便捷的生活，虽说我们并不知道发明者的初衷是否如此，但在人工智能快速发展成长的这些年，我的的确确地感受到了它给我们带来的巨大便捷。例如，工业机械臂在工厂流水线的投入，给企业的生产带来了可观的变化，机械臂可以自动将产品按照规格尺寸包装好，贴上标签，再也不需要催促工人，也不会出现产品质量参差不齐的情况，大大减少了返工重做的可能性。虽然前期工业成本压力有所增加，但它的出现不仅使零部件加工的精确率大大提高，而且能够大大减少人工投入，从长远来看能够增强企业在市场的竞争力。

当前人工智能与产业经济的深度融合度还有很大空间，有诸多尚未解决的问题，需要设计科学合理的技术支持，有效推进人工智能的应用领域。例如，可以在人工智能技术的支持下将当前的智能客服机器人设置得更加完善，当平台大促的时候，顾客就不会因为排队时间过长，得不到想要了解的产品信息而失去对商品的兴趣。如果智能客服机器人可以很好地解决一些产品的基本信息问题，不仅可以提高消费者购物体验感，也可以减轻人工客服的工作量。此外，还可以完善人工智能的推荐机制，由此来提高商品的曝光率，提高销量。

二、数字技术革命

对于企业来说，数字化不是目的，没有企业会因为想要数字化而数字化，数字化的目的在于获取订单、获取流量。数字化可以帮助企业以用户为中心，从用户的全生命周期角度为用户提供更好的服务体验，实现服务体验数字化；可以帮助企业做数据分析，用数据驱动，实现盈利数字化。举个简单的例子，在盒马鲜生应用软件（App）下单，就能享受“方圆 5 公里 30 分钟内送达”的服务，通过盒马 App 构建区域用户数据图库，提升盒马超市的单量。

在构建数字化资源到数字化实施的过程中，不仅包括企业行为和个人行为的数字转变，还涵盖了经济结构和社会发展的变化，包括社会人口、自然生态、经济、地缘政治、社会文化和技术等。刘慧琳（2022）认为数字经济可以促进就业、改善民生、稳定经济增长，特别是在互联网的普及应用和政府的大力推动下，数字经济不但改变了人与人的沟通方式、生活方式，也提升了我们的工作效率与工作质量。数字技术运用于阳光厨房AI巡检，督促了餐饮行业的规范化经营，有效减少了过期、变质食物的出现，保证了食用者的健康；数字技术运用于乡村，使乡村不再拘泥于以前传统的治理方式，用数字化的方式和手段促进乡村经济发展，缩小城乡差距，实现共同富裕；数字技术运用于教育，不仅体现在网课的普及和数字化课程的改革，智慧教育也运用于课堂中，为学生提供更好的个性化、智能化学习空间。除此之外，数字经济还应用于绿色生态系统、反欺诈平台、数字工厂流水线、智慧医疗服务、智能家居系统……在各个行业领域发挥着自己的优势，并与社会深度融合。

当然，产品和服务的数字能力越强，企业跨行业获取资源的机会就越多，所以，一家企业不应该被视为一个单一行业的成员，而是作为一个跨行业的商业生态系统的一部分。数字生态系统可以被理解为一个公司和其他机构的网络，通过共同利益相互联系，围绕数字平台创造和维持价值。因此，参与者通过加强网络效应来促进生态系统的生存能力以及整合和应用它们分离的资源和能力，以增强数字对象。数字生态中活跃度较高的微信、美团、小红书等互联网平台广泛连接了海量用户，有效地提升了人们的生活质量，为人们提供了更多的生活创新。

与此同时，数字生态体系的形成也有效带动了年轻人的就业创业比重。从十年前的社交平台、电商平台，到如今的生活平台、直播平台、内容平台，在各种新型数字平台，人们的交流方式变得越来越多种多样，传播信息的方式也越来越多样，包括图片、文字、音频、视频都在为更多的数字新青年所接受。在互联网飞速发展中的社交平台，已然涌现出许多有影响力的“网红”，很多电商平台利用互联网的影响力进行商业宣传，创造了不菲的商业价值，开创了“网红经济”的新模式。而且，数字的力量不局限于城市空间，它的辐射范围会更广、广大。徐梦周（2021）指出要鼓励农村地区积极推动互联网与特色农业的融合，通过发展研学农业、创意农业、观光农业等新型乡村产业，促进乡村民宿、健康养生、休闲旅游等新产业发展。例如，浙江丽水的松阳县拥有全国最大的绿茶产地市场，该市场通过“农产品＋直播”开发产品销售新渠道，目前在抖音平台的全国农产品直播带货中排名非常靠前，成为电商直播活跃度最高的县城之一。

我们归纳了交通出行、房屋短租、网络贷款、物流快递、生活服务、技能共享、知识共享以及生产管理等各个领域的网络平台代表（见表2－1）。从上述表格中，我们发现越来越多的网络平台走进我们的工作和生活。以夸克（Quark）为例，它是一款网页浏览器，它的界面看似简洁，但其实什么都有，像哆啦A梦的口袋，被誉为“追求急速智能搜索的先行者”。最值得一提的是夸克没有开屏广告，能够实现全平台快速搜索，内置AI引擎，可以将课上做的笔记通过拍照识别成文字生成电子版，保存在手机上，非常方便。再例如，哔哩哔哩，很多年轻人简称为“B站”。在这里很多年轻人找到了网络时代个性展示的平台，甚至成为年轻人创作的一个启蒙平台。在“B站”制作视频或者直播，无论从选题到立意，还是从制作手法到表现方式，都会激发年轻一代极强的“创作欲望”，有兴趣、有热爱、有勇气的年轻人都可以从生活中的点点滴滴去寻找灵感。

表 2-1　代表性网络平台

渗透领域	代表性网络平台
交通出行	滴滴出行、同程旅行、携程旅行、百度地图、飞猪旅行、高德地图
房屋短租	58 同城、贝壳找房、Airbnb 爱彼迎、小猪民宿、木鸟民宿
P2P 网贷	度小满有钱花、借呗、拍拍贷、微粒贷、京东金条、360 借条
资金众筹	水滴筹、轻松筹、京东众筹、小米有品众筹、造点新货
物流快递	韵达快递、京东物流、顺丰快递、EMS
生活服务	支付宝、微信、淘宝、美团外卖、春雨医生、墨迹天气
技能共享	小红书、哔哩哔哩、微博、旁友共享
知识共享	百度百科、搜狐、夸克、知乎
生产管理	阿里巴巴淘工厂、易科学、生产管控工业互联网

张亨明和章皓月（2021）认为随着数字革命的深入推进，新一代年轻人更需要改变传统工作模式，加强信息技术的学习，培养数字职业素养，推动数字化治理。当然，不同社会群体由于数字素养、兴趣取向、受教育水平的不同，在信息获取和使用上仍存在较大差异。例如，老年人等弱势群体的数字能力提升就需要整个社会加大支持的力度，加大包容性数字技术投入，推进相关数字产品的持续开发，通过发展覆盖职业生涯全过程的数字化终身教育，实现数字经济的包容普惠，从而有助于催生一系列新职业和新岗位。例如，针对老年人等弱势群体的互联网适应性所催生的新岗位包括“在线学习服务师”“社群健康助理员”“老年健康评估师”“线上健康顾问”等，已经成为各大招聘网站的热搜。

三、数字就业革命

新冠肺炎疫情的影响加速了全球就业岗位的变化，有很多工作岗位随之消失，但同时也有很多替代性的岗位在不断增加。世界经济论坛《2020 未来就业报告》预计到 2025 年，新技术的引进和人机之间劳动分工的变化将导致 8500 万个工作岗位消失，同时将创造 9700 万个新的工作岗位，这些岗位主要涉及人工智能、机器人、自动驾驶汽车等领域。例如，为不同类型的学习者提供个性、精准、有效的网络学习指导，在线学习服务师成为许多年轻人新晋选择的行业；用区块链技术减少企业系统运行中的不确定性，区块链应用操作员成为热门岗位；熟悉大数据运营体系和程序化人群投放策略，数字营销专家应运而生；熟练掌握主流新媒体运营工具，文案撰写水平高的新媒体运营专家成为抢手职业……

目前，数字经济的新就业岗位类型主要可分为两类，一类是对数字技术的研发、应用，以及数字内容创作；另一类则是在传统岗位中逐步使用数字技术。有研究以微信为例，对微信数字生态圈的新岗位进行了梳理（见图2-2），小区团购团长、群头像设计师、表情设计师、微信红包封面设计师、社群流量维护师、小程序直播主播、云端健身教练，一批批有创意、有能力的“新个体工商户”快速成长，就业模式日益从传统的“公司+雇员”向“平台+个人”转变（纪雯雯，2019）。

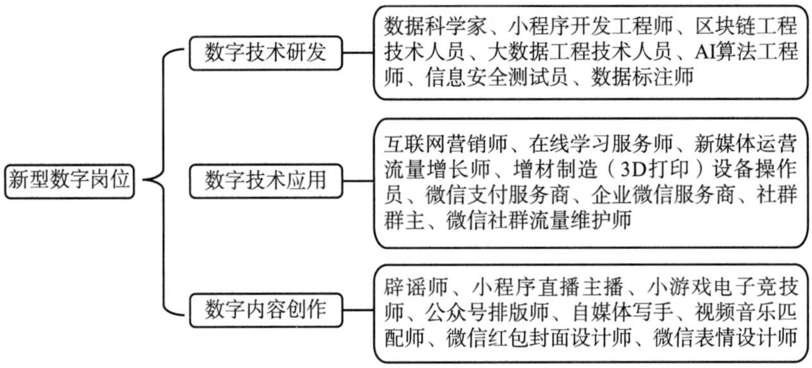

图2-2　微信小程序数字生态岗位类型

资料来源：中国信息通信研究院。

借助数字化技术和工具，各行业在新冠肺炎疫情冲击最严重的时期积极转型努力自救，通过线下转线上维持运转。例如，疫情期间，在很多品牌实体门店无法营业的情况下，门店导购可以通过微信社群开展社群营销卖货；微信红包封面设计师可以根据不同的节日设计不同的封面，如针对春节、端午节、中秋节等节日，在红包的封面设计不同的图案并写上祝福；随着线上教育的发展，在线学习服务师越来越多，通过线上直播即可授课，方便快捷，满足了大家足不出户即可学习知识技能的需求；健身房在不能接待客人到场锻炼的情况下，通过抖音开设在线直播健身课程，维持跟客户的互动；饭店餐馆在无法开门营业的情况下，推出多种荤素搭配合理的外卖套餐，维持基本运营……数字化技术和工具在疫情期间成了很多商家的希望，被认为是线下经济免于停滞的助推器。丁述磊和张抗私（2021）对我国数字经济时代下的新职业和经济循环之间的关系进行了分析。他们认为数字经济下催生出许多新形态、新动能，也从中衍生出来许多新职业，新职业运用数字经济新动能促进我国的经济循环。但在传统形态与新形态转化过程中也带来一些问题，在未来需要更多的法律、社会意识等来制约新职业的发展，从而更好地促进经济循环。

2020 年，国家发展和改革委员会（以下简称发改委）等 13 个部门公布了《关于支持新业态新模式健康发展 激活消费市场带动扩大就业的意见》，提出积极培育新个体，支持微商电商、网络直播等多样化的自主就业、分时就业。基于知识传播、经验分享的创新平台快速崛起，为年轻人提供了更多低门槛、多元化的创富机会。数字技术、互联网平台等打破了传统组织边界，向个体提供市场、研发、生产等资源，个体不必进入传统企业就可以从事经济活动。不同于传统就业模式，这一模式打破了物理空间和时间对于就业的束缚，劳动力不一定需要固定的工作场所，网络平台成为劳动者参与企业生产、服务、销售等环节的重要平台（见图2－3）。因此，数字时代的新型就业模式更具有分散化和平台化的特征，一定程度上改变了就业市场劳动力的分布结构，带来了更多的就业机会。

	固定场所	网络平台
特征	工业化时代，资本化、隔离化、机械化	互联网时代，信息化、分享化、灵活化
岗位	信息非充分；有限的正规、固定的就业岗位	信息是充分的；无限的非正规、灵活就业岗位
契约	对应劳动关系；合同管理；长期稳定的权属关系	多重劳动关系；分享参与型；短期灵活的权属关系
企业	“重雇佣”；科学管理和标准化工作流程	“轻雇佣”；强调利用参与者的专业性
劳动者	被雇用去完成企业指派的任务	参与企业产品与服务的设计、生产和销售中
劳动关系	劳资合作分利；强调契约规范和一致性	劳资供应共享利润；强调参与主体的灵活性
劳动保障	相对健全的劳动合同保障机制	缺乏完善的劳动保障机制

图2－3 “固定场所”和“网络平台”劳动力市场特征对比

固定场所就业一般是指劳动者与用人单位签订了正式的劳动合同（包括规定的劳动时间、收入报酬、工作场所、保险福利、劳动关系等），明确建立了稳定的劳动关系。网络平台就业市场是相对于固定市场而言的，是一种更加灵活的就业模式。这两类劳动力市场的主要区别包含以下四点：

第一，考勤管理。传统的考勤管理模式比较固定和僵化。例如，在标准工作时间下，大多数企业采用每天 9：00 上班、18：00 下班，工作 8 小时，至少打卡两次的考勤方式。网络平台就业能够实现考勤管理的灵活性。企业不再限制员工的上下班时间、工作时间和打卡次数。考勤方式的改变衍生出的就是工时制的改变，而工时制的改变也会对考勤方式产生一定的影响。

第二，工资结算。在传统的劳动关系中，工资结算方式比较固定，一般分为月工资制和年工资制。无论是月薪系统还是年薪制度，公司应至少每月向员工支付一次工资，且工资支付标准应符合我国有关法律、法规，如最低工资标准、试用期工资标准等。同时，公司每月支付员工工资的时间也不宜改变。此外，在传统劳动关系中，工资结构包括工资、绩效、提成、奖金、补贴等不同项目，实际支付存在很大差异。在解决加班费、病假费、经济补偿金等事项时，企业与员工经常因确定工资结构而发生纠纷。在采用灵活用工模式时，企业可以与员工自由约定工资结算金额、结算规则、结算频率等，从而最大限度地满足双方的需求，体现双方的真实意愿。

第三，办公环境。在传统的劳动关系下，为了方便企业管理员工并为员工提供相应的工作条件，企业会根据实际情况设置办公空间，让员工可以在指定的办公空间内工作。集中办公会使员工在上下班的路上花费大量的时间，灵活就业方式下，员工可以选择在家、咖啡馆、图书馆等地方工作。

第四，缴纳社保。企业与职工建立劳动关系时，必须为职工缴纳社会保险。与社会保险捆绑的做法确实为员工提供了一定的保障，但也增加了企业的用工成本。网络平台就业体现了社会保障支付的灵活性。采用弹性就业时，企业与员工之间不再存在传统的劳动关系。企业可以根据不同的雇佣关系为员工缴纳不同的保险，如社会保险、商业保险、用人单位责任保险、工伤保险等。

第二节　数字技术场景应用与创新

随着数字技术在各行各业的广泛应用，数字经济应用场景的覆盖面也越来越广，智慧农业、智能车间、智慧商务、智慧物流、智慧交通、数字教育等各个领域的数字应用场景正在加速落地。“95 后”电商实习生小蔡畅谈电商园区未来工作场景时说：“未来，走进电子商务园区，映入眼帘的是一个个人工智能机器人，每一个机器人都有自己的工作轨道与任务，它们各司其职，有的在传送快递，有的在传送文件，有的在自动回复顾客咨询，它们甚至还可以和其他机器人聊天，互相协调工作任务。走进办公室，第一眼看到的就是一个超大屏幕的电脑，可以看到每一个机器人在做什么，以及业务开展到哪一个步骤。办公桌上没有了烦琐沉重的各种记录本与记录册，取而代之的是一个智能电脑，里面记录了每一笔客户订单的画像，取代了文字记录，变得更加直观。一些机械性的烦琐事情智能机器人会妥帖地帮你处理好，你只需要设置好机器人的参数以及公司产品的功能与特色，它自然会帮你核算出最佳的定价以及营销成本。一些复杂的事物也会通过机器人简化，像一张过滤网一样，留下的是事物的核心技术与价值。”

一、智慧物流

智慧物流是指通过物联网、大数据等技术手段，提高物流运营系统的自动化操作执行能力，实现物流各环节的精细化、动态化、可视化管理，提升物流运作效率（湛泳，李珊，2021）。目前，越来越多的消费者转向线上消费，刺激了全球电商零售行业的快速发展，电子商务的快速发展也推动了智慧物流体系的建设，智慧物流体系比传统的物流更加信息化、自动化、系统化。

例如，无人物流仓库通过物流仓储的智能化管理，实现商品入库、存储、包装、分拣、运输、装卸等系列过程，开展无人化操作。首先，货物在进入仓库时，由机器人控制的无人叉车和起升降机进行卸货，之后无人叉车自动将货物送上传送带，通过快速部署智能路线，货物被运输到合流区。其次，在进入到合流区后，通过机器人的无缝对接，运用3D识别技术完成箱体的识别和分割，机械臂准确抓取拆分成垛商品，逐一将商品投入传输带。经过智能识别，对货物进行全自动贴面，并由机器人准确高效地将货物进行分拨。在分拣时，部分特殊属性的货物将会通过仓库内有设立的特殊通道，进行特殊处理。例如，对于一些对环境有特殊要求的货物，比如冷藏类货物，仓库中设置了冷藏室，由制冷机进行制冷；对于食品类货物，有些可能会因为包装不完好导致会有味道散出招来蚊虫，仓库中的自动消毒机会定时对食品周围进行消毒。同时，为了保持阴凉干燥的环境，仓库中的自动除湿系统会检测周围的空气湿度，当湿度达不到要求时，除湿机会进行除湿工作。

面对大批货物的流通，无人物流仓的智能机器人拥有高效的调度算法系统，能够通过高精度导航，实现自动运行读码、分拣、信息记录交互，无人物流仓有效解决了进货、存储、拣货、包装、分拣等人工环节，并实现状态数据实时上报、运行情况实时监控、突发问题及时应对，确保仓库运行的稳定性和可靠性。

二、智慧农业

智慧农业就是传统农业在大数据经济时代下，集互联网技术、云计算、物联网等网络技术为一体，同时用无线网络技术实现智能分析和可视化管理（沈费伟，2021）。智慧农业通过物联网技术在现代农业生产设施和设备领域的应用，实现了农业生产过程的数字化和智能化。通过获取农作物的苗情、病虫害、施肥状况等信息，用智能化系统对农作物准确地进行灌溉、施肥、喷洒农药，最大程度优化农业投入和成本付出，同时保护土地资源和生态环境。

例如，智能一体化农田是通过在农田的四周与中心位置建立与安装扫描设备与传感设备，通过这些设备，我们就可以对整片农田进行完整的扫描，然后将扫描与感应到的数据上传到智能一体化农田软件中，可以让使用者更加方便快捷地、全方位地了解到农田内农作物的生长情况。若是因为当时的天气、温度、虫害等原因导致农作物无法正常生长时，也可以在客户端通过无人机来进行处理与改善。

智能一体化农田与现在市面上的智慧温室大棚相比有三大优势。优势一：现在市面上的智慧温室大概需要一两百万元的造价，因为智慧温室不仅需要搭建一个封闭的温室，还需要搭建一些配套的系统来维持，成本较高。而智能一体化农田不需要建造一个封闭的温室，只需在四周搭建扫描与传感设备，成本较低、建造时间较短。优势二：通过电脑与手机的客户端，可以随时随地了解到农田内的情况，而不像智慧温室需要进入温室才能了解。智能一体化农田能够远程掌握精确的农业数据，从而给农产品一个最适宜生长的环境、适宜的温度、恰当的水分，农作物的质量比较有保障。优势三：因为不需要建造温室，所以在收割成熟的农产品时依然可以通过大型机械来进行，在平常也可以通过无人机来进行处理，大大节省了人力，为农产品贴上生态、绿色、环保的标签，提高农产品的附加值。

三、数字工厂

随着制造业的数字化发展，数字技术在工作场所中发挥着重要作用（如图 2 –4 所示），工厂不再拘泥于一个生产设备配备一个工人的呆板模式，可以实现一个技术操作员管理多台设备的自动化运营。车间的工作将围绕管理服务展开，员工将承担更具挑战性的角色，不单单只是流水线上的工人，而是整个生产流程的掌控者。

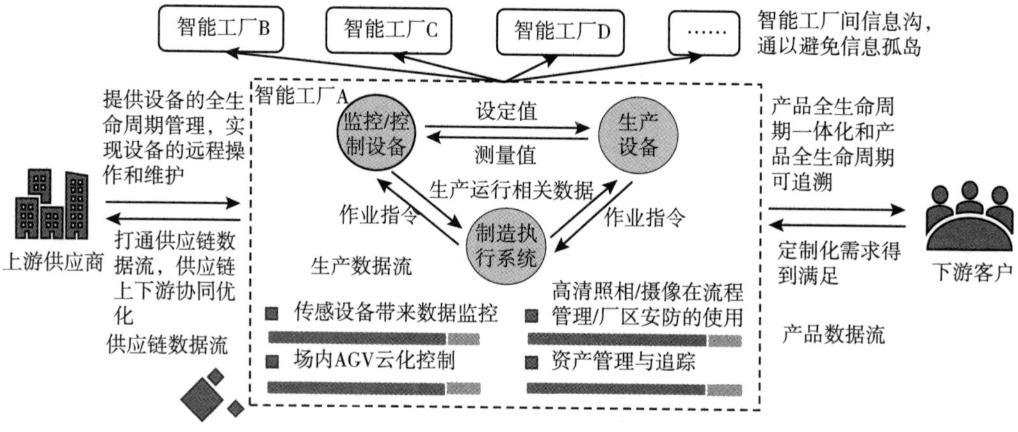

图 2 –4　5G 产业链智能工厂应用场景

资料来源：中国信息通信研究院。

例如，智能车间将自动化机器人技术运用到生产领域，替代部分人工流程，智能化生产模式在车间的普及能够有效降低生产成本、提高生产效率。在加工环节中，数控机床上安装各式机械臂完成不同加工工序，机械臂均由系统远程控制，加工完成后的产品继续由物流车运输至下一道工序。在运输环节，传统工厂的物流方式需要消耗大量的人力，产生大量管理费用，运输过程中的安全性、保密性也没有可靠的保障。因此，无人车技术也在智能车间得到广泛应用，各种物料将通过无人车运输到指定位置，配送过程可全程观测控制。

在智能车间中，产品加工、产品运输、产品检测等生产流程逐渐开始实现自动化、智能化，人工负责的只是下达操作指令和设备状态检测维护。疫情期间，在工厂车间的抗疫工作中发挥巨大作用的还有智能消毒机器人，智能消毒机器人采用分体式设计，通过机器人主体搭载不同柜体实现不同场景功能。在云平台调度下，智能消毒机器人根据制定路线在生产车间移动运作，喷洒经过雾化的消毒液，进行消毒工作，成为移动的消毒机器人。为了应对新冠肺炎疫情，智能机器人在公司各个角落喷洒消毒液，有效地阻止了疫情的传播，给人们提供了一个安全、卫生的工作环境。

未来，智能车间工作可以通过佩戴可穿戴设备，实现自动化作业。例如，可穿戴音频、可穿戴相机、定位追踪器等，它们将与智能软件应用结合，用于日常的检查维护等工作，更加便于数据收集与分析。所以各类智能设备未来在智能车间生产中都将发挥重要作用，共同推进工业数字化进程。

四、智慧商务

随着“人工智能＋产业”的发展，人工智能参与的新型交叉技术已广泛应用于多个行业中，不断推动商务、教育、医学等领域的创新与变革。其中，商务领域的工作内容和模式都将发生变化，人工智能让商务工作者的工作变得更加高效。无差异的初始客户开发、常规性的邮件查询处理、机械化的电话回复等初级开发工作都将被“人工智能机器人”取代，商务工作人员将更多地关注询盘分析工作、订单转化工作、客户服务工作等人工智能暂时无法替代的工作环节。

为了更快速精准地寻找开发优质客户，许多商务工作者通过“人工智能爬虫”来进行数据的获取，在已经积累下来的历史数据库、社交媒体平台、海关物流数据库中，围绕相关产品的关键字、产品特性、营销对象以及营销区域进行潜在客户信息抓取整理，并根据信息的相关性进行排序。通过“人工智能邮件”来进行邮件的筛选和回复，根据业务的相关性，对收到的邮件进行分类。根据获取的相关数据，以及不同的侧重点，对程序邮件进行回复。将询盘的相关邮件推送给相关的业务员进行回复，最大限度提高邮件回复率。通过“人工智能电话”来进行一些固定的流程咨询和回复，对获取到的数据，使用预先设定好的话术，来和客户进行交流，以获取邮件地址、关键人联系方式、业务询盘等内容为目标，进行陌生电话拜访等。

准确的分类可以更高地提升工作效率，精准的邮件和电话回复率也可以提高销售数量。当然，人工智能取代人工进行一部分工作并不意味着这个职业会消失，人工将专注于更富有“人脑创造力”的工作，如商务会谈、销售策略制定、营销方案策划、海外市场开发、客户非标准化需求等。当然，商务类公司在人员招聘选择时，也会更加看重应聘者的独立思考能力、学习能力以及人工智能技术运用能力。

五、智慧直播

直播打破时空限制，为消费者打开了更广阔的选择空间，在直播技术日渐成熟的今天，人们的幸福感可以从“分门别类”中获得，可以从“观其所好”中汲取。“直播+农业”以免广告费的形式对农产品进行推销，扩大销售市场，促进农民增收；“直播+教育”通过生动有趣的线上教学进行互动，为专业的人才提供了新型的发展平台。

虚拟现实技术（VR）直播的工作场景是指未来电子商务会与VR结合。在生产型企业，通过VR直播，我们可以展示公司的工作场景，客户可以不用亲自来到公司工厂参观，他们只需要通过三维可视化界面就可以看到公司的规模和产品制作过程。可以说，VR直播集线下和线上消费的优点于一体：第一，它能带给用户更多参与感，能够更加全面和立体地获取内容和信息，并且相较于文字、图片类的描述，更具真实性和可靠性；第二，VR直播几乎不存在视觉死角，场景更加广泛，大大地拉近了消费者与商品的距离，能够让用户获得最大的消费享受；第三，VR直播的商品质量能有一定的保证，用户能够近距离地感知商品，对商品质量起到了很大的监督作用。

就像2022年新东方推出的直播带货平台“东方甄选”，凭借其独特的选品角度和产品推介方式，就俘获了无数新老粉丝，可以说是新东方一次充满自信的转身。直播行业拥有巨大的市场和发展空间，裂变性强、互动性高的VR营销直播将会成为未来的发展趋势，主播通过VR互动让直播变得更有趣、更生动，再加上专业的讲解，才能够留住直播间的观众，达成更高的成交额。随着直播行业的发展，VR等数字工具会越来越多，合理利用这些工具能够更好地调整直播的状态，提升在线观众的观看次数、浏览量、实时在线人数、新增粉丝和成交额。

六、智慧交通

智慧交通是在交通领域中充分运用物联网、云计算、人工智能、自动控制、移动互联网等现代电子信息技术，面向交通运输的服务系统（徐志强，2020）。未来，我们出行的工具都将进入智能化管理，智慧交通能够让出行更高效、更便捷、更安全、更舒适。在交通出行领域的智能化管理，不仅体现了人们对未来科技的创新与追求，更体现了人们对绿色环境的向往。

早在2017年的时候，日本专攻防洪系统的技术公司Giken Seisakusho就率先发明了全自动自行车存放系统（ECO Cycle），它充分考虑了绿色环境，运用智能技术来展示了资源和空间的双重利用。随着停车供需矛盾的升级，未来，这种智能停车技术或许也将在中国拥挤的社区和街道推广应用。通过城市设计师的规划，智慧停车场地下的空间将通过合理紧凑的排序，容纳尽可能多的车辆。届时，人们只需要在自己的车上装上感应器，接着将自己的车停在停车场的感应区，然后通过人脸识别或身份标识号码（ID）卡感应，机器将会通过识别车主的相应编码，自动将车运输到地下车库的相应位置，取车时扫描ID卡即可，人们只需几十秒钟的时间就能停好自己的爱车，全过程将采用人工智能技术，全自动化地完成一系列操作过程，这就是未来智能停车场的奥妙之处。智慧停车场体现了未来智慧城市的物联化、智能化、人性化的管理，这种技术不一定只应用于存放汽车或存放电瓶车，自行车也可以实现。智慧停车场景的应用避免了人们生活中停车位短缺、道路拥挤等相关问题，解决了上班族因“停车难”而耽误时间的难题。

七、数字教育

在教育领域，以互联网、云计算、大数据、物联网、人工智能等为代表的信息技术在教育领域中的应用越来越广泛，慕课（MOOC）混合式学习、翻转课堂等都已经得到了广泛应用，智能教学系统（ITS）、智能决策支持系统、智能计算机辅助教学（CAI）系统也迅速发展，物联网在课堂教学、课外学习和教育管理三个方面给教育提供了相应的支持。

外贸企业非常重要的一个岗位“跟单员”的相关工作，涉及订单从无到有、从签订合同到履行合同的一个完整的流程。宁波职业技术学院王一名老师的浙江省新形态教材《外贸跟单》对最新的外贸跟单的知识和技能模块进行梳理，加入数字化短视频教学资源，将“打样跟单”“订单审核”“大货跟单”“结算跟单”“出运跟单”等跟单的重要工作环节通过短视频的方式进行呈现，制作了一系列的商贸短片，覆盖了跟单员的所有实际工作任务，同时体现跟单员与客户、工厂及公司内各个部门之间的联系，立体形象全仿真地体现了外贸工作中的重要环节和大量细节，对于学生理解跟单员岗位工作有极大的辅助作用。由于该课程实践性非常强，是对外贸跟单岗位认知、出口订单合同分析、供应商选择、出口样品跟单、原材料采购跟单、货物生产进度跟单、货物品质跟单、出口包装跟单等模块的综合应用，因此通过新形态教材去诠释外贸跟单员的核心工作模块和工作内容非常合适。教材针对每个实训项目及主要实训任务都拍摄了相应的商贸短片，全部是在合作企业的真实办公及生产环境下拍摄的，每个短片都真实还原了外贸工作实践中的场景、人物关系以及操作技巧和易错点，让学生可以非常直观地了解到实际工作过程中涉及的各种岗位和工作要求，再通过课堂实训亲手操练，就能够更加轻松地进入学习情境，掌握专业知识和技能，同时也萌生了外贸工作意识。

第三节　数字时代人才就业变革与创新

早在 2017 年的时候，就有一批有意思的新型职业冒出来，它们的名字叫收纳师、私人旅行线路定制师、酒店试睡师、陪跑师……这些职业虽然在老一辈人的心目中有点超前，甚至不太能接受，但这些新型职业的出现其实跟人们生活和消费观念密切相关，应该说是很好地助力了我们国家的发展。戚聿东和丁述磊等（2021）对数字经济下的新职业发展与新型劳动关系的构建进行了剖析，他们认为新职业的出现与盛行改变了原有的劳动关系，建设新的劳动关系体系，以新体系服务新职业与新劳动关系，能够推动新职业更加健康、稳健地发展。

一、新职业

近年来，新职业的从业人员出现了大幅度的增长，越来越多的“新职业”被人们所认知，也有越来越多的“新职业”被写入《中华人民共和国职业分类大典》（以下简称大典）。

新职业是一个动态变化的概念，从广义上看新职业泛指随着社会经济的发展而诞生的新职业类型。2004 年，劳动和社会保障部建立新职业定期发布制度之后，新职业被定义为经济社会发展中已经存在一定规模的从业人员、具有相对独立成熟的职业技能、《中华人民共和国职业分类大典》中未收录的职业。

新职业信息发布制度是国际通行做法，也是职业分类动态调整机制的重要内容。2019 年至今，人力资源和社会保障部（以下简称人社部）、国家市场监督管理总局、国家统计局一共发布了四批 56 个新职业，涵盖的行业有智能信息技术—技术、智能信息技术—技能、企业服务/企业管理、健康医疗/生活服务、互联网消费/运营/营销、电竞/娱乐、教育/知识付费、金融/贸易/咨询/经纪、农业/建筑/驾驶等传统行业等（见表 2－2）。

表 2-2　　2019～2021 年人社部公布的新职业类型及行业分类

年份	行业分类	新职业类型
2019 年 4 月	智能信息技术—技术	人工智能工程技术人员
		物联网工程技术人员
		大数据工程技术人员
		云计算工程技术人员
	智能信息技术—技能	物联网安装调试员
		工业机器人系统操作员
		工业机器人系统运维员
	企业服务/企业管理	数字化管理师
	电竞/娱乐	电子竞技运营师
		电子竞技员
	农业/建筑/驾驶等传统行业	建筑信息模型技术员
		无人机驾驶员
		农业经理人
2020 年 3 月	智能信息技术—技术	智能制造工程技术人员
		工业互联网工程技术人员
		虚拟现实工程技术人员
		人工智能训练师
	智能信息技术—技能	电气电子产品环保检测员
	企业服务/企业管理	连锁经营管理师
		供应链管理师
	健康医疗/生活服务	网约配送员
		健康照护师
		呼吸治疗师
		出生缺陷防控咨询师
		康复辅助技术咨询师
	互联网消费/运营/营销	全媒体运营师
	农业/建筑/驾驶等传统行业	无人机装调检修工
		铁路综合维修工
		装配式建筑施工员

续表

年份	行业分类	新职业类型
2020 年 7 月	智能信息技术—技术	区块链工程技术人员
		区块链应用操作员
	智能信息技术—技能	信息安全测试员
		增材制造设备操作员
	健康医疗/生活服务	社群健康助理员
		老年人能力评估师
	互联网消费/运营/营销	互联网营销师
	教育/知识付费	在线学习服务师
	农业/建筑/驾驶等传统行业	城市管理网格员
2021 年 3 月	智能信息技术—技术	集成电路工程技术人员
		服务机器人应用技术员
		电子数据取证分析师
		密码技术应用员
	智能信息技术—技能	智能硬件装调员
		工业视觉系统运维员
	企业服务/企业管理	企业合规师
	健康医疗/生活服务	调饮师
		食品安全管理师
	教育/知识付费	职业培训师
	金融/贸易/咨询/经纪	公司金融顾问
		易货师
		二手车经纪人
		汽车救援员
	农业/建筑/驾驶等传统行业	建筑幕墙设计师
		碳排放管理员
		管廊运维员
		酒体设计师

资料来源：作者及项目团队根据人社部网站数据统计整理。

2019 年 4 月，大数据工程技术人员、人工智能工程技术人员、云计算工程技术人员、物联网工程技术人员、数字化管理师等 13 个新职业被写入《中华人民共和国职业分类大典》。

2020 年 3 月，人社部会同国家市场监督管理总局、国家统计局向社会正式发布了工业互联网工程技术人员、人工智能训练师、供应链管理师等 16 个新职业。这是自 2015 年版《中华人民共和国职业分类大典》颁布以来发布的第二批新职业。

2020 年 7 月，为助力新冠肺炎疫情防控，促就业拓岗位，三部门发布了包括："区块链工程技术人员""城市管理网格员""互联网营销师""老年人能力评估师""增材制造设备操作员"等 9 个新职业。这是大典颁布以来发布的第三批新职业。

2021 年 3 月，三部门又联合发布了"服务机器人应用技术员""企业合规师""电子数据取证分析师""智能硬件装调员"等 18 个新职业信息。这是《中华人民共和国职业分类大典》（2015 年版）颁布以来发布的第四批新职业。2020 年 7 月和 2021 年 3 月发布的两批新职业中有多个新职业是数字化技术发展催生出来的，也有涉及预防和处置突发公共卫生事件领域以及高校毕业生就业创业领域的。

二、新岗位

杨佩卿和张鸿（2019）认为以数字技术为支撑的新经济形态，在保障、促进和改善就业上发挥了重大而深远的作用。其一，数字经济以数字技术为支撑，融合了实体经济、虚拟经济等经济形态，衍生出一系列新型产业和就业模式，从而创造了大量的就业机会。其二，相对于传统的就业生态，由数字技术和数字经济相互融合构建出了新型的就业生态。其三，数字经济有效地调整优化了我国的就业结构。但与此同时，数字经济的发展也带来了结构性失业和劳动就业保障等一系列问题。例如，就业的稳定性不足，劳动者的社会保障覆盖率低，劳动协调机制不够健全等。为此，国家政府积极从政策调整、平台发展以及人才培育三方面着手，不断推动数字经济的可持续发展，改善数字经济就业环境。

《2021 中国数字经济就业发展研究报告：新形态、新模式、新趋势》指出，数字经济就业是指以数字技术创新应用为核心技能，依托信息网络进行研发、生产、服务、管理等工作任务的相关就业。数字经济就业的岗位类别可以分为管理运营及服务从业人员和技术运维从业人员（见图 2－5）。

数字经济管理及服务从业人员主要指的是运用数字技术及数字化工具进行管理、服务的人员，包括应用数字化工具或数据分析，进行产品设计、采购、生产、销售、服务等工作的管理和服务人员以及依托数字平台，进行销售运营、顾客服务、视觉营销等工作的管理和服务人员。例如，网络运管人员、网约配选员等。

数字经济技术运维从业人员指的是从事数字技术相关技术研究、开发、维护的人员，包括：对数字制造装备、生产线进行设计、安装、调试、管控和应用的工程技术人员以及对数字产品进行设计、编码、测试、维护和服务的工程技术人员。例如，智能制造工程技术人员、人工智能训练师等。

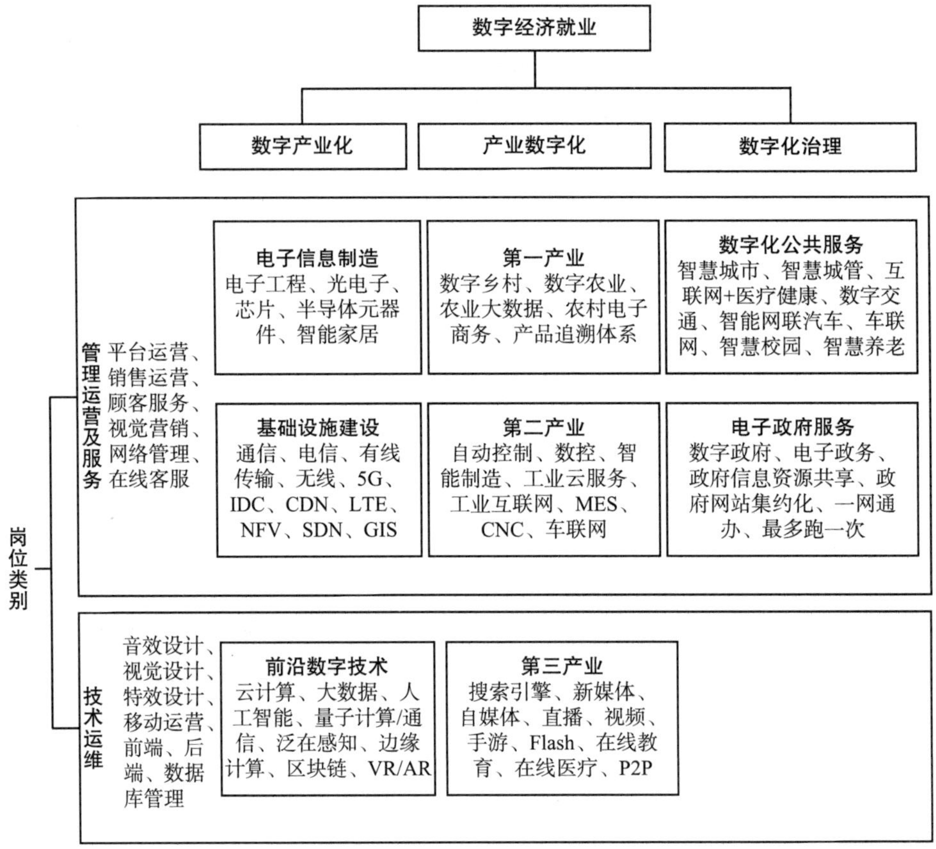

图 2-5　数字经济就业岗位框架

资料来源：中国信息通信研究院。

此外，中国信息通信研究院《2021 中国数字经济就业发展研究报告》指出数字产业化领域平均月薪达 9211.9 元，比产业数字化平均月薪高 1097.1 元。相同学历条件下，数字产业化领域薪资也总体高于产业数字化领域，如产业数字化领域专科及以上岗位平均月薪达 12366.6 元，数字产业化领域约为 13057.5 元，平均薪资差距约为 5.6%。

长三角地区数字经济新职业月薪情况见表 2-3。

表 2-3　　长三角地区数字经济新职业月薪

新职业类型	月薪情况
技术类	· 大数据工程技术人员 6000 ~ 20000 元　平均 16500 元 · 云计算工程技术人员 6000 ~ 8000 元 · 区块链工程技术人员 15000 ~ 30000 元

续表

新职业类型	月薪情况
运营类	· 数字化管理师　5000～13000 元 · 全媒体运营师　6000～8000 元　平均 6200 元 · 数字化运营师　5000～15000 元 · 新媒体运营流量增长师 平均 18600 元
内容创作类	· 自媒体作者　平均 7400 元 · 短视频创作者　平均 12047 元 · 直播主播　5000～10000 元　平均 8800 元 · 在线教育老师　4500～15000 元　平均 10500 元
服务类	· 网约车司机　8000～11800 元 · 外卖骑手　平均 9200 元 · 网约配送员　8000～12000 元 · 在线学习服务师　8000～13000 元 · 健康照护师　6000～8000 元

资料来源：作者及项目团队根据 2019～2021 年领英、BOSS 直聘等网站数据统计整理。

第三章

数字经济下的青年多元就业

第一节　数字“新青年”多元就业

数字时代，年轻人通过互联网就业的形式越来越多元化。有人当起了网络主播，通过直播平台销售家乡特产；有人当起了在线家居设计师，把设计团队的办公空间搬到了网上；有人利用业余时间做起了美食博主，分享自己对美食的独特见解，同时增加副业收入……数字岗位的融入方式更加新鲜，就业时间更加灵活，工作内容更加有趣，吸引了越来越多的数字青年人才加入。本章节从多元就业的角度，研究数字经济时代新型青年人才的就业行为、就业领域、职业规划、就业空间的变化，并通过筛选大学生潜在多元就业群体，对大学生的职业生涯规划给出适当的引导。

一、数字青年多元就业原因

《新时代新青年：2019 青年群体观察》报告显示，29% 的青年拥有第二职业，其中新媒体从业人员 5%、设计人员 4%、司机代驾 3%、微商代购 1.4%、快递骑手 1.3%，越来越多的青年选择拥有多重职业和多重身份的生活。与此同时，数字经济领域的人才供给结构不平衡、“新就业形态”保障不完善等问题依然存在。

第一，新冠肺炎疫情催生更多“就业形态”。数字技术的进步使得各个行业的分工越发地精细化，越来越多的新兴产业如雨后春笋般生长，创造着前所未有的新职业、新工种，刷新人们对职业的认知。受到全球新冠疫情的影响，数字技术研发、数字技术应用、数字内容创作等新兴的数字就业形态正在脱颖而出，自媒体作家、网络主播、社群群主、大数据分析等新数字职业意味着不同于以往的工作体验，意味着更多的就业渠道、更多的选择，也意味着广大青年人才可以在更广阔的舞台上大展身手。

第二，数字经济催生更多“就业岗位”。网络社会的崛起和信息网络化的实现，为青年人才提供了多种新的就业机会和先进的劳动手段。人社部等部门也联合发布了

“区块链工程技术人员”“城市管理网格员”“互联网营销师”“在线学习服务师”等9个新职业，多个地方教育主管部门和高校网站也在高校毕业生就业统计指标中，将网店运营、公众号博主、电子竞技等工作纳入新型就业岗位。

第三，多元就业催生更多“斜杠青年”。在零工经济和灵活就业潮的影响下，部分就业人员纷纷开启了多元就业模式。青年人已经不再拘泥于获得一份稳定职业，多重职业发展成为一股热潮。据统计，大部分斜杠青年从事的职业或多或少都与互联网有关，他们或是网络自媒体的经营者，或是利用网络来从事多种工作的兼职者。信息网络化不仅为青年人的斜杆人生提供了可能性，而且为青年人的多重职业增强了可行性。

2018年9月18日，发改委等19个部门联合发布《关于发展数字经济稳定并扩大就业的指导意见》，提出要大力发展数字经济稳定并扩大就业，促进经济转型升级和就业提质扩面互促共进。2020年7月14日，发改委等13个部门发布《关于支持新业态新模式健康发展激活消费市场带动扩大就业的意见》，强调打造数字经济新优势，鼓励发展新个体经济，开辟就业新空间。2020年7月28日，国务院办公厅印发的《关于支持多渠道灵活就业的意见》指出，灵活多样的就业方式对拓宽就业新渠道、培育发展新动能具有重要作用，要鼓励个体经营发展，增加非全日制就业机会，支持发展新就业形势，并通过优化自主创业环境和加大保障支持，促进灵活就业的健康发展。

表3－1汇总了2017～2020年媒体关于青年人才多元就业的相关报道。

表3－1　　媒体关于青年人才多元就业的报道

时间	媒体	题目	观点
2017年3月1日	人民日报	多元就业，敢做“不一样的烟火”	当代青年人的择业观从单一出口到多口径分流，不为传统就业观念的条框所束，听从内心召唤，勇敢追求梦想，将命运掌握在自己手里
2019年2月14日	光明日报	给年轻人多元就业提供有力支撑	民企是我国经济发展的重要推动力，要给大学生创造更好的多元就业环境，就必须更重视民企的生存境遇
2020年3月21日	人民网	后疫情时代的人力共享：未来将呈现多元就业格局	首先需要抓住机遇，以乐观态度拥抱灵活就业的新业态，正视现实，不要回避灵活就业面临的新挑战和新问题
2020年5月18日	新华网	拓开新空间，就业更多元	多渠道拓展就业空间，为年轻人找到事业机遇，创造出新的就业岗位，使就业方式变得更多元
2020年11月19日	青年评论网	多元就业才是教育资源利用最大化	多元化、多角度的就业方式不是教育资源的浪费，而是鼓励青年就业者们充分发挥自主性，让他们能够实现创新发展

续表

时间	媒体	题目	观点
2021 年 3 月 11 日	人民网	灵活就业：要“自由”更要“可持续”	面对新形势、新变化，青年就业者们要积极适应，立足自身，养成“终身学习”的习惯，不断提升知识储备、磨炼技能
2021 年 3 月 18 日	湖南民生网	大学毕业生灵活就业到底“香”不“香”	当前就业形态和渠道更为多样，大学生要根据形势的变化调整心态，主动出击争取理想工作岗位

资料来源：作者及项目团队根据媒体报道资料整理。

二、数字青年多元就业现状

在数字经济时代，很多新兴职业的工作弹性化、任务碎片化的程度越来越高，因此，越来越多的“90 后”成为兼职多份工作和拥有多重身份的“斜杠青年”。这种逐渐被年轻人接受的灵活用工方式，借助互联网平台和分享经济理念，以弹性的工作时间、自由的工作地点和灵活的工资收入带来更多工作岗位和兼职机会，也打破了以往劳资双方需要建立固定劳动关系、签订劳动合同、履行社会保障合约的用工方式，多种类型“灵活用工”方式并存加大了整体劳动关系协调难度（纪雯雯，2019）。

我们通过问卷调查的方式，调查青年多元就业群体的现状，包括就业行为、就业领域、就业理念和就业空间的新变化。《多元就业青年调查问卷》采用在线形式，发放对象是宁波职业技术学院、宁波工程学院、宁波城市职业技术学院等 5 所高校 2018 届、2019 届、2020 届的部分毕业生。在各高校相关学院老师和就业办老师的协助下，有 1280 名毕业生参与了问卷调查，有效问卷回收数为 1200 份（其中，问卷显示多元就业的人数为 312 人，占 26%，见表 3 – 2）。

表 3 – 2　　高校毕业生多元就业结构

类别	多元就业毕业生	数量（人）	百分比（%）
产业分类	商贸物流	37	12.34
	创意休闲	65	21.44
	智能制造	40	12.78
	数据分析	35	11.05
	电子商务	74	22.76
	金融保险	13	4.11
	教育医疗	22	7.31
	其他	26	8.21

续表

类别	多元就业毕业生	数量（人）	百分比（%）
岗位分类	网络博主	31	10.19
	微商	99	32.21
	网络主播	72	23.20
	数据分析	7	2.18
	在线教育	22	7.15
	互联网医疗	7	2.05
	电子竞技	28	8.73
	移动出行	21	6.66
	数字金融	10	3.05
	其他	15	4.58
地域结构	杭州	101	32.37
	宁波	64	20.51
	绍兴	55	17.62
	湖州	31	9.88
	嘉兴	27	8.6
	衢州	18	5.76
	其他	16	5.12
学历结构	大专	97	30.80
	本科	147	47.40
	研究生	68	21.80

我们对多元就业的312位毕业生做了进一步的分类，其中大专（含高职）毕业生97名，本科生147名，研究生68名。从产业分类显示，从事电子商务领域的毕业生数量最多，达到22.76%，创意休闲领域的排名第二，占21.44%，还剩下的几个领域主要包括商贸物流、智能制造、数据分析、教育医疗等。从岗位分类来看，微商和网络主播成为了最热门的第二职业，两者加起来就占据了50%以上的比例。从地域结构来看，32.37%的多元就业毕业生选择在杭州就业，杭州成为热门的多元就业城市，其次是宁波和绍兴，分别占20.51%和17.62%。

那么这312位年轻人是否都适合多元就业呢？一个年轻人承担两份甚至更多的工作，这种高强度的“职业跨界”他们能否扛得住压力？他们对于多元就业有没有做过中长期的职业生涯规划？家长是否支持他们成为“斜杠青年”，会不会认为孩子们是在“不务正业”？带着这些问题，我们对312位年轻人就业行为、就业领域、职业规划和就业空间进行了深入的数据分析，研究思路如图 3 - 1 所示。

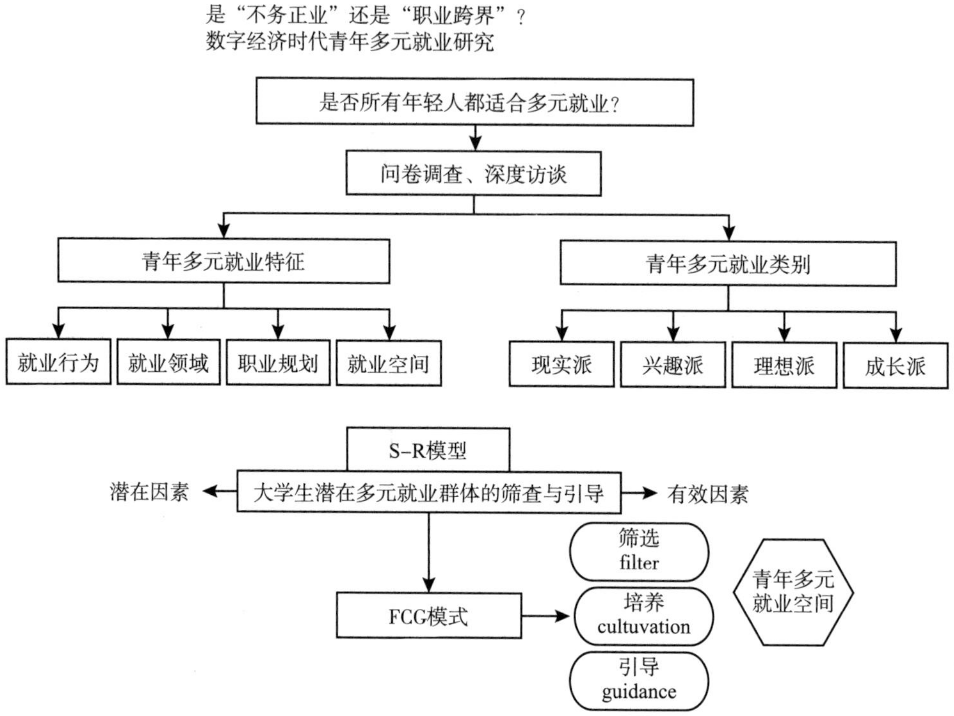

图 3 - 1　数字经济时代青年多元就业研究思路

（一）就业行为

1. 从单一职业到多元就业的转变

随着数字经济时代的崛起，传统“一职就终身”的单一职业思想逐渐朝着“技多不压身”的多元就业的思想转变。在调查中我们可以发现，越来越多的青年工作者不满足于被“安稳”束缚，不再拘泥于传统老旧的职业思想。调查结果显示，兴趣使然是青年进行多元就业最主要的原因，追逐梦想、增加就业和积累经验的多元就业群体也是不在少数（见图 3 - 2）。随着数字经济的繁荣发展，更多的青年多元就业者把副业的发展方向投到数字经济领域当中，包括自媒体、直播、手游、在线教育、大数据、网络博主等。在问卷调查的 1200 名对象中，有 888 名（74%）青年从事单一职业，有 312 名（26%）青年工作者进行多元就业。虽然进行青年多元就业的群体少于从事单一职业的群体，但多元就业将会是未来就业发展的一个趋势。

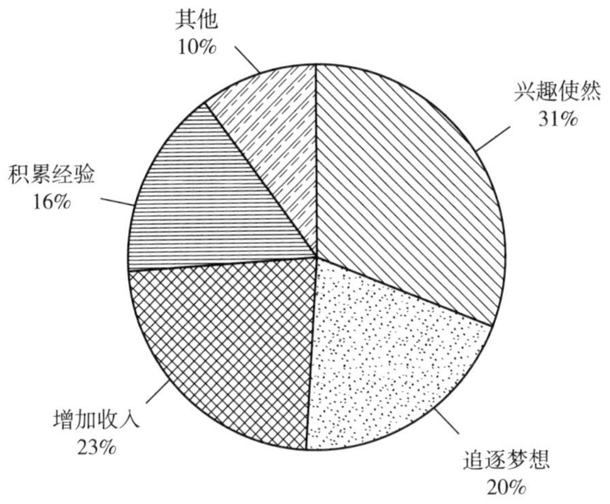

图 3-2　青年多元就业原因

2. 从被动选择到主动参与的转变

根据我们的调查发现，最初的斜杠青年可能是因为生活压力等原因才被迫进行多元就业，并不是自愿的。随着职业的多样化，青年工作者愿意去参与更多的职业，使他们由原先的被动选择到现在的主动参与。在有斜杠收入的多元就业群体中，微商、网络主播、网络博主等是当前的主流方向。从数据分析中得知，所有斜杠职业中，网络主播的利润最为可观，达到 16.8%，以微商电商作为副业的人其收入仅次于网络主播，占比超过 15%（见图 3-3）。虽然移动出行、数据分析和数字金融的占比不高，但是这些职业的就业人员仍很多，原因就是很大一部分青年群体选择多元就业的时候更多考虑的是自己感兴趣的、想要主动参与的职业，而并非以收入来选择就业。

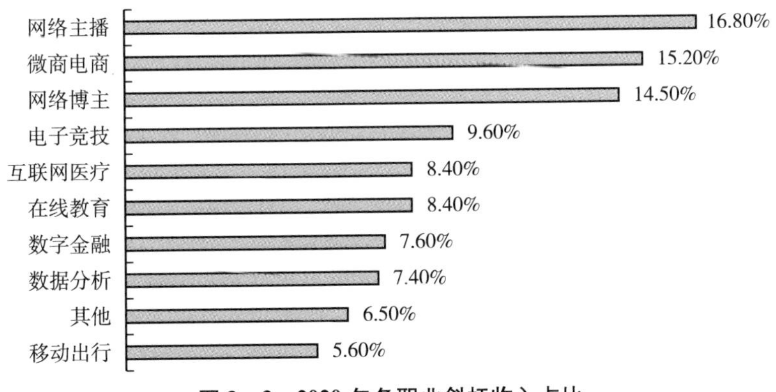

图 3-3　2020 年各职业斜杠收入占比

3. 女性青年劳动就业参与率提高

女性的就业参与率相对较低，很多工作会因为性别而把女性拒之门外，有很多女性也会因为生育等等的问题而放弃自己的工作。但当代女性的独立意识不断增强，她们希望通过自己的能力去实现经济自由。“微商”“直播电商”等数字经济领域的职业受到很多女性的欢迎，母婴产品和美容产品更是这些职业销售的热门。这些职业的兴起带动了女性青年劳动就业率的提高，女性的社会参与感和幸福感也大大提高了。调查问卷表明，女性在数字领域多元就业的比例要大大高于男性的比例，而且女性更多地倾向于微商等自由职业，从事微商电商的比例达到78%，位居榜首，而从事网络直播和网络博主的女性分别为14%和8%。

（二）就业领域

1. 自媒体成为多元就业的新宠

自媒体行业是在数字经济时代发展最快的一个职业。数据显示，微商电商的岗位占比高达32%，原因可能是微商的工作简单并且容易上手。此外，自媒体行业迅速崛起，自媒体成为众多就业岗位中最热门的行业之一。网络主播和网络博主都是自媒体行业的重要组成部分，从图3－4中我们可以看出，网络直播占比23%，网络博主占比10%，两者之和高达33%。自媒体之所以发展如此迅猛，是因为加入简单、操作方便、对自媒体感兴趣的群体庞大。例如，某短视频平台的广告标语就是“记录你的美好生活！”仅需一部手机，把你拍摄好的内容利用软件剪辑，再上传到平台上，或许你就可以获得意想不到的收入。

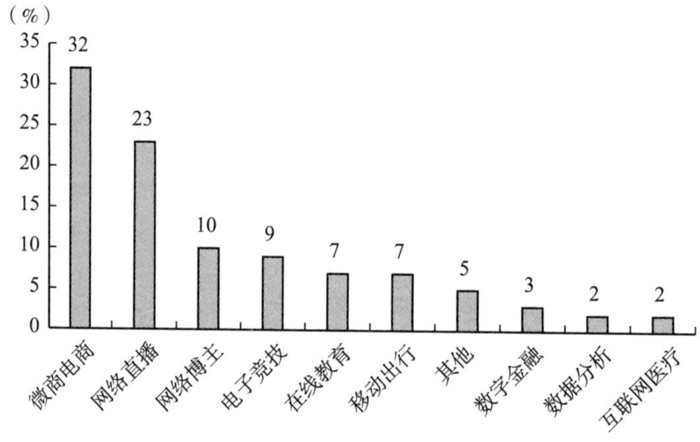

图3－4　青年多元就业岗位

2. 教育医疗行业数字化发展

在高速发展的数字经济时代，“安稳”似乎不再被当代的年轻人所青睐，取而代之的是“多元发展”“高收入”。很多传统认为的“铁饭碗”行业发生了很多变化，教育和医疗行业就比较典型。其中，在线教育在青年多元就业岗位中占比7%，“学而思”“作业帮”等互联网在线教育通过应用信息科技和互联网技术进行内容传播和教授快速学习的方法；互联网医疗行业在青年多元就业占2%，“好大夫在线”“阿里健康”“平安好医生”等一系列专业的在线健康管理平台，为患者提供健康养生在线咨询，协同各大医疗机构，线上线下同步开展健康数据监测和电子病历更新等功能，逐渐为老百姓所认可。

3. 创意休闲领域青年人才涌现

目前，在电子商务领域的青年多元就业人数排在第一位，其中大专（含高职）院校毕业的青年从业人员占比达到23%，他们主要从事网络营销、网店运营、数据分析、图像处理等岗位（见图3－5）。随着创意休闲产业的快速发展，文创设计、户外拓展、民宿旅游、露营经济等行业快速发展，创意休闲行业涌现出许多创业型的多元就业青年，根据调查结果显示，把创意休闲领域当作是自己副业的青年达到了31%的占比，他们大多认为从事创意休闲领域不仅可以契合自己的兴趣爱好，而且可以更好地实现自我价值的提升、丰富自己的人生阅历。位于宁波集合广场的“荒野咖啡”是当地小有名气的户外运动爱好者集合地，在荒野咖啡从事户外活动营销策划和文案设计的多元就业青年小Q说：“现在很多年轻人喜欢体验户外活动，将咖啡和户外结合起来做文创，这对我来说是一种颇具挑战的新设计，让我发现更大的自我价值，拓展我在创意设计里的无限可能。”

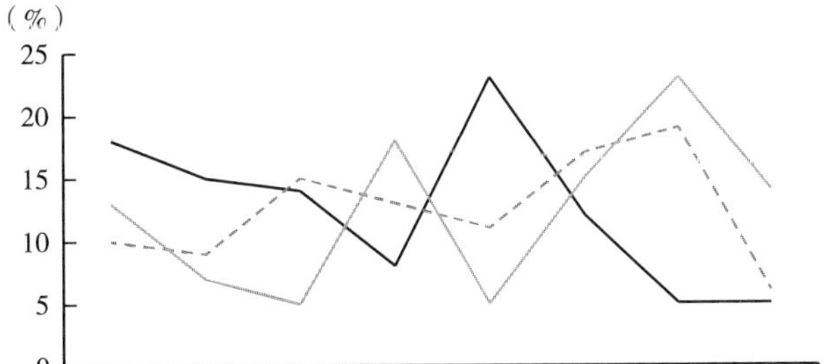

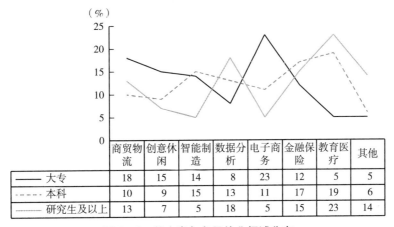

	商贸物流	创意休闲	智能制造	数据分析	电子商务	金融保险	教育医疗	其他
—— 大专	18	15	14	8	23	12	5	5
- - - 本科	10	9	15	13	11	17	19	6
—— 研究生及以上	13	7	5	18	5	15	23	14

图3－5　数字青年多元就业领域分布

（三）职业规划

1. 职业规划方向不清晰

绝大多数大学生在大学时期没有对未来的职业有过明确的方向，或是没有意识到职业规划的重要性，因而导致其临近毕业或者毕业后寻找工作时非常迷茫，更别说进行多元就业。经发放调查问卷得知：60.76%的青年工作者都没有在大学时期对多元就业有过明确的职业规划。很多年轻人盲目从业，没有一个明确的目标，所从事的工作在经济快速发展的背景下被迫终止，职业方向很难明确，就会经常切换自己的工作，这就导致从事多元就业从主动转为被动。

2. 职业规划缺乏长远性

因青年人对自身职业规划方向不清晰，导致其即使有了职业规划，也不具备长远性，只能属于短期职业规划。目前，有很多青年选择数字领域作为自己斜杠职业的发展方向，但由于数字经济的发展迅速，它更新换代的速度也令人心惊，行业淘汰率极高。因此，斜杠青年们不论是出于市场导向还是自身兴趣爱好的多元和多变性，其制定的职业规划往往缺乏长期性。我们在对数字青年35岁以后的职业预期调查中，发现30%以上的人还是以“升职加薪”为主要目标，同时，有超过15%的多元就业人群希望在35岁后实现财务自由，14%的人计划自主创业，还有10%的人希望完全成为灵活就业的“自由职业者”。

3. 职业规划横向拓展明显

未来，部分机械性的工作会逐步依赖于人工智能和机器工具来完成，而对于网络营销、新媒体运营、数据分析等需要人机结合的工作会要求从业人员具备更加全面综合的能力。例如，网络运营类的岗位就需要工作人员具备较强的数据分析能力。因为数据分析可以帮助他们更好地去了解自己的店铺和产品定位，从而更加客观地评判自身的优劣之处，最后再根据分析出来的数据进行有效的调整并做出相应的策略。根据统计结果来看，青年从业人员对于计算机、数据分析方面的深入学习意愿比较高，尤其是多元就业青年愿意在网络上学习付费课程，来提高自己在数据分析、计算机运用方面的技能，使自己的职业得到更多的发展。因为他们认为这些数字化的技能和知识可以融入未来职业规划，于是较之技能的纵向发展还是横向发展这一选择上，更多的多元就业青年人群选择在行有余力的基础上进行横向技能的拓展。

（四）就业空间

1. 更加追求就业空间的多元化

当前，集中式办公还是主流的办公方式，但居家办公或自由办公已然兴起，斜杠青年早就不满足于单一性质的工作，程序化、单一性的办公空间也不再符合他们的追求，年轻人对于工作空间的选择趋于多元化。工作场所位于何处？家中？办公大楼？还是众创空间？经调研发现，斜杠青年第二职业的工作场所约47%都位于家中，约30%位于众创空间（见图3－6）。选择居家办公的斜杠青年认为居家办公比较轻松自在，每个人不必有自己固定的办公位，他们认为这种工作环境可以提高工作效率。当前有一些社区在建设过程中会为居家办公的青年提供“生活—工作—休闲”一体化的创业社区服务，让同一社区的斜杠青年有交流的平台，从而减少资源浪费以及减轻办公场所日益增长的租金压力。选择位于众创空间办公的斜杠青年，他们有一些跨界联合办公的需求，他们认为众创空间有相对成熟配套的共享空间，更容易找到志同道合的合作伙伴，而且周边办公设施、娱乐设施等都很完善。

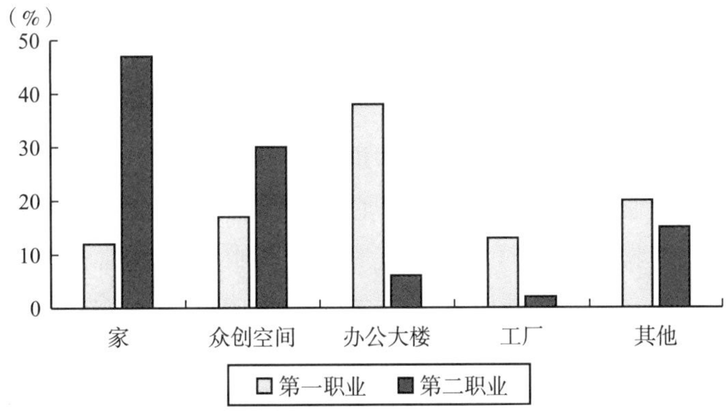

图3－6　数字青年多元职业办公地点对比

2. 更加追求就业空间的创新性

随着社会的发展，青年人对就业空间有了更高的要求，已经不再只满足于小小的工作空间，创新的就业空间能够给他们的工作带来刺激和新鲜感，如果长期只在一个工位工作，易产生疲劳，从而降低青年人的工作热情。当代青年人希望知识、技术和资源能够进步与发展，但更希望的是抱团高质量、高效率地工作，而创新的就业空间能够满足青年自身能力进一步的要求。一些优质的众创空间还有专门的场地供员工们研讨学习，或者上瑜伽课，整体氛围很年轻化，可持续发展性比较强。根据数据分析显示，数字青年在对理想就业空间的要素选项中，选择最多的是希望拥有良好的工作环境和丰富的人才资源（见图3－7），这表明环境因素和人才因素对多元就业的发展有着不可或缺的作用。

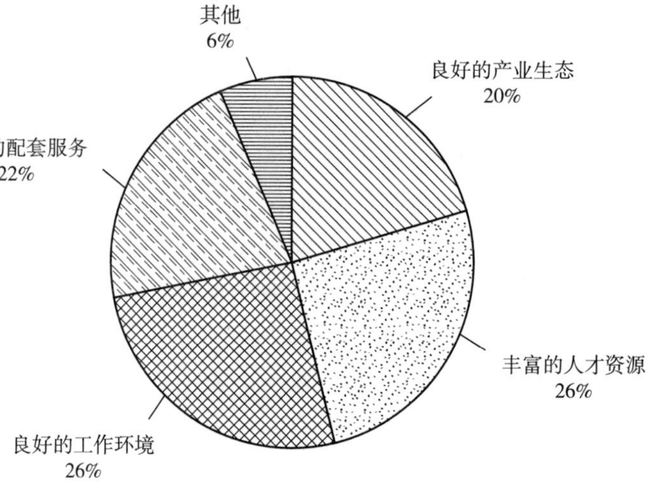

图 3－7　青年人才理想就业空间

3. 更加追求就业空间的共享性

数字青年就业群体期望得到技术、知识与资源的共享，他们认为产业空间的选址布局应根据数字产业发展的诉求进行，它的整体布局也应注重知识、资源、技术的共享性和开放性。就业空间的共享性有利于青年群体更好地多元就业。我们在一个产业园走访的时候，有一个受访者说："我做文化相关工作的，刚搬来这边办公室的时候我就觉得来对了，隔壁是搞公关的，楼下是做设计的，那边还有拍纪录片和搞创意的，要想撺掇什么事儿特容易。这里的物业也特别关心人，周边吃的也多，请客户喝个咖啡、吃个饭都特方便。当时看办公室的时候，我就一下感觉，对路了。"

三、数字青年多元就业群体分析

在开展问卷调查的同时，我们对 20 个不同行业领域就业的"数字斜杠"青年进行深入访谈（女性 12 人，男性 8 人），每次访谈时间为 60 ~ 90 分钟（见表 3－3）。访谈分为结构化和半结构化访谈两部分，结构访谈分为四个维度：第一，个人基本信息；第二，主职及斜杠工作的内容及环境；第三，主职和斜杠工作的关系；第四，主职和斜杠工作的体验等。在完成规定问题之后，访谈者可以根据访谈的实际情况灵活地做出必要的调整，或者根据访谈过程中个案呈现出的特点进一步沟通。通过对访谈对象的资料进行分析整理，归纳了 20 个案例作为典型代表。

表 3-3　　青年多元就业访谈对象基本信息

编号	年龄	性别	主业类型	副业类型（数字领域）
F1	25	女	健康管理师	数字保险
F2	36	女	人力资源管理	直播电商
F3	30	女	主持人	全媒体中心
F4	25	女	瑜伽老师	网红健身教练
F5	25	女	时尚主编	时尚博主
F6	25	女	摄影师	在线教育
F7	31	女	教师	线上教育
F8	25	女	产品设计师	淘宝美工
F9	34	女	钢琴老师	线上教学
F10	25	女	会计	网络写手
F11	27	女	舞蹈老师	线上健康顾问
F12	33	女	互联网公司职员	旅游博主
M1	25	男	人力资源管理	大学生职业生涯规划指导师
M2	29	男	跨境电商运营	网络写手
M3	26	男	网络工程师	游戏陪玩
M4	25	男	电子信息工程师	网络写手
M5	26	男	整容医生	医美顾问
M6	27	男	外卖骑手	线上设计师
M7	25	男	软件开发师	视频剪辑
M8	25	男	出版社编辑	电台主播

F-1：数字保险+中华遗嘱库义工+健康管理师等。

“我有好几个职业，如专业保险经纪代理人、FAP家庭金融资产配置师、财富传承管理师、中华遗嘱库义工、健康管理师、高级营养师。但其实这些职业都有一定关联性，属于多种职业跨界水平嵌入式发展。我从事专业保险经纪代理是为顾客在众多保险业务里选择搭配适合顾客的保险业务，在健康保险的同时，顾客也需要健康管理来预防疾病，预防成功则这份保险就不需要赔付或者晚赔付，这样的结果都是对我们有利的。中华遗嘱库义工这份工作为顾客带来具有法律效力的遗嘱，可以更好地保存财产。这些职业同样都属于财产管理。因为保险满足不了客户的需要，所以多种职业相辅相成，为顾客解决更多问题。”

F-2：人力资源管理+直播电商。

“我因为疫情的原因和较好的仪态，进入了电商直播平台，做起了直播的副职。通过直播，向疫情期间的观众展示公司的衣服。这份工作虽然辛苦，但是带给我经济上生活上的感受都是比较舒适的。原本我的主职是人力资源管理，但疫情期间，人们闭门不出，而我也无法工作没有收入来源。看到了网上购物增长很快，对于电商无疑是一个良好的契机，我便投入到直播的行业中。因为服装直播要有季节差异，不同季节要去不同地区工作，我想在一个专为我们直播追梦的工作人员打造的众创空间里工作。在未来，我希望我可以坚守本心，认真做好主播，吸引流量，成为优秀达人主播的一分子。我也会继续我的本职人力资源（HR）的工作，认真勤恳!”

F－3：主持人＋全媒体。

我的本职工作是主持人，但对全媒体很感兴趣，所以发展了全媒体的副职。“进入大学后许多关于未来的畅想都有了展翅的机会，于是我加入了全媒体这个有趣的部门，在全媒体学习活动宣传、撰稿等方法，从一个小白到独立完成推送，这让我有了小小的成就感。我的父母也都支持我，他们认为要有些拼劲多去探索，我也在全媒体部门一步步学习活动流程、宣传方法，一步步成长成为全媒体部重要的一员。在网络极其普遍的当下，全媒体正处在发展黄金时期，全媒体信息时效性强，已经从传统媒体革新，科技为媒体注入新的活力，给媒体带来质的飞跃。”

F－4：瑜伽老师＋线上健身教练。

“我喜欢运动，学习过瑜伽、健美操、网球，享受运动的快乐，在对瑜伽的探索中，我成功晋级成为一位瑜伽老师，现在健身活动有很多线上教学也有很多线上 App，我推荐线上教育，是因为有很多人希望得到专业人士的指导，开展线上课程才能让优秀教练教授更多有需求的运动小白。但因为运动仍需要运动场地和好的运动老师指导才能安全、有效地完成，而线上教学有很多人姿态不良，很多动作仍然需要改善，并且不良的姿态还会导致不健康的体态。所以需要加强线下健身的配合，可以依托社区公共用房，在线下建设专业平台进行定期集合训练，健身老师会定期做出健康评估，对顾客对症下药，制订贴合客户的健身方案，加强客户薄弱部位，增强客户体质。”

F－5：时尚主编＋时尚博主。

“我是一名时尚杂志的主编，虽然是外行人看起来很高大上的职业，但是有赶不完稿子和追不完的时尚圈大事。明星采访、明星写真、产品推广、制造流量、吸引读者观看是我们的头等大事。同时，时尚博主是我的副职，开设自己的抖音、微博个人账号，推出妆教视频、服装潮流视频，同时也可以为产品打广告、直播带货等。时尚博主的身份让我离大众的喜好更加接近，了解大众喜好也为我的主编职业增加更多灵感，两种职业相辅相成，虽然生活中更加忙碌了，但是工资增长的同时也增加了生活中的趣味。”

F－6：摄影师＋线上摄影培训。

“花鸟山海，都是我热爱的景象。热爱摄影，自己喜欢一个人到处拍。在大学学会了专业影像技术，就越来越热爱摄影。进入了影视社团，和一群热爱着同一个东西的伙伴们一起努力，很开心。毕业后，寻找工作，拍摄服装，后来成立个人的照相馆。副业是线上摄影教育，让有兴趣摄影的人通过购买我的课程学习摄影技术，同时我也会在线上帮助我的学员让他们更好地学习摄影知识。我的客户群体很广泛，既有一腔热血的青年，也有对摄影执着的老年人。在我自己摄影店的基础上，我会开展线下摄影爱好者沙龙，并且在我自己分店所在的城市定期举办线下摄影爱好者交流会。"

F-7：教师+线上教育。

"因为我从小生长在书香世家，周围的亲戚朋友都是人民教师，所以我也热爱教育这个行业。大学的师范专业让我对教育的理解更加深刻，教书育人，重要的是教学生成为有人格的人。所以人民教师和直播教师都是我热爱的职业。日常生活中教育孩子学习知识、懂得做人。因为我很喜欢桃李满天下的感觉，所以我探索网络直播去教育更多的学生，传授他们更多的知识和道理。直播教育这部分目前发展很火热，众多教育平台帮助老师成功转型，成为直播教育中的一员。我是在高途课堂上直播授课的一名老师，这个平台对学生的服务是非常好的，一个老师可能会带领几百几千名学生，但是这些学生被分到不同的班级由他们的线上班主任指导学习，可以开展有效、高效的线上课堂，达到提高学生成绩的目的。现在，线上教育服务与规模已经达到很好的效果，未来线上教育市场将持续扩大。"

F-8：产品设计师+网店设计师。

"每天工作满满当当，从事产品设计师的我，每天通过手绘的平面、立面、电脑建模给客户想要的方案。这个职业工作量大、工资低且工作心情不好，我就开始寻找我能做的副业，找到了电商美工这个行业。信息普遍的现在，网购的市场非常广阔，也有越来越多的淘宝、京东店家需要网店设计师这个行业给他们的网店进行美化包装。刚好我设计师的专业可以做网店美化的工作，通过给网店进行精装修来赚取工资再进一步提高我的生活品质。"

F-9：钢琴老师+线上钢琴教学。

"兴趣爱好也是生活的一部分，我喜欢我就去做，不需要坚持什么，我喜欢，所以在音乐学院从事着钢琴老师这个职业。以前一直是线下授课，但是随着互联网+的发展，我对线上教育也很感兴趣，所以，我在网络平台上注册了账号，利用业余时间在线上给学生授课，体验到了不一样的工作模式和氛围，当我做一件事情觉得自己是在努力坚持的时候可能就有点痛苦的成分了，我还是比较喜欢自然地去做，成长的路是多种多样的，以前理解的这个路也不是唯一的路。"

F-10：会计+网络写手。

"我的主要工作是在一家大型的制造企业担任会计，但我平时比较喜欢写作，加上我们部门分工比较细，不需要经常加班。所以我就利用空余的时间运营自媒体平台，有空的时候我会在平台上发表一些文章，主要是一些关于理财和投资方面的心得。不过我也比较喜欢旅游，也经常会写一些游记方面的文章，久而久之有比较多的粉丝关注和互动。其实，目前我在自媒体平台赚到的广告费早已超出会计常规的工资，但我有精力兼顾这两份工作的时候，我会一直坚持下去，因为这让我很充实。”

F-11：舞蹈老师+线上健康顾问。

“我们做舞蹈这个行业其实很多人都会关注健康和体态的管理，所以我觉得从事舞蹈老师和健康顾问两份工作一点也不冲突，反而是能够相互促进的。舞蹈老师除了上课时间外，其实有许多零碎的闲暇时间，我能够很好地用这些零碎时间来开展在线的健康咨询和体态管理咨询服务。其实维持健康状态和良好的体态是每位舞者的必修课，这样的两份工作既能给我带来充实感，也能带来更多的收入和发展机会。目前，我很享受自己的多元工作所带来的体验，并能为下一步的工作转型打下基础。”

F-12：互联网公司职员+旅游博主。

“上大学时我就很喜欢旅行，我会利用假期做一些兼职工作，获得的报酬大部分用于旅游，我很喜欢记录旅游见闻，相机是我最亲密的伙伴，在旅游的过程我会用相机记录沿途的风景，并把多个碎片化的片段剪辑成视频。在网络平台上分享旅途中的心情和经验，有时也会写一些详尽旅游攻略，帮助网友们少‘踩雷’。在互联网公司的工作有时会让我感觉很疲惫，但作为旅游博主不仅会让我感觉很轻松而且对生活也有了更多的期待。”

M-1：人力资源管理 +大学生职业生涯规划。

“大学期间，进入学生会是我人生中一个重要的决定。在学生会，从一个小白到部长，总是有很多重要的经历，我认真完成每次的活动，一次次磨炼成就了熟练掌握学生会大小活动的我。现在我是一个上万员工公司里的HR，这与我大学生活中学生会的经历有着必然的联系。数字化人力资源管理是数字化时代的进步，线上管理更加快捷、准确。当下数字人力资源管理是探究人才择业的关键因素，通过探究顶尖人才的特征和潜能来为普通员工找到适合他们的发展途径。近年来，我正在发展第二职业，指导开展大学生职业生涯规划，两种职业属于跨界水平嵌入发展，因为学生会与同学打交道的经验，我很了解大学生，加上HR的职业让我更适合这份工作。”

M-2：跨境电商运营+网络写手。

“从小到大一直很喜欢看小说，高中、大学也萌生过写小说的想法，但时间紧，就把这个梦想搁置了。我现在从事跨境电商这份工作，工作时间具有弹性，在做了几年跨境电商工作后，职业比较稳定，我开始重新拾起网络写手这个梦想，从开始这个职业到现在每天熟练地码字更书，我已经成为了一名还算不错的网络写手。到目前为止，这两份工作相互融合得很好，我有兴趣也有能力做好，父母也很支持，也算完成了自己一个小小的愿望。不过网络写手行业门槛比较高，而且市场趋于饱和，想要从头做起很难，所以需要机遇和不断的努力。”

M－3：网络工程师＋游戏陪玩。

“我是一名网络工程师，主要涉及计算机系统的设计建设和运行维护。由于我对网络相对了解，喜欢电竞，还有想多拿些工资，就加入了游戏陪玩的行业。陪玩的门槛并不高，只需要一台手机或电脑，在家就能工作，但陪玩技术要求很高，服务态度要好，不能与顾客起争执。工作比较轻松，每月收入三四千，作为副职刚好满足我的需求。”目前我国电竞人数已达四亿多，客户以游戏消费用户为主，通过寻找游戏陪玩，提高游戏体验感。自直播平台的商业化发展，直播的火爆孕育了很多优秀的游戏主播，进而拥有优秀技术的玩家和目标客户促成了线上游戏陪玩产业链，游戏陪玩市场逐步扩大，陪玩职业者人数也越来越多。

M－4：电子信息工程师＋网络写手。

“在小说里我有属于自己的一片天地，我可以成为一个江湖中人，也可以成为富豪救济贫苦。”一位电子信息工程师说着，“每天面对着程序和代码，心中的热情早已成空。日复一日地对电子信息产品安装、调试、检测和维护，但我觉得这不是真实的我。为了延续我热爱读书的爱好，我开始写小说。在小说的世界我找回了自我，回到了充满热情、血气方刚的我。现在我的生活状态因为小说而变得愉快，做写手的时候我发现那才是真正的我。”

M－5：整容医生＋医美顾问。

“我是一名整容医生，为顾客做整形医美项目。面对很多想要变美的人，我会给他们尽量准确的整容方法，为他们提供最合适的整容搭配方案。目前整容市场广阔，潜力很大。有很大部分顾客对整容的疑虑很多，也有很多顾客因为担忧整容的风险而不敢涉足。所以我选择在线上为顾客传播整容相关的知识，还有如何选择正规整容医院以及整容费用等。我凭借我的专业知识在线上做整容教育副职。”

M－6：外卖骑手＋线上设计师。

“我大学学习的是视觉传达，毕业后从事美术设计工作，但是电影美术设计经常要跟着出差、拍外景，赶工熬通宵是家常便饭。回想起那段生活，我感觉实在是太累了，过劳肥胖了20斤，根本没时间做喜欢的事，所以暂时放下设计，选择了外卖骑手这份工作作为主职。这个工作能让我有不一样的感觉，不用消耗太多的精力，白天送外卖，晚上可以静下心来画画做设计，为网上需要的人提供设计稿，让曾经的主职变为副职，让我重拾了对画画的兴趣和热爱，这两份工作的结合让我了解了生活的精彩不止一面。”

M－7：软件开发＋视频剪辑。

“我的主职工作是软件开发，但是在业余我也在做视频剪辑。随着互联网＋的快速发展，短视频迅速地占据了人们的视野，我的第二特长也有地可施，我在工作之余的精力可以投入到视频剪辑之中。视频剪辑除了能够给我带来额外的收入之外，还给我带来了新的体验和感受，对于我来说软件开发和视频剪辑这两份工作，不只是一种生活状态，更是一种积极的生活态度与价值观，这能让我更好地将工作、生活和爱好融合在一起。”

M－8：出版社编辑＋电台主播。

“我主要的工作是一名出版社编辑，因为我是中文系的，所以这份工作算是比较对口的。但我从小喜欢主持，所以下班后，我会利用空余时间去参加电台主播的任务。电台主播能够充分满足我当一名主持人的爱好，我希望能够趁自己还年轻，多元发展自己的兴趣爱好，渴望在不同的工作中得到锻炼和成长。”

（一）访谈词云图分析

在访谈结束后，我们整理了原始的访谈资料，并通过 NVivo 11.0 中内嵌的词频分析功能，通过可视化方式展示出原始资料的主要关注点。从图 3－8 可以看出，时间是排名第一的关键词，网络、上网、爱好、兴趣等词出现频率也较高。除此之外，商机、空闲、老板、专业性等词散布在外围。图 3－8 显示的是青年多元就业的主要原因，多元就业的选择并不是青年的一时兴起，应该说是他们经过深思熟虑，计划对未来的想法应运而生。

图 3－8　多元就业青年访谈词云

从整个对词云图的把握来看，青年多元就业选择动机呈现多样化的特征。既有受到个体动因驱动的影响，也有受到来自外部环境的影响。

例如，在图 3－8 中出现的“兴趣”“爱好”“新东西”等词出现的频率非常高，充分说明个人的兴趣爱好和个体追求是多元就业的重要原因；从“直播”“数字经济”“商机”等词中可以看出各种新模式、新业态的出现，对于青年多元就业有一定的推动作用；又例如“老板”“收益”“收入”等词也能反映出对现有工作或对现有收入的满意程度也会影响青年多元就业的选择。因此，青年多元就业群体的出现，是多元因素相互交织共同作用的结果，对于他们的职业选择动机，应进行多维、深入、多层次的探讨（见表3-4）。

表3-4　　青年多元就业选择动机编码

核心编码	主轴编码	开放编码
外围环境影响	改善生活品质（5）	增加经济收入
	社会交往的结果（12）	身边人介绍，受他人影响
		跟朋友合作，在新业态、新模式中寻找新机会
	对现有工作的不满（5）	不看好主业前景
		主业收入较低
		对老板的管理不满
个体动因驱动	与个人过往经历有关（8）	曾就读相关专业
		曾在相关行业工作过
	满足自身追求和欲望（16）	想创造人生价值、想换一种生活状态
		渴望自由职业、个人身心愉悦
		愿意投入更多精力在个人兴趣爱好上
	有多余的时间与精力（9）	比较空闲，可以有多余的精力从事副业
跨界成长动因	副业压力较小（10）	不耽误主业时间
		副业投入的时间和金钱成本低
		不需要学习新技能
	对副业充满信心（14）	曾在副业中收益
		看中副业未来市场
		信任副业品牌或平台

1. 外围环境是多元就业的推动因素

“高收入”是青年进行多元就业的重要原因之一，随着社会的发展，人们的消费水平不断增长，消费需求不断增加，所以希望获得高收入是青年群体内心的期盼。正如F-10认为“我希望通过多个职业，获得更好的收入，探索人生的更多可能性，或是挖掘自身更大的价值”。

在选择就业的时候，每个人或多或少都会受到周围人的影响，社会交往对青年的

多元就业有着重要影响。“因为我从小生长在书香世家，周围亲戚朋友都是人民教师，所以我也热爱教育这个行业。”（F-7）

探索职业方向的道路是曲折的，大部分青年初入职场，对于自己的主业并不满意，所以想要去发展更多的副业。“这个职业工作量大、工资低且工作心情不好，我就开始寻找我能做的副业。”（F-8）

2. 个体驱动是多元就业的深层原因

青年在刚就业之初会选择自己大学学习的专业或者有过相关的行业经验，来增强自己的自信心，更好地适应自己的职场生活。如 M-6“我大学学习的是视觉传达，毕业后从事美术设计工作。”

“兴趣是年轻人开始职业生涯选择的重要依据，当一个人对某个领域特别感兴趣，他就能发挥自己的才能，满足自身追求和欲望，使工作不再是一个负担，而是一种享受。”（M-8）“由于我对网络相对了解，喜欢电竞，就加入了游戏陪玩的行业。”（M-3）

在青年觉得做自己的主业之余有多余的时间和精力，有能力做其他的工作时，会选择发展一个副业使自己能够获得更多的经验并且充实自己的生活。“我现在从事跨境电商这份工作，工作时间具有弹性，在做了几年跨境电商工作后，职业比较稳定，我开始重新拾起网络写手这个梦想。”（M-2）

3. 跨界成长是多元就业推波助澜的力量

很多青年在选择副业的时候会深思熟虑，最终往往会选择副业压力比较小的职业，这样不会耽误主业的时间，并且比较容易起步。“在我眼里从事舞蹈老师和健康顾问这两份工作并不冲突。”（F-11）

在某一个行业受到大家的欢迎时，它的市场就会很广阔，很多青年群体在看到这些行业的市场后会选择这个行业发展副业，他们对这些副业充满信任和信心。“但在疫情期间，人们闭门不出，而我也无法工作没有收入来源，看到了网上购物增长很快，对于电商无疑是一个良好的契机，我便投入到直播的行业中。”（F-2）

（二）青年多元就业群体类别

数字经济时代良好、开放的社会环境，使得青年人思想越来越开放，就业领域越来越广泛，选择的可能性越来越大。同时，互联网技术的进步和运用，大大改变了生产组织形态，也解放了对工作场景的束缚。当一个人成为一个独立的服务提供商时，“斜杠青年”便有了“生长的土壤”。根据以上采访的青年们，他们多元就业的原因主要可以分为“现实派”“兴趣派”“理想派”和“成长派”四类（见图 3-9）。

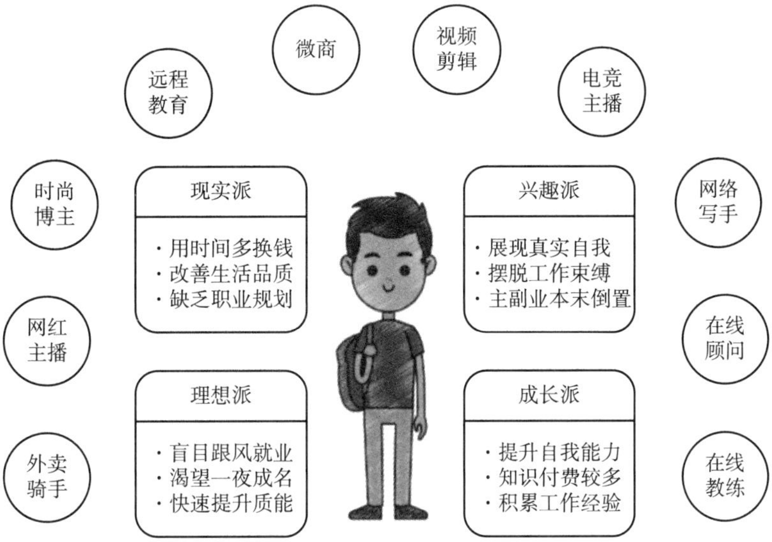

图3-9　青年多元就业群体类别

1. 兴趣派

这类青年希望在工作中摆脱束缚实现自我，他们并不觉得额外的一份工作很辛苦，他们根据自己兴趣和爱好寻找另一份工作，在这一份工作中可以施展在主职工作上所不能展现的才能和自我的想法，享受自己理想的生活。如 M-2，他的主职是跨境电商运营，在忙碌的工作中依然坚持自己的兴趣——网络写作，他很享受写作的过程。又如 M-7，本职工作是软件开发，平时的工作既费脑又枯燥，副职为视频剪辑，在业余的时间利用自己的技术和兴趣做视频剪辑，让生活变得更加精彩，与枯燥单一的职业相比更为自由随性。诸如此类的青年人还有 F-5、F-10、M-4、M-6。他们渴望能在兴趣爱好上继续深入挖掘，同时，他们选择多元生活，是希望能够多元发展自己的兴趣爱好。

2. 现实派

这类青年大都比较现实，他们从事斜杠职业的主要原因就是增加收入。他们往往对生活的品质不够满意，通过提升自身技能发展数字化斜杠职业，满足青年人生活的需要。如 F-2，本身从事 HR 工作并继续做直播电商，做起服装主播。本身 HR 工作会因为经济不稳定性而具有风险，直播刚好可以提高自己的生活保障，摆脱生活压迫。又如 F-4，在线下做瑜伽教练的同时，在线上发挥自己的特长开展线上健身课程，能够增加自己的潜在客户，也能增加一定的收入。还有 M3，网络工程师想要进一步提升生活品质，就成为电竞员工，拿到两份工资提升生活品质。如此积极的青年还有 F-8、M-8。

3. 成长派

这类青年注重在职场之外通过各种形式的学习，不间断地充电，防止知识陈旧贬值，增加事业打拼的资本，让自己处于“保鲜”状态，激发内在潜能。如 F－1，他的工作覆盖了数字保险、中华遗嘱库义工和健康管理师多个职业，这几个工作之间具有一定的关联性，多种职业相辅相成，在多个工作中能够不断地汲取到新的知识，锻炼多项能力。又如 F－6，他通过线上教育不断教授摄影小白，也同时向摄影大师学习，定期的摄影交流也提升了他摄影的技能。这类青年希望在职场工作之外，通过长期的专业学习和经验积累，最终成为专业化的人才。像此类的青年还有 F－9。

4. 理想派

这类青年不断探索实现自己梦想的方式，他们通过斜杠职业技能的学习和锻炼，更好地提升专业技能，从而帮助主职更加接近自己的目标，但这类青年往往有些“急功近利”，缺乏合理的职业规划。如 M－1，他的主职工作是人力资源管理，副职是给学生做职业生涯规划，副职能够给他的主职工作不断地提高现在年轻人新的想法，为他的工作提供新的信息。又如 M－5，拥有丰富的整容经验是作为优秀整形医生的必要条件，但是推广整形行业进入到更多顾客的视野里，才能发掘整形行业的潜力。所以他选择从事医美顾问行业，帮助顾客减少关于整形的疑问，还大大增加了自己在整形行业中的影响力，对于成为优秀整形医生更加有利。诸如此类的还有 F－11、M－1。

青年多元就业调研问卷

尊敬的女士/先生：

您好！我们是“青年多元就业调研小分队”，在数字经济时代年轻人“灵活就业”“多元就业”的现象越来越普遍，拥有多重职业和身份的青年群体也越来越多。目前，我们小分队正在做一项关于“青年多元就业现状”的调查研究。我们的问卷结果仅用于研究，所获得的信息不用于任何商业目的，请您放心并尽可能客观地回答。谢谢！

一、个人基本信息

年龄：________ 性别：________ 学历：________

所在城市：________ 职业：________

是否多元就业：________ 多元就业的职业：________

二、针对所有就业青年

1. 您觉得当前就业环境是否让您感觉到有压力？（1 为完全没有压力，5 为非常有

压力，依次均等递增）

1　　2　　3　　4　　5

2. 您当前的主业是否工作时间灵活？（1 为完全不灵活，5 为非常灵活，依次均等递增）

1　　2　　3　　4　　5

3. 在主业收入减少的情况下，您是否会考虑副业？（1 为完全不考虑，5 为完全会考虑，依次均等递增）

1　　2　　3　　4　　5

4. 您在校期间喜欢选修非专业课吗？（1 为完全不喜欢，5 为非常喜欢，依次均等递增）

1　　2　　3　　4　　5

5. 您在校期间是否有一门及以上特别擅长的课？（1 为肯定回答，5 为否定回答，依次均等递增）

1　　2　　3　　4　　5

6. 您是否认同自己经济上比较依赖原生家庭？（1 为完全不认同，5 为完全认同，依次均等递增）

1　　2　　3　　4　　5

7. 您的父母是否支持多元就业？ （1 为完全不支持，5 为完全支持，依次均等递增）

1　　2　　3　　4　　5

8. 您认为您自己的日常花销大吗？（1 为非常小，5 为非常大，依次均等递增）

1　　2　　3　　4　　5

9. 您参加工作后是否依然能接触到一些培训学习的机会？（1 为机会非常少，5 为非常多，依次均等递增）

1　　2　　3　　4　　5

10. 您是否认同自己是一个喜欢挑战的人？（1 为完全不认同，5 为完全认同，依次均等递增）

1　　2　　3　　4　　5

11. 您是否认同自己是一个喜欢创新的人？（1 为完全不认同，5 为完全认同，依次均等递增）

1　　2　　3　　4　　5

12. 您是否认同自己是一个做事果断的人？（1 为完全不认同，5 为完全认同，依次均等递增）

1　　2　　3　　4　　5

13. 您是否有明确的职业目标？（1 为非常不明确，5 为非常明确，依次均等递增）

1　　2　　3　　4　　5

三、仅针对多元就业青年

1. 请问你多元就业的原因是什么？（可多选）

A. 兴趣驱动　　B. 追求梦想　　C. 增加收入　　D. 积累经验

E. 其他＿＿＿＿＿＿

2. 您认为您第一职业和第二职业的协同度如何？

A. 配合较好，协同度较高　　B. 协同度一般，需要改进

C. 比较割裂，协同度较差　　D. 不确定

3. 您的斜杠工作占您全部收入的多少？

A. 10%　　B. 20%　　C. 30%　　D. 40% 及以上

4. 您目前从事的斜杠工作有签订过劳动合同吗？

A. 没有签订过劳动合同　　B. 签有无固定期限的劳动合同

C. 签有固定期限的劳动合同　　D. 无法回答

5. 您的斜杠职业工作场所位于？

A. 众创空间　　B. 家中　　C. 办公大楼　　D. 工厂

E. 其他＿＿＿＿＿＿（请补充）

6. 您的斜杠职业工作场所有什么优势？（可多选）

A. 良好的产业生态　　B. 丰富的人才资源

C. 良好的工作环境　　D. 优质的配套服务

E. 其他＿＿＿＿＿＿（请补充）

7. 您当前的主业是否工作时间灵活？（1 为完全不灵活，5 为非常灵活，依次均等递增）

1　　2　　3　　4　　5

8. 您认为在大学期间哪些课程或活动对未来斜杠职业有帮助？（可多选）【最少选 3 个】

A. 专业课程（课程、讲座、主题活动等）

B. 实践实习（社会实践、实习实践、岗位见习等）

C. 志愿公益（志愿服务、无偿献血等）

D. 创新创业（挑战杯、互联网 +、专利发明、论文发表等）

E. 文体活动（学生社团、艺术团，体育活动等）

F. 工作履历（党、团、学组织，班级、社区等工作任职等）

G. 技能特长（工作坊学习、兴趣小组、各类证书等）

H. 其他＿＿＿＿＿＿（请补充）

第二节　数字“新青年”就业访谈

NO.1　数字保险

> **慎芳芳**（见图3－10）：宁波职业技术学院2010届毕业生，目前是泛华滨江营业部联合创始人、家庭金融资产配置师、专业保险经纪代理人、财富传承管理师、中华遗嘱库义工、健康管理师、高级营养师。

图3－10　慎芳芳泛华工作海报

注：图片由慎芳芳本人提供，允许在本书使用。

Q1：您觉得现在的保险销售模式和以前的模式差别大吗？

慎芳芳：保险分成三个渠道销售：（1）银保渠道；（2）隶属于保险公司的保险团队；（3）保险经纪公司。我目前所从业的保险公司属于第三类“保险经纪公司”，我们属于保险中介机构，是基于保险人的利益出发，客观公正地帮顾客挑选保险产品，从而实现顾客利益的最大化。其实，这几年保险行业的变化还是蛮大的，从单一业务的公司到经纪公司，从经纪公司再到全面金融，业务逐渐趋于综合性。保险经纪人也逐渐向综合金融转型，单一的保险销售人员已经越来越少。所以我们未来转型很重要的一个方向是家庭金融资产，这一类综合业务的发展空间很大。

Q2：在数字经济时代，保险行业有哪些变化？

慎芳芳：目前，越来越多的保险公司开始尝试利用数字技术提高保险业的风控、精算、服务水平，不仅局限于医疗、金融等内容，还将服务范围扩大到遗嘱建立、家庭财产管控和健康管理等一系列服务。数字保险依托数字化发展战略，打破传统保险行业的销售闭环，以数字赋能保险业。

保险行业数字化发展对我们从业人员的便利也很大。比如说以前买保险的时候，我们是需要面对面去交流，当面去签单的，但是现在我们的业务是可以远程实现的。比如说我有一个在苏州的客户，我们通过电话沟通设计方案，确认无误后，我可以在手机上直接操作，录完保单发给他签字，所有的回执回访都可以在线完成，非常方便。此外，以前的保单是需要存档留底的，手动整理一是烦琐，二是耗时。但现在有很多保险 App 或者是小程序，我们只要录入关键信息，整个家庭的分析报告就全部出来了。此外，当我们需要比对一些保险条款时，只要在 App 中输入产品关键词，就可以直接拉出条款比对，然后准确地告诉客户每一份保单的优缺点，最后给出最优方案。借助这些数字化的工具，我们就可以腾出更多的时间和精力，更好地服务客户。

Q3：保险行业以后的走向会是什么样的呢？未来的发展方向是哪里呢？

慎芳芳：虽然很多客户会从网上购买不同类型的保险产品，但一个家庭的经济风险管控不是依靠单一的产品去维持的，需要有经验的保险经纪给家庭提供一些综合性的建议。因此，我们未来重点的一个方向会放在社区，比如说我这个小区的业主有 1000 户家庭，如果有 200 户能够成为我的客户，那么我就可以重点服务这 200 个家庭客户，为他们的家庭量身定制投保方案。我们还有一个重点发展方向——家族办公室，我们会把一个家族的需求细化分层，它的服务范围不只是保险，还包括金融信托、遗嘱法律、移民等，这些我们全部都会涉及，未来这方面的客户需求会很大。

Q4：和单一的保险公司相比，保险经纪公司的优势在哪里？

慎芳芳：首先是充足的数据资源。因为保险经纪公司有很多不同类型的产品，你有任何需求，我们都能够找到最符合你需求的产品，而且保障更全面，更具性价比。其次，我们现在已经处于收费的模式，如果要咨询我保险业务，是需要付费的。因为经纪人背后的产品库很大，要给你进行量身定制的产品方案，需要花费很多时间和精力。以前很多人先了解了一下产品，要个方案，之后可能去其他渠道进行购买，我们的付出往往没有回报。所以，我们不断提升自己的专业服务水平，让客户感受到我们的专业性，获取客户的信任，让客户对我们有依赖性。未来保险行业拼的一定不是产品，因为产品会趋同化，未来拼的一定是服务。就比如说我们除了提供适合你的保险组合方案，还提供很多服务（见图 3－11）。比如法律服务，杭州有 30 多家律所与我们有合作。如果你想要进行婚姻方面的法律咨询，我们可以提供一些优质的渠道。又比如医疗领域的一些稀缺医疗资源，很多客户想挂专家号但是挂不上，我们可能一个星期就给解决了，这些宝贵的资源是我们强有力的市场竞争力。

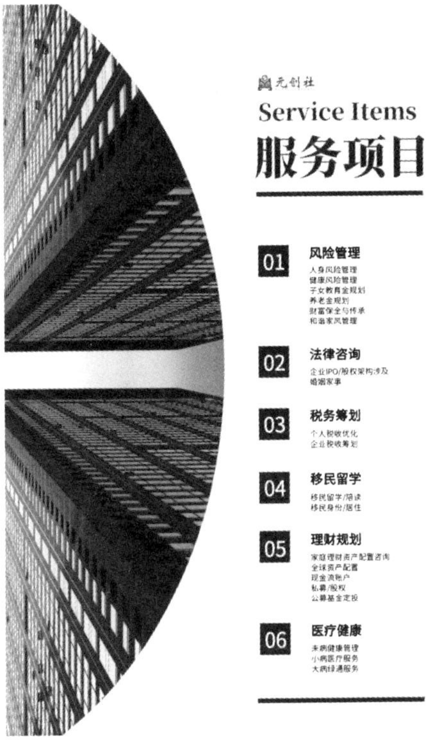

图 3－11　元创社服务项目

Q5：您有很多个身份，比如财富传承管理师、高级营养师、中华遗嘱库义工，这些都是您除了保险以外也在进行的工作吗？这些兼职身份和保险有什么相关联的地方？

慎芳芳：营养师是我十年前学的，健康管理师是我前两年学的。保险当中重大疾病险也好，医疗险也好，都是当你身体受损之后对你进行赔付，分担高额的医疗费。而健康管理就是前期预防疾病，比如说客户身体有一些情况，那么懂得健康管理的保险工作人员可以给客户一些优质的建议来做身体调理，以此来预防重大疾病的发生。一旦你给客户提供了建议，然后他遵循建议把病情控制住了，那他重大疾病的理赔率就会下降，对他来讲是非常有益的。所以，未来保险一定会是风险管理跟健康管理相结合，这个也是我们努力的方向。此外，我也是中华遗嘱库的义工。有人会觉得写遗嘱好像不太吉利，很多人不太愿意去写。但它其实也是对财富的一个安排，一个传承的工具，很多人是有这个需求的，所以如果我们懂这方面的专业知识就可以给客户提供一个综合性的财富传承方案规划。

Q6：听说您有一个非常棒的团队，那么您和团队的小伙伴对工资收入满意吗？

慎芳芳：如果说你想要创业的，那你可以来保险经纪公司。因为在保险经纪公司里，你可以打造自己的团队，创立自己的特色。我们的团队就属于很好的创业作战团队，比如说我们团队有一个小伙伴，他就很擅长钻研产品，对各类产品的优缺点都非常熟悉。客户过来之后，我们可以合作一起出方案，这样会非常高效。很多时候团队会决定你在这个行业能够走多远，走到什么程度和什么位置。当然，在这个行业的收入取决于你的努力，在保险这个行业年收入 100 万元的人很多，还有上千万元的，真的就是收入无上限，看你自己的努力。

NO. 2　数字插画师

杨凯奇：宁波职业技术学院的数字新媒体企业兼职教师，宁波早木文化创意有限公司总经理，商业插画师，数字插画工作室负责人。

Q1：您从事了哪些行业？对这些行业的印象如何？

杨凯奇：我的第一份工作是美术考前班的辅导老师，它有着一定的局限性，接触到的主要是高考学生，每天的教学任务主要包括素描、色彩、速写等，虽然当时是作为一名助教，压力没有直接到我身上，但是依旧比较辛苦，每天工作时长十几个小时。另外，我也曾就职于宁波的广博集团。广博是文具行业的一个领头企业、大型集团，我在集团里是一名插画师，但是自由度不高，受到各种因素限制。而现在从事的是相对自由灵活的商业插画师（见图 3－12），同时兼职在职业院校担任数字图像处理的实践课程教学，这些工作与数字媒体相关，而且工作自由度很高，并不受时间与地域的限制，比较符合我理想中的工作。

图 3－12　杨凯奇在 2021 年创作的抗疫主题数字版画

注：该作品由杨凯奇本人提供，允许在本书使用。

Q2：数字媒体与传统的媒体相比有什么优势？

杨凯奇：中国传统媒体发展到现在已经很成熟了，我国的数字媒体艺术设计产业虽然比起发达国家要起步得晚，但随着计算机技术、网络技术的加入，数字媒体产业将具有巨大的发展前景。数字媒体与商业的联系主要是它的实用性，数字媒体更强调技术为大众商业创造的娱乐、产品宣传服务；观念类新媒体更多的是借助科学技术表达思想感受。在当代艺术的范畴中，商业使用的数字媒体市场前景会更大，这是无法阻挡的趋势。现如今从事数字媒体艺术设计的人正在成为市场中非常具有发展潜力的一个新群体，吸引着大量的年轻工作者投入到数字媒体的设计工作中来。新媒体艺术在技术市场的细分下会加速推进，会带来更加广泛和深入的发展前景。

数字媒体的优势是不受时间、地点的限制，相对来说更自由化。数字媒体可以画出传统油画的质感，又可以画出不一样的东西，而且可以跟素材、照片结合，进行拼接，打破了原先比较传统的绘画形式。随着科技发展，创造的风格也更多了，而且数字媒体在艺术方面的发展会成为一种趋势，传统绘画的变化不大，新派传统绘画也是传统绘画的一种形式。数字媒体却在这一块突飞猛进，传统的变化速度慢，毕竟是几百年前在欧美和中国国画的顶尖大师的创作下，表现形式和创作手法已经展现得淋漓尽致了，风格和技法都比较局限，但是通过数字媒体技术可以在这些基础上进行一些创新和升级。

数字媒体是新发展的产物，可能刚出现的时候并非受到很多人关注或欢迎，但随着科技的发展，现在的数字媒体与传统媒体的差距不断减少，虽然名气可能没有传统媒体大，但是它的发展呈现上升趋势，而且上升趋势也是比较快的。

Q3：您对于数媒这个行业是非常看好的，您认为哪些因素能更好地推动这个行业的发展？

杨凯奇：首先是知识产权保护，虽然中国法律在这方面不断完善，但是与国外相比仍旧是比较落后的。现在最大一方面就是对于原创性的保护不够，如果我将一个比较高清的原创图发到社交网站上，会直接被盗图，造成一些损失。尽管国内对于完全抄袭这方面的保护还是有的，但是对于被盗取后进行部分修改的作品并没有很好的保护，而且惩罚力度也较弱。像国外一旦作品有百分之三四十的相似度，就直接被判定为抄袭，这样盗图的人就会变少。所以国内对于原创性的普及和保护是最主要的推动因素。

另一方面是与个人意识有关，有些厂家认为用这些图并没有太大的关系，就随意地将他人的作品使用到自己的产品上，很明显这说明对于知识产权这一方面的意识是远远不够的。加强个人对知识产权的认识是很重要的。

Q4：我们了解到您有工作室，兼顾插画师、老师等工作，如何协调工作和生活的？

杨凯奇：其实，原先的集团公司工作环境是很不错的，也不会有太大的压力。但是任何的公司都有局限，公司的工作像流水线一样，每个人负责不同的模块，只能接触到自己工作的部分，接触到被派发的项目，公司需要什么样的产品就要设计什么产品，长远看会使自身的发展陷入停滞。需要自己寻找突破口，如果想要更大的提升或更加广泛的视野，最好自己独立发展，而我本身就是一个向往自由的人，自己创办工作室能够让我的工作更加自由。

创业初期，由于工作室的知名度不够，并不能接到比较好的工作项目，只能自己画画作品，那段时间空闲时间比较多。由于刚从公司出来独自创业，没有了固定工资，从上班到创业有一个过渡期，所以刚开始对于工作和生活比较难以协调，工作上只能不断去宣传，但是最后的结果并不能预料。像去年疫情期间，无法外出工作，待在家中一直没有工作状态，通过慢慢习惯和调节，找到了工作状态。对于我来说，会把工作状态和生活状态分得比较清楚。因为人就像橡皮筋，如果一直紧绷着，对于自己长远状态不利。总要找出一些时间慢下脚步，享受生活，发现生活中的美好。对于工作和生活要寻找到一个平衡点，要分清主次，虽然我会将生活和工作分得比较清，但是当有比较紧急的工作需要完成的时候，我会选择在家中完成项目。

Q5：您现在的工作时间如何？对现在的工资满意吗？

杨凯奇：整年看上半年是个淡季，一般的公司二月份开始上班，三四月份开始规划，五六月份才开始实施，所以四月份是我们一年开始工作的日子。之前即使有工作也是很少。到下半年双十一、双十二国内的需求就会变多。如果是顶尖的插画师可能会一年都比较忙碌，如果完成工作比较难，可能会提高作品的单价，增加工作室的规模，增加产量，但是要学习管理。现在的薪资我基本满意，但是不够满意。因为全年有开支，除了生活开支，还有办公室的租金。对插画师来说，作品的报价一般以时间成本来计算，由于个人创作需要比较长的时间，总体来说收入就比上班的人多一点。

NO. 3　数字人力资源

> **柯明亮：**宁波职业技术学院2010届毕业生，东方日升公司新能源股份有限公司人力资源管理部负责人，通过数字化管理系统，开展大型企业人力资源管理工作。

Q1：您为何从事HR这份工作，和大学专业有关吗？

柯明亮：首先，我在大学期间学习的专业是国际经济与贸易专业，虽然表面上看，没有太大关系，但我们也有相关的课程，帮助我成为一名优秀的HR。成为一名HR，需要我掌握的技能有很多，比如办公软件：office、ppt、excel等。大学开设了很多这样的课程，我通过学习大学课程，具备了HR的工作基础。HR需要分析员工和公司的大量数据，这些办公软件总是必不可少的。除此之外，大学课程中大数据分析、商务礼仪、专业英语课、大学生职业生涯规划等都对我的工作有很大的帮助。商务礼仪是我职场生活的必备技能，专业英语提升了我语言的能力，大学生职业生涯规划帮助我一步步走到现在。

其次，不仅是学习方面，初进大学时，我就积极参加了学生会，我喜欢积极参加学生会的活动丰富大学生活。每当有活动要举办，我就积极参与策划和其他准备工作。我认真踏实地工作下去，我的职位也得到了提升，最后成为学生会主席。从小白到主席的这一路我收获了很多对 HR 工作有帮助的内容，让我在活动策划、发布、征集和人员的调配、管理方面积累了很多经验。

Q2：请问您在学生会的工作经验对 HR 工作有哪些帮助?

柯明亮：HR 工作的主要目的是帮助公司更好地发展，而我作为学生会主席也在思考怎样可以帮助学校发展，这两点大概的思考路径是相同的。我在学生会举办活动，要考虑到哪些是有能力的人才、如何策划让学校及同学有所收获、举办活动的相关事项及活动结束后的反思。这些思考和 HR 工作中的内容有很大的相近处，如选拔、培养、配置公司所需的各类人才，制定公司薪酬福利政策调动公司员工的积极性，计划员工的职业生涯。不仅是工作内容有相同之处，在学生会摸爬滚打了几年之后，我学会了很多生活中棘手事务的处理办法，还有平和积极的心态。

Q3：数字化人力资源管理的变化有哪些?

柯明亮：我认为重点变化涵盖以下三个方面：数字化绩效分析、体制创新优化、扩展获取人才的途径。

绩效管理是我们工作中的重要部分，数字化的转变减去了整理员工绩效的烦琐工作，把工作重点转向员工绩效的获取和分析上。我们公司早期有两个难题与这方面有关。第一个是公司信息化建设开展得较早，早期信息化集团发展过程中，导入了很多生产信息化管理系统（MES）、各家厂商的网络公关系统（EPR），由于这些系统之间彼此独立，就好像一根根烟囱，让我们信息管理部门非常头疼。第二个是效率难题，公司作为光伏行业的制造企业，设备管理是东方日升最核心的环节之一，集团价值超过百万的设备数量近一千台，设备利用率发挥到极致非常重要，传统管理模式下数据难以及时采集、分析，对设备出现维保需求也难以做到第一时间回应。后来，公司选择简道云零代码开发平台，专业的互联网技术（IT）人员和信息中心人员自己搭建了简单的表单、流程，随后大家发现 HR 部门的工作效率都得到了提高，收集信息整理报告变快了，解决了绩效、信息的问题。

作为光伏企业，设备对我们来说很重要，我们每台设备都有对应的二维码，当设备出现故障时，现场的员工可以通过钉钉直接扫码进入系统流程进行报障。扫码报障之后，沟通群内会实时收到简道云的待维修推送，维修组的同事可进行抢单，如果五分钟无人抢单，则系统会自动派单。不仅如此，为有效解决往来集团总部办公人员的住宿拥堵、手动挨个录入效率低等问题，我们部门也通过数字技术建立宿舍管理平台，通过这个平台员工可登记入住，也可以提交维修申请。后勤部门可登录查询宿舍状态、房间维修状况。

我们可以看出数字化的人力资源管理与信息化阶段截然不同，数字化阶段力求总体效率的提升，其数字化理念是围绕组织效能提升展开人力资源数字化建设，并做人力资源精细化管理人力资源数字化是公司管理及 HR 职能教化的综合结果。

Q4：你认为这次疫情对人力资源的数字化转型是一次机遇吗?

柯明亮：我认为，对人力资源管理的数字化转型来说，是机遇同时也是一次挑战。在疫情期间，数字人力资源管理发展得更加迅速和完善，线上员工通过钉钉、脉脉、企业微信等平台沟通工作内容，运用数字化管理平台管理涵盖测评、入职、考勤、薪酬绩效等人力资源管理业务，对于效率提升还是很有帮助的。在疫情期间，还有研发专门辅助开展人才招聘工作的 AI 机器人，可以配合人力资源主管完成人才识别、自动化筛选、智能测评、智能面试等工作，通过 AI 技术持续优化招聘体验。其实，在新冠肺炎疫情期间，宁波多个人力资源管理部门运用数字化管理系统，调配可用员工，实现多公司同用工，缓解用工不足状况。疫情期间，不少企业出现生产经营问题，员工紧缺成为企业的大麻烦，北仑大碶高端汽配模具园区内的灵峰社区迅速行动，《复工复产社区服务清单》运用数字人力资源管理系统分析整合了园区公共治理、企业支持服务等 4 大类资源，为企业提供 20 个子类和 80 项具体服务，为企业防疫和复工复产做好准备。配备一名锋领企服员、制作一份复工指南、组建一支复工党员志愿服务队、搭建一个资源链接平台。

Q5：请问您是否有发展副业的想法，副业和主职有什么关联吗?

柯明亮：我本身是一位斜杠青年，第二份职业是大学生职业生涯规划的教师。我发展这份职业也是与大学经历和主职密切相关的。我在大学学生会结识了各种各样的朋友，非常了解大学时期学生们的内心状况和职业规划。我结合在公司做 HR 的经验，梳理学生焦躁的心态，根据学生的理想目标，给学生大学和职业生涯进行合理规划。我拥有 HR 工作的经验对当下大学生的职业发展规划有一定建设性帮助，帮助大学生找到心目中的理想职位和努力的方向。

NO. 4　健身教练

朱丹：宁波 M + 普拉提瑜伽馆合伙人，专业瑜伽教练，主要从事瑜伽、普拉提等健身课程的线上和线下教学工作。

Q1：您为什么会选择当瑜伽教练呢？

朱丹：作为一名热爱运动和读书的“90后”青年，我目前在M+普拉提机构当瑜伽老师，主要负责理疗瑜伽和产后恢复领域。其实之前我也是在办公室工作的，但长期伏案工作，发现自己的腰和颈椎都不太好。有一次偶然的机会接触到瑜伽，我发现瑜伽这门运动对身体的各个方面都有一定的好处，把瑜伽作为工作，也是纠结了很久的事情，一开始只是抽空去机构里上课，后来随着接触的增多，我逐渐热爱上瑜伽这门运动，而且作为瑜伽教练的工作是比较的自由的，我可以有空闲时间去做一些我想做的事情，最终我决定将瑜伽作为我的职业。工作后我发现瑜伽受很多女性的欢迎，特别是在疫情发生后，激发了居民的健康焦虑，想要锻炼却无法出门，所以瑜伽成为很多人的首选。我认为随着大家的健康意识不断提升，瑜伽行业的发展将蒸蒸日上。

Q2：瑜伽馆的数字化管理体系与传统管理体系有什么不同？

朱丹：瑜伽馆传统管理体系日常运转依赖人工管理，人员结构繁复，需要前台、保洁等一系列人员，导致了传统瑜伽馆出现运营成本高、管理效率低、人力资源消耗大、数据难以存留等一系列问题。而数字化管理体系让瑜伽馆管理更简单，数据更完备，服务可定制，能够使管理更加系统化，健康管理数字化。我认为数字化的管理会帮助经营者更好地管理自己的企业和员工，使管理更加有效快速。有一些瑜伽馆认为自己馆小用不着系统，拿个本子或者用Excel表格来记录会员信息、课程表、课时费等，通过微信群来管理会员约课等。这些方法非常低效还容易出错，占用了馆主很多的精力，提高了管理成本。通过数字化管理，场馆可以实现智能化管理，降低管理成本，深度挖掘会员价值，提高运营效率，增强用户体验。像我所在的瑜伽机构采取线上会员制运营方式，就是将会员的信息录入系统，采取线上预约的方式，可以有效安排瑜伽老师们的上课时间，从而避免课程冲突或老师过度劳累。数字化的运营方式也将零散复杂的会员信息整合起来，程序的运作使瑜伽机构的运营管理简单了许多，减少了出错的情况，为员工和消费者减轻负担。但是实际上，数字化管理并没有在瑜伽这个行业很好地应用，这次疫情让我们重新认识到瑜伽行业组织的困境和末路，数字化转型是瑜伽行业生存与发展的必经之路。

Q3：你们瑜伽馆里还在推非常有特色的线上课程，可以给我们介绍一下吗？

朱丹：线上运动是通过线上平台参与居家健身活动。一大批优质居家健身采用线上形式，如跳绳、广场舞、瑜伽等。2020年初的疫情，虽然打乱了人们的生活节奏，但也在客观上加速了“互联网+”与全民健身乃至体育行业的融合。疫情防控期间，通过录制视频上传到指定平台，可以让更多人看到，并通过网络交流练习。疫情期间，我们瑜伽馆会接到街道防控办的通知，需要临时停业。通过直播，我们可以实现“停业不停课”，我们利用抖音向会员们提供视频或图文教学，方便用户们在家也可以完成适当的训练，以达到最好的健身效果（见图3－13）。近年来随着科技水平的提升和健身意识的加强，许多如Keep、咕咚和悦跑圈等健身App也应运而生。不同于传统健身模式，在互联网的推动下，线上运动具有突破地域、时间限制等特征，可以有效地利用碎片化时间来达到强身健体的目的，十分方便。并且，在大数据和AI智能的运作下，用户可以通过输入自己的身高体重等数值，快捷准确地得到一份为自己量身定做的运动计划，并实时监控用户的运动状况，身体情况，有效准确地记录在App的数据库，以便后续的训练改动，使健身更加智能、准确、个性。App的另一个好处就是大多数不需要花费太多的金钱，很适合学生党进行必要的锻炼，受用人群扩大，更利于形成全民健身的氛围和目的。

图3－13　作者于2022年5月拍摄于宁波M＋普拉提瑜伽馆的线上教学现场

Q4：除了瑜伽老师，您还有从事什么副职吗？为什么会选择去做副业？

朱丹："运动可以增强体质，加强代谢，辅助减脂，我的副业是针对饮食调整的减脂技术，我个人觉得互补吧。"在工作初期，我并没用想过要去做副业，我只想做好瑜伽老师，长期工作下来，发现瑜伽老师的时间比较空余且自由，我觉得可以去干一些事情充实一下自己。在瑜伽工作的时候，我就发现了很多人都希望通过运动锻炼身体或减肥，但在运动一段时间后，有些人就会发现运动并不能达到她们理想的目标，饮食对于一个人的身体也是有很大的影响的，所以我认为我可以选择针对饮食调整的减脂技术作为副业。现在国家也是支持个人多做副业的，利用多余时间和精力去帮到有需要的人同时获得价值和财富，我觉得是很不错的。我身边很多朋友也是斜杠青年，他们从最初的想提高个人收入、出于兴趣爱好，到现在的实现自我价值，将工作和爱好很好地融合。现在人生活成本高，有两手准备在遇到困难时不会难堪。现在是流量时代，利用好各种平台创造更多可能，不能只是做个看客，要去打造个人的 IP（知识产权）。年轻人不再拘泥于稳定的工作、固定的薪资，他们对工作的追求不只局限于赚钱，他们更多地寻求适宜自己的职业生涯，他们渴望创新和自由，更追求自我价值的实现。自主、多元、有趣、独立的特质让很多青年人更快速地适应新环境，在新领域闯出一片新天地。相比于生硬的被动选择，许多青年人更倾向于多元的主动选择，工作于他们来讲不单单是赚取生计维系生存的工具，也可以是帮助完善自己、创造美好未来的良师益友。而新时代的青年们只有不断磨炼自己，丰富自己，才能适应社会的发展，创造更好的未来。

NO. 5　电商主播

张静（见图 3 – 14）：宁波职业技术学院 2017 届毕业生。目前在杭州从事电商主播工作，主要是女装方向。

图 3 – 14　张静参加公司街拍活动

注：图片由张静本人提供，允许在本书使用。

Q1：为什么会选择电商直播作为自己工作转型的方向？

张静：最直接的原因是电商直播的爆火带给我的冲击。近年来，由于疫情等因素的影响，在线直播的用户规模大量增长，电商直播这一销售模式强势出圈，很快引起我的兴趣。

电商直播属于网络直播的一个分支，主播在直播间借助视频录制工具，将商品展示给用户，并为用户提供互动和服务工作。随着各大直播平台的快速发展，直播带货的产业链也更加完善，直播电商的供应端、平台端和消费端形成了较为完整的产业链条。我之前在公司从事的是人力资源管理工作，但是我们公司的主营业务是电商直播这一块，所以我对这方面多少有些了解。疫情期间，公司领导问我想不想尝试做主播，我勇敢地进行了一次尝试，没想到反响不错。这让我看到了电商直播行业的发展前景，于是我选择电商直播作为自己工作转型的方向。

Q2：您主要从事哪一方面的电商直播？

张静：我现在是在杭州工作，主要负责女装电商直播。杭州是个非常时尚的城市，服装行业底子很好，有包括像四季青服装批发市场、新中洲女装城、中星外贸服饰城等多个大型的服装市场。杭州的春装与夏装市场热度很高，所以每到春夏两个季节，会吸引来自全国各地的客户和主播们。地域优势、产业优势，加上我本人对服装行业的强烈兴趣，更加坚定了我从事女装直播这一方向。不过未来，我可能还会涉及珠宝或是钻石一类产品的直播，毕竟这些配饰与女装搭配是密不可分的。我们除了走好脚下的路，也还要展望远方的，不是吗？

Q3：您觉得疫情给电商直播行业带来什么样的变化呢？

张静：首先，疫情期间大家的生活消费更加依赖互联网，线上购物涵盖的种类也非常齐全，美妆、服饰、家居、家电、食品，几乎一个不落。火爆的网络购物，让直播带货成为各大电商平台重点发展的对象，也让大量人才涌入直播电商行业。其次，受到疫情影响，各行各业开始跨界之旅。美食直播、美妆直播、健身直播、旅游直播……在“万物可播”的时代，短视频、直播迅速走红，不得不说，一场属于新媒体时代的狂欢在疫情期间获得了很好的发展契机。最后，因为疫情原因，大量的农产品滞销，这时电商直播显示出它强大的号召力，直播电商企业为全国各地的优质农产品拓展销售渠道，在公益扶贫领域做出极大的贡献。因此，在乡村振兴背景下，越来越多的农产直播带货品走进人们的视野，越来越多的消费群体开始了解直播，公益扶贫与电商直播互相成就。

Q4：您如何看待电商直播行业的可持续发展？

互联网技术的发展，其中一个方面体现在大数据背景下信息的分类与整合，经纪公司可以根据用户群给主播创造更多机会，庞大消费群体及商家支持让电商直播拥有可持续发展的巨大动力。就消费者观念角度而言，直播可以更加直观地建立起主播与用户之间的信任，较之于电视录播，电商直播因为增加了更多的与消费者互动环节，更加强调主播与受众的交流与互动，更加符合互联网时代的社交习惯，更得消费者喜爱；就商家而言，主播可以为其商品提供更大的曝光度，可以为其商品带来更多的销量，通过薄利多销的手段获得盈利，所以商家愿意支持主播的直播活动。

Q5：作为一名主播，您的工作压力大吗？

张静：未来电商直播的形式会更加多样，直播技术迭代会更加快速。其实，主播的工作压力很大，后面追赶的人很多，一旦停歇，就可能被超越。就连直播领域的头部主播之前因为身体问题停播，都遭受了排名的下降。就目前的形势而言，主播如果没有什么特别的舆论事件，格局应该是相对稳定。但由于平台门槛较低，很多人都可以申请主播，导致直播质量参差不齐。直播行业并没有像想象中那么轻松，很多年轻人把直播当成发家致富的工具，这个认识肯定是错误的。因为他们缺乏行业领路人的指引，缺少清晰的职业生涯规划，没有经过专业机构的培训，盲目进入这个行业，这对行业发展和个人发展都是不利的。

Q6：您对直播行业的工作环境有什么好的建议吗？

张静：最近，我所在的公司正准备安排搬迁，我们新公司环境非常洋气，直播设施和办公环境等硬件都做了很大改进，摄影棚、化妆室、休息室、茶水间一应俱全。不过之前也聊到杭州在春夏两季会吸引众多来自全国各地的主播，这些主播会选择在一些直播电商产业园开展工作。其实，我个人很喜欢直播产业园区的工作环境。因为，这种园区可以将一群追逐同一个梦想的年轻人集聚在一起，让大家有机会相互学习和交流。记得我还在大学的时候就了解过一些关于青年人才创业空间、孵化器平台建设的新闻，印象比较深刻的是我们学院和阿里巴巴一起构建的“青创空间”，这个“青创空间”搭建了学校和企业之间的桥梁，让一些有想法的大学生通过创业项目、实践项目更快地融入社会。直播行业也需要更多这样的发展空间，把那些境遇相同、目标相同的人集聚在一起，让他们有更多交流和学习的机会，或许会寻找到更多的发展契机。

NO. 6　移动办公软件开发

楼凯浩：宁波职业技术学院 2018 届毕业生，目前是泛微协同 OA 移动办公软件公司开发部员工。

Q1：能给我们简单介绍一下您在大学时的专业和爱好吗？在校期间有没有什么兼职的经历呢？

楼凯浩： 我大学的时候学的是计算机应用专业，平时就喜欢看看电影、听听歌，当时对与计算机相关的东西就比较感兴趣，所以就会去主动地了解和学习一些知识。因为我认为提升自己是一项很重要的任务，不论是对当下的校内学习，还是对于今后的工作都会有所帮助。

此外，我在学校的时候有兼职过移动公司的话务员，是一种类似于客服的工作，会与客户进行电话上的沟通，需要掌握一些商业话术。除了话务员之外，我还在校外的学习培训机构兼职过，也是一份很考验沟通交流能力的工作。

这些兼职的经历让我锻炼了自己的沟通能力，这个技能对我今后的工作很有帮助！这是当时懵懵懂懂的我所没有料想到的。这确实也在变相地证明，多学一些本事是很有用的，也许不久的将来就会成为一个价值巨大的筹码，成为升值自身的有效手段。

从我的角度来看，多元就业也是拥有相同的意义的，在这一领域得到的知识和资源，可以使另一个领域的自己获得额外的加持，实现双赢的效益。但是可能是因为我目前自身的一些原因，不太能够实现这样一个工作状态。我还是很羡慕身边多元就业的朋友和同事的，能身兼数职却又顾好自己的生活。所以说到底还是一句话：要提升自己，让自己不断变好。希望未来的我能够实现成为多元就业人才的这个心愿。

Q2： 您能介绍一下您现在从事的工作吗？有什么副业吗？

楼凯浩： 我现在是在泛微协同 OA 移动办公软件公司工作，我们公司有五个基本的工作内容，包括“技术与产品研发”“咨询服务”“项目服务”“市场营销”以及“客户运营”。我的工作是属于“技术与产品研发”这一范围的，就是对 OA 办公系统进行开发和申报工作，当然也涉及与客户的沟通工作、也要去“跑现场”，去了解客户及客户所在公司的具体需求。工作流程就是先预定，然后联系客户，接着是进行开发，这中间也要时不时去询问项目的进程，与客户保持紧密的联系，最后就是成功完成这个项目。因为现在处在大数据时代，商业活动中的很多部分都可以通过科技变得更加便捷和高效，所以我现在从事的工作就是帮助我的甲方，去实现他们想要让工作变得更方便、更快速的心愿。

但是我偶尔也需要去外地出差，和客户进行面谈，我认为在这个过程当中还是很需要沟通技巧的，一个不小心可能就会导致整个项目的进程受阻。所以说，在工作中也需要学习和变通。同时，我也把投资理财当作是一种副业，因为这不需要占用我的工作时间，也相对更轻松一点。我身边的同事和朋友会去选择开网店、在周末开滴滴等副业，但是我还是觉得在我现在这个阶段，更需要做的是投入精力在深入钻研和提高自身能力上，这样对今后的工作会更有利一点。

Q3： 我想问一下您在家工作多一些还是在职场工作多一些？然后您目前对您工作

环境还算满意吗？

楼凯浩：我一般的工作时间是早上九点到晚上六点，平常就是在鄞州的写字楼里办公，办公环境是很安静的，公司里的设施也很齐全，茶水间什么的也一样不落，我个人还是挺满意的。之前在刚入职实习期间，我其实还不太适应公司的工作节奏，当然也有我个人对于业务还不太熟练这一层原因，所以当时我经常需要晚上加班。加班的话一般都是在家里，会把在公司没做完的工作带回家完成。但是随着我自己能力的不断进步，业务水平的提高，目前这样的情况就很少发生了。

我觉得在家办公其实对于我自身工作的专注度是不利的，会更容易受到外界的诱惑，降低工作效率。在公司就不一样了，在公司大家都在专注自己的工作，再加上有领导的监督和公司本身这个公共场合带来的紧张感，工作效率就很乐观。相比于在家办公我还是更喜欢在公司办公，我个人更倾向于把私人空间和办公空间鲜明地区分开来，这样其实就意味着我该工作的时候可以认真工作，该休息的时候又可以毫无后顾之忧地去放松和休闲。毕竟工作其实更多的属于任务，劳逸结合非常重要，工作环境也很重要。我认为这是一个职业很重要的一个部分，影响着很多像我一样的就业青年的职业选择。

Q4：那您对您的工资收入满意吗？

楼凯浩：可能大学生刚毕业都比较关注工资这一块，这也是人之常情嘛。通过工作获得工资，以此让自己过上更好的生活，完全合情合理。不过我个人认为其实对于刚刚跨出校园大门，步入社会的学生来说，应该首先以积累经验、增长技能为主，工资待遇只是暂时的，眼光还是应该看得更远一点。

我现在的工资是依靠自己这几年的努力工作的结果。我认为到目前为止，我的劳动与我的劳动所得还算是成正比，在别人眼中也是可观的。再者人往高处走，水往低处流，因为我现在这个职业的职业前景是很不错的，以后的晋升空间也放在这里，所以我还是希望能够不断提高自己的收入水平。毕竟工资的上涨不仅会给我的生活带来改善，更重要的是这也是我的工作能力在不断提高的体现。这样可能会让我更有工作和进步的动力吧！

换句话说，当我的工资收入在稳步提升时，也就变相说明我能为公司为职业带来的效益和价值在不断增加，也就意味着我个人在工作上已经比现在的自己有了实质上的进步，我的个人价值也在逐步得到实现，这也是我向往达到的目标。

Q5：那么想请问您，您觉得您所处的软件开发行业以后的走向会是什么样的呢？未来的发展方向是哪里呢？

楼凯浩：我现在处在的行业其实是依托于大数据和信息技术的时代。在这样一个大背景下面，毋庸置疑的是这个行业的未来走向是不可估量的。例如，相同的工作量，以前的公司需要招几十上百的劳动力去完成，但是现在就完全不同了，因为有诸如智慧办公系统的协助，公司的劳动力成本大大减少，工作效率和工作效益却呈几何倍地提高，这就是我们这个行业存在的意义。就是基于这些前提，我们这个行业将会与不同行业相融合，碰撞出不一样的火花。

至于行业未来的发展方向，我个人认为，应该会更趋向于与其他领域的合作，完成更多的事情。我们现在的合作范围涵盖了“衣”“食”“住”“行”四大块，例如我们现在就在做的，与其他厂商合作，将公司的传统印章转化成电子印章，同样也是在提高公司的办公效率。这应该是今后这个行业会去发展的方向之一吧！

Q6：请问您认为这个行业它有什么不足吗？如果有不足将要如何改进呢？

楼凯浩：首先我认为，我们这个行业最大的不足可能就是在知识产权这方面了，现在最珍贵的是知识财富。我们做的工作是更倾向于创新研发方面的，因此知识产权的安全问题就成了最大的问题。同行之间肯定就会有互相模仿的情况出现。

而相对的，因为此类的侵权情况是很难去界定的。换句话说，这个东西我有，他也有，或者说他有一部分，那怎么去判断这个东西具体是属于谁的呢？所以这个时候，研发者的权利就很难保障了。如果说要改进的话，肯定是公司自身先要做好防护措施吧，我们公司内部就有专门的同事是做这方面工作的，他们会保证公司的研发环境是安全的。再者就是社会大环境需要在这个方面进行改善，需要出台更多相关的法律法规去界定侵权行为和提出对被侵权人的相关保障，切实保护知识产权，杜绝信息泄露和信息盗窃的情况。

现今时代，怎样才能做到按照客户的需求定制开发软件，设计出高质量低成本的软件产品，成为软件企业的核心竞争力，所以很多软件企业愿意高薪聘请有能力的软件开发设计者。从这点可以看出，软件开发就业前景是很好的，但是这也造成较大的压力。其实软件开发行业，说得通俗一些，就是做程序员。程序员的工作压力是非常大的，工作起来没日没夜的，这也导致这个行业中的很多工作者出现身体亚健康状态。另外，最重要的一点，软件的更新换代速度非常快，软件开发设计者如果不能及时提升自己的开发设计能力，很快就会被这个行业淘汰，所以虽然软件开发就业的前景好，但是要求相当高。可能每个行业都有其优劣，现在软件开发业出现的问题也不是一朝一夕就能解决的，还是静观社会和这个行业以后的具体发展吧。

Q7：那么您认为在数字经济时代，您这个行业和相关行业的从业人员收获了哪些便利呢？

楼凯浩：这个时代数字经济高速发展，我们肯定是受益者之一。就拿疫情来举例子，在新冠肺炎疫情十分严峻的时候，很多企业都停产停工，受到了不小的打击，严重的甚至都破产了。但数字相关行业就可以快速形成网上办公的新模式，在线下能做的大部分工作，线上也能完成。

比如说，我们目前在运行的四大智能办公平台（见图 3－15）：中大型企业移动智能办公平台、中小型企业移动智能办公平台、一体化移动办公云平台以及移动化电子政务平台，这四大平台涵盖了大部分的能够实现线上办公的企业和组织。通过这样的办公平台和办公模式，就能很好地保障企业工作的运行，降低企业的经济损失。不管是对我们这样的技术型企业还是我们的客户——那些本来就在使用相关办公平台和办公软件的公司来说，都是一件特别好的事情。这些都是数字经济时代下，我们占据的优势，是别人做不到而我们能够做到的。

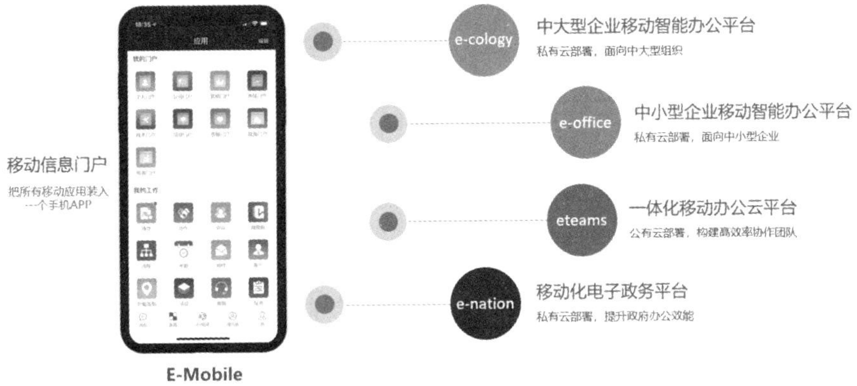

图 3－15　智能办公平台

往大了说，这其实是一个有效的闭环效益。不仅是我们和我们的客户收获便利，我们客户的客户，客户所经营的领域都得到了帮助。对于疫情后社会的经济复苏、下岗人员再就业、社会新兴职业的诞生都有着不可磨灭的意义。所以，数字经济时代是个黄金时代，无论我们遇到什么样的困难和险阻，最终总会找到问题的突破口以及解决问题的方法。信息的交互、能源的共享等，都是我们或者是所有的行业运行和发展的关键。

NO. 7　校园全媒体运营

朱诗茹：宁波职业技术学院 2020 届毕业生，现任职于宁波职业技术学院全媒体中心，协助开展全媒体中心运营工作。

陈艳彬：宁波职业技术学院 2022 届毕业生，在校期间担任宁波职业技术学院全媒体中心部门的部长，负责学校官方公众号推文以及校园宣传报道。

Q1：可以简单介绍一下全媒体中心吗？为什么会加入全媒体中心？

全媒体中心在学校里扮演着重要的角色，校园大小型活动中都少不了全媒体中心的身影，如学校签约的新校区以及学校举办的青春榜样思政公开课、宁职之星、校运动会、学校的校庆等活动。我们平时都喜欢阅读，从书籍中汲取新知识，以及从书籍中学习写作的技巧，我们还喜欢在网上冲浪，从网上及时获取时事热点，为下一次的写作做积累。在进入全媒体中心两年以来一直热爱着这个部门，职业病也在心底生根发芽，我喜欢网上冲浪，发生的每件事都会想是不是可以写成一篇推文。至于为什么加入，是因为我们在高中的时候心里的很多想法都被高考所禁锢了，所以到了大学想尝试去探索一些新鲜的事物，刚好全媒体中心是一个多元化、有趣且极具魅力的部门，便加入了全媒体中心。刚开始进入全媒体中心只是因为满足好奇，现如今依然坚持留在全媒体中心的原因大概就是打从心底的热爱了。全媒体中心是一个很严谨的部门，在日常写推文当中涉及的所有内容上到领导职称，下到标点符号都是要百分之一百准确。严谨之外，全媒体中心也是一个很有包容度且多元化的部门，老师会支持我们的脑洞大开，做自己想做的内容。

Q2：全媒体中心对你们的未来职业规划有影响吗？

我们都对这方面比较感兴趣，而且对全媒体中心这个领域接触多了，对这个领域的了解也更多一些，更便于未来的工作，目前是有将全媒体中心加入未来职业生涯规划这个想法的，当前在全媒体中心所做的学习和努力也在为未来进入这个行业做积淀。虽然大学主修专业是国际经济与贸易，所学的专业与全媒体中心之间的联系并不大，但是我们非常热爱全媒体的工作，我们想让未来的自己多一些选择。

Q3：全媒体中心对你们自身有什么影响吗？

大学期间我们忙于专业课，课余时间我们也在努力学习关于全媒体中心的专业内容。

朱诗茹：在加入全媒体中心后收获了很多志同道合的朋友，朋友们认为我在全媒体中心工作的时候身上是散发着光芒的。自身的抗压能力变强了，在日常生活中对待事物也更谨慎仔细了，因为做这个行业你就要接受一遍遍地改一遍遍地推翻，我大一被推翻一篇推文，我人都要自闭了，觉得很痛苦，到后面推翻后我能马上想出解决方法，这应该算收获和成长。

陈彬艳：父母曾说“大学生就是要多一些拼劲儿，多一些探索的眼光”。加入全媒体中心这个领域后的我学到的知识已不再只局限于专业内，如学习到了新媒体知识，从一个小白到可以自己独立去完成一篇推文，也结交到了很多很好的朋友，接触到了很多优秀的老师、校友和同学，最开心的是自己写的东西被更多人看到，还挺有成就感。

Q4：全媒体领域有什么特点？与传统媒体有什么不同？

陈彬艳：在寒暑假期间参与了一些全媒体领域的工作，如在电视台参加实习，在这个领域工作最大的感受就是这个行业比较年轻有活力。大部分都是年轻人，发展的机会也很多。

朱诗茹：在大学期间也在新媒体运营这一方面的岗位实习过，全媒体中心这个领域最大的感受是活跃、有朝气，机遇和挑战并存，这个领域比其他领域好的点就是在于它的发展空间还有很多，而且它不挑人，只要你有兴趣就能做。

全媒体领域的工作相对于一些别的工作会更多元和更灵活，更新换代的速度也更快，在科技和互联网发达的今天，新媒体行业的更换速度惊人。与传统媒体相比，新媒体更技术化，传播更广泛，新媒体的数字化运作原理可以实现信息的全球化传播。应用更普遍，可以在任意时间和地点获取、上传信息，且价格更低廉。社会层面，新媒体最重要的是社会革新作用。新媒体的未来发展趋势会更移动化、互动化、人性化、个性化、虚拟与现实结合、智能化、场景化。陈彬艳表示"更新迭代是我们无法阻挡的社会规律"。

而正因为互联网+时代的到来，媒体传播方式的改变，新媒体大变革也汹涌而来，用户阅读兴趣变了，年轻用户的喜好正在重塑媒体的表达；用户消费场景变了，晚间场景成为媒体争夺的"黄金时段"；内容生产方式变了，内容分发渠道重塑，小微生产团队崛起；内容服务方式变了，基于社交平台的内容传播和服务引发更紧密的互动，由于新媒体的形态是不断地进化的，因此"新媒体"是一个相对概念，一些"新"媒体随着技术的发展或时间推移会沦为"旧"媒体或传统媒体。我们其实无时无刻不在接触新媒体。我们每天玩的微博、微信、贴吧，都属于新媒体，每时每刻，我们都在接受着来自新媒体的传输信息。往昔的传统媒体已经被新媒体替代，只不过进入新媒体时代后，媒体推陈出新的时间周期明显缩短。要深刻理解新媒体需要从时间、技术和社会三个层面解读；时间层面，时间上更近的可以称为较"新"的媒体，新媒体是相对于传统媒体而言的。比如网络相对于电视是新媒体；电视相对于报纸是新媒体。

Q5：传统媒体是否会被新媒体取代?

我们认为不会。我们认为传统新闻媒体应对新媒体挑战是有可采取的措施的，传统新闻可以采取以下措施：第一，可以维系自身强大的公信力，新闻产品是一种信任产品，维系公信力，对传统电视新闻媒体在未来保持竞争力极为关键。第二，加强深度报道。更权威、深入的解释和评述，成了电视新闻保持竞争力的重要因素之一。互联网信息大多是简单的、片段式的、表象性的，不能满足公众深入了解事实的需求，而传统电视职业化新闻团队正可以在深度挖掘上有所作为。第三，立足本地化新闻，引领焦点议题。第四，增强互动性和沟通感。新一代观众已经不是不动的受众，而是热忱的参与者。因此必须充分尊重年轻一代的自主意识和自我表现的需要，增强互动性和沟通感，让观众拥有一定的选择权，使其从单方面接收信息到积极参与互动，表达意见。

第五，加大对公民新闻的整合力度。传统电视新闻媒体应充分利用井喷的民间资源。第六，大数据视野，变受众为用户。传统电视新闻媒体也应当注意用户数据的收集。第七，颠覆目前的新闻生产流程，做到真正的融合。真正意义上的融合必须是整合传统媒体与新媒体的人力资源和新闻资源，建立全媒体中心，重组生产流程，制作不同的新闻产品，在新老媒体上发布。

Q6：媒体领域未来的发展会如何？

全媒体中心已经从传统媒体进阶到新媒体，在未来我们还将可能进入到超媒体时代，互联网、大数据、云计算、移动互联、可穿戴式设备……科技发展正在改变媒体的形态和传播方式，未来媒体将更关注人与人之间、人与世界之间连接交流的内在感知。如今的媒体记录虽已从专业的媒体传播人扩大到了个人媒体，进入了自媒体时代。但是她们认为未来的脚步不会停留于此，而会有发展为以人工智能作为记录者的趋势。在未来的20年内，人工智能企业定然会迅速崛起。智能互联与万物融合起来，就是人工智能+物联网，创造一个万物皆媒体的超媒体时代。

在互联网占据时代潮头的今天，不是互联网冲击了传统媒体，而是互联网带给了传统媒体一个重生的契机！只有抓住新时代、新生代、新媒体产业价值链重构的重大机遇，传统媒体才有可能涅槃重生！信息于我们既是平等的又是个性特殊的，媒体也将突破具体的物质形态存在于我们生活的各个角落。万物都成为信息的制造者与接收者，世界将通过媒体而变得透明，生活将通过媒体而变得方便幸福。

第三节　数字“新青年”多元就业对策建议

一、数字青年多元就业的问题与挑战

（一）缺少行业领路人

面对严峻的就业现状，大部分新入职场的年轻人们，对于职场很迷茫。他们对自己的了解不够，找不准自己的位置，看见别人干什么，自己也拼命往里面挤，完全没想过适不适合自己。如F－7，认为自己没有很好地处理好线上教学与本职教师工作，她当时也是受朋友所托加入线上教学工作，但毕竟精力有限，多多少少会影响自己的主业工作；又如F－4，主业是瑜伽老师，由于处于数字经济时代，很多人喜欢待在家里健身，所以她发展线上健身教练为副业，但实际上她对于这一方面不是特别了解，包括视频如何拍摄、场地如何选择，都没有做很好的规划和培训。缺乏定位，没有主

见，很容易从众行事，也很容易四处碰壁。

有部分年轻人专业知识较好，但只是体现在书本和思想上。企业在应聘员工的时候，需要的是能够立马上岗，投入工作，并不会花大量的时间来培训员工，所以很多年轻人无法得到企业的认可。F－3 因为对全媒体很感兴趣，所以发展全媒体作为副业，但一开始在全媒体方面的能力完全达不到行业的标准，需要近半年的培训。所以，在多元就业快速发展的趋势下，用人单位对专业知识技能、实践创新能力、应变能力等提出了更高的要求，需要年轻人进一步提升技能。

（二）就业陷阱处处存在

年轻人在进入职场之初，缺少常识、急功近利，丧失了辨别是非曲直的意识和能力，往往被网络虚假信息所骗，最终可悲地走进了别人设下的圈套。青年多元就业群体既对高薪行业感兴趣，又要面临较大的就业压力，往往不加分辨，盲目相信，容易掉入传销陷阱。如 M－3，他的本职是网络工程师，副业是游戏陪玩。现如今游戏方面的工作成为很多年轻人感兴趣的职业，由此很多线上 App 进行广告宣传日赚上千，M－3 想要多拿些工资，于是通过游戏招聘平台参与工作。但目前，社会上很多招聘平台漏洞多，投诉无门，年轻人没有社会经验，很容易被骗。

很多年轻人在选择工作的时候，要工作环境好、工资高、大企业等一系列的高要求。但事实上，由于他们过于理想化地看待工作，难免会像进了水果园，到处挑三拣四，最后一无所获。高薪资、高待遇、高成长空间、高发展机遇，对完美配置的过度追求，会让年轻人错失很多公司的机会。理想往往是美好的，现实却是残酷的，它总是达不到我们的预期。如 F－5，主业是一名时尚主编，在外人看起来很高大上的职业，实际上有做不完的时尚圈大事，所以给她带来了很多苦恼，发现时尚主编并不是理想中想要的工作。但年轻人们经常好高骛远，企图一步到位，而最后结果并非所愿，造成心理落差。

（三）盲目就业缺乏规划

不少青年就业者认为职业规划纯属纸上谈兵，简直是耽误时间，使自己在探索就业方向上浪费了很多时间。M－6 大学期间学习的是视觉传达，毕业后从事美术设计工作，但经过一段时间的工作分析自己并不适合这份工作，从采访中我们发现了最主要的原因是他在大学期间并没有对自己大学后的工作有明确的规划，最终导致工作不适合自己。有些多元就业群体有职业规划，但都是短期规划，职业规划缺乏长远性。在对 F－6 的采访中，我们曾询问过作为一名摄影师，在拍摄途中可能会有不可预料的风险，如果做不成摄影师了，还有什么其他的就业方向，但他表明短期只是想做摄影师，并没有长期的规划。

很多斜杠青年在工作的时候并没有把自己主业和副业兼顾好，在没有做好本职工作的时候，就花费了大量时间在第二职业上，最终一无所获。部分青年急于向别人、向自己证明，为赚钱或名利，选择多元就业，导致主业没做明白，生存堪忧。F－12 本是互联网公司的职员，由于喜欢旅游且在互联网公司的工资并不高，选择旅游博主作为副业，但是为了做旅游博主，F－12 花了很多钱，导致自己在生活上遇到了很多困难。F－1 兼任着六个职业，她的主业是健康管理师，她因为主业的需要而发展了好几份工作，但她表示有些“力不从心”。有的人随意给自己加杠，想当然地给自己贴标签，然而杂乱无章的标签成了一种绊脚石。

（四）保障制度不完善

数字技术快速进步与全面应用，给劳动就业带来巨大机遇的同时，也面临各种挑战，尤其是从业人员的劳动权益保障。据中国信通院调查显示，通过数字生态灵活就业的年轻人（“90 后”“95 后”群体为主），他们的社保覆盖率相较其他年龄段要低。中国信息通信研究院在 2021 数字化就业研究报告的数据统计发现，2020 年微信生态从业者中，18～24 岁年龄段有超过一半的人没有缴纳社保，视频号个人运营者中 18～24 岁年龄段就业者未缴纳社保人员占比达 61.9%，公众平台个人运营者达 57.6%。据调研，现在年轻人放弃缴纳社保的原因主要有以下三点：一是经济条件有限，没有多余的钱来参加社保；二是重视眼前利益，跟企业签订自愿放弃缴纳社保的协议；三是毕业后直接进入灵活就业的年轻人变多，没有正式雇用经验，对社保认知不到位。

二、青年多元就业潜在群体的筛选与培育

随着多元就业在青年就业群体中的占比越来越高，大学生多元就业群体的预先筛查与培育引导日益重要。因此，本著作基于 20 名多元就业青年采访的数据，采用扎根理论对访谈记录进行开放编码、主轴编码和核心编码，确定多元就业潜在影响因素。为检验多元就业影响因素的有效性，采用问卷的方式，分发问卷 1280 份，有效问卷 1200 份，并将问卷数据分成多元就业组（312 份），非多元就业组（888 份）。对两组数据进行 t 检验，确定影响因素效度。结果如下：（1）确定了大学生潜在多元就业 5 大影响因素，19 项有效筛查指标；（2）立足高校，提出了针对大学生多元就业潜在群体的筛选—培养—引导（FCG）模式。本章节的研究思路与技术路线见图 3－16。

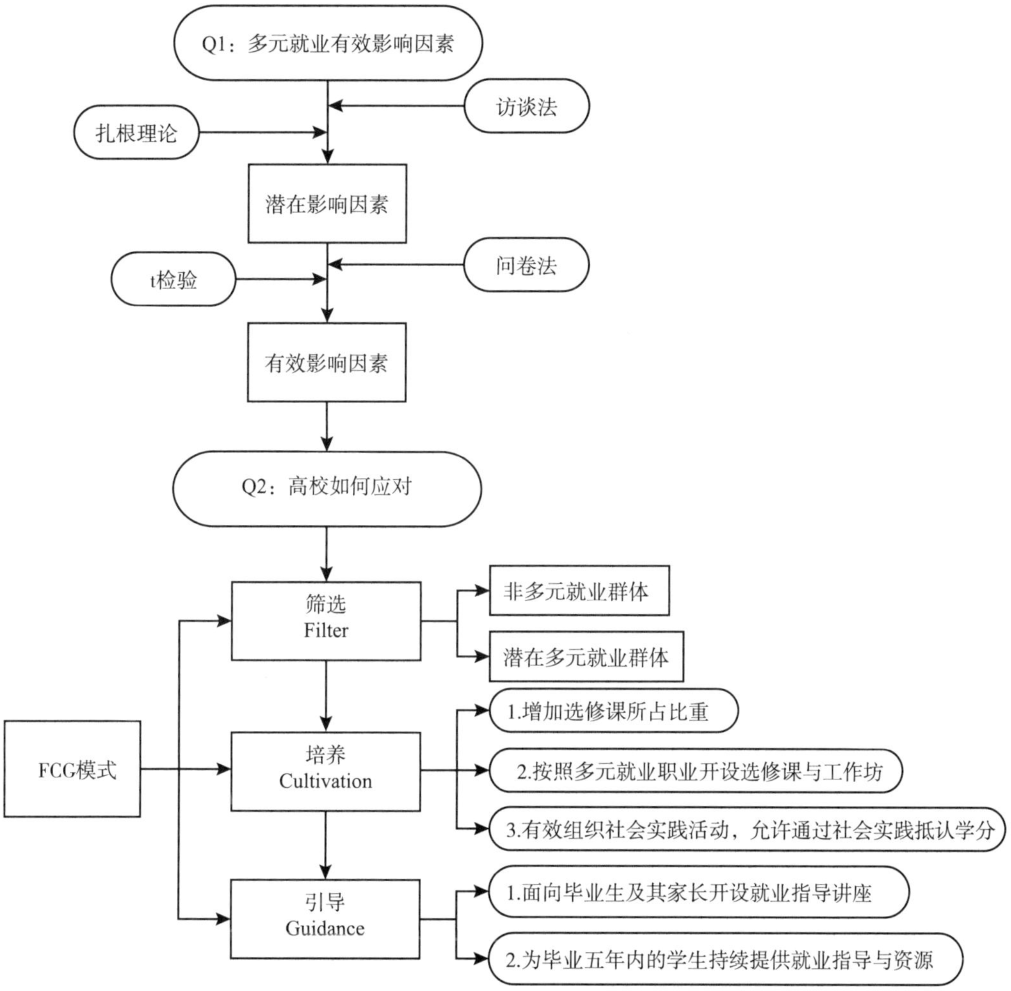

图 3－16　研究思路与技术路线

（一）多元就业影响因素筛选

本书基于对 20 名多元就业青年的访谈，以扎根理论为基础（Glaser and Strauss, 1967），采用文本分析和三级编码的方式对访谈记录进行了编码。其中开放编码要求研究者对任何访谈信息保持开放，尽可能贴近真实信息和原始信息。主轴编码是对开放编码形成的范畴进行聚类分析，目的是在开放编码之后以新的方式重新排列。核心编码的目的是将主轴编码的概念囊括到一个具有统领性的概念，从而形成理论。具体编码过程详见表 3－5。

表 3-5　　部分访谈资料与编码过程

核心编码	主轴编码	开放编码	部分原始访谈资料
环境因素	社会环境	就业压力	现在大学生毕业人数每年都在增加，就业很困难……
	工作环境	工作时间灵活	我们单位收入比较稳定，也没有太多考核压力，所以有相对较多的灵活时间……
		收入减少	受新冠肺炎疫情影响，公司业务量下降，导致我们的收入也比之前低了很多……
	学校环境	学习经历	我在学校也有选修过电子商务课程，有一点基础……
		学习能力	我上学的时候英语成绩就很好，所以做这个直播课，想用自己的长处，既帮助别人，也增加自己收入……
家庭因素	家庭依赖度	不依靠家里	自己一个人在这个城市打拼，不依靠家里，所以想着多做几份工作……
	家庭经济条件	家庭条件不好	父母年纪比较大了，家里经济条件很一般，所以我要拼命工作，让自己和父母都可以过上好日子……
	父母职业观	父母开明	父母比较开明，我做直播他们也比较支持，还经常在直播间点赞、评论……
行为因素	工作行为	效率高	我觉得我做事效率还是比较高的，能够完全胜任自己的主业和副业……
		时间管理	平时自己下班后也是追剧、刷手机，我更想用这个时间去做有意义的事情……
	消费行为	花销大	我平常花钱比较多，工资也不高，所以经常是工资不够我花的，所以开始做这份工作……
		还贷	自己刚成家没多久，还在还房贷，压力比较大……
	学习行为	学习培训	在一次偶然的培训机会中，接触到了直播……
性格因素	喜欢挑战	太过安稳	我觉得就拿死工资，日子太过安稳了……
	喜欢创新	商机	我就觉得这可能是个商机，因为没什么人做过相似的产品……
	性格果敢	果断抓住机会	当时就觉得这是一个机会，要果断抓住这个机会……
其他因素	职业目标	多试试	毕业以后也没想好自己究竟要干吗，所以想多试试，看看自己究竟适合什么……
	身体健康	身体好	自己身体一直挺好，有的是力气，所以多干点活……
	性别	男的	我是个男的嘛，固定工资这么一点，肯定不够养家，所以平时跑一下滴滴，赚点外快

1. 环境因素

（1）社会环境。在双循环新发展的格局中，实现需求升级是扩大国内循环的重要目标之一，需求升级的主要推动因素便是充分就业。2020 年 7 月政府发布了《关于支持新业态新模式健康发展激活消费市场带动扩大就业的意见》鼓励由传统行业数字化所引入的新个体经济，以及网络直播、微商、电商等形式的自主就业。

（2）工作环境。企业为了在错综复杂的市场环境中实现收益的最大化，纷纷开始精简组织架构，其在用人方式上的体现便是外包、短期雇用等更具可调整性的途径的比例大幅增加。不论是出于现实因素、自我提升、还是自身兴趣等原因，从事一份与自己主业相关或者毫不相关的副业便成为青年的不二之选。

（3）学校环境。科学技术的快速变更和社会需求的日新月异，高校不断地打破和重构知识体系，大学生在多元学习和生活方式的切换中寻求价值归属，自主建构意识凸显。他们不再是大学校园的被动参与者，而是积极自主地汲取感兴趣的学术知识与技能。这无疑为多元就业埋下了幼小的种子。

2. 家庭因素

（1）家庭依赖度。就业青年对家庭的依赖程度会影响就业的选择。对家庭较为依赖，特别是对家庭经济较为依赖的青年，更容易得到父母的经济支持，因此生活压力较小；反之，较为独立的就业青年，思想、经济独立，更加倾向于选择多元就业。

（2）家庭经济条件。生活在良好经济条件下的青年往往生活物资较为富足，生活压力较小。在此类家庭中，父母往往能够独立养老，不需要子女过度承担养老花费，这更加降低了生活在此类家庭中的青年的生活压力。因此，家庭经济条件越可观，成为斜杠青年的概率就越低。

（3）父母职业观。大部分中国家长往往更加注重工作的稳定性而忽视工作的前景、晋升机会或者多元性。但当代大学生往往偏向于从自身实际情况出发去考虑自身职业生涯的可能性。当父母的职业观与青年的职业观发生冲突时，必然有人会选择接受父母的要求。

3. 行为因素

（1）工作行为。青年就业者在工作场所的综合行为是青年多元就业的重要影响因素。工作效率较高的青年群体能够通过时间的合理规划和快速高效的工作方式来给自己创造不少的“自由时间”。因此，在本职工作中个体越感到从容、自如，其成为潜在多元就业群体的概率也就越大。

（2）消费行为。一方面，当代青年由于对生活品质追求提高，将更多的收入转化为生活花销，其结果是储蓄的减少和超前消费的盛行。另一方面，对当代青年来说，房贷等硬性支出又压缩了当代青年的可支配收入空间。为了缓解这一矛盾，对于高消费但收入相对匮乏的群体，通过多元就业获取另一份或多份收入便成为可行的选择之一。

（3）学习行为。同时进入多个行业，涉猎可能与本职工作相关又或者不相关的岗位，这对工作者自身的技能水平或多或少有一定要求。而进入其他行业所需的理论知识或实操技能都需要个体通过自身学习或其他途径来习得，在诸如此类学习的过程中，个体逐渐具备了多元学习的能力，自然也就增加了多元就业的可能性。

4. 性格因素

（1）喜欢挑战。选择多元就业几乎等于走出自身的“舒适区”，面对多元就业的抉择，敢于挑战的个体，更加乐于投入到新的领域中。因此，勇于挑战的影响对多元就业存在正向影响。

（2）喜欢创新。创新是当代社会中最主要的机会发现形式，例如网约车、直播带货以及一系列共享经济产品，无一不是创新的产物。在个体层面，渴望创新者面对潜在的机遇往往会倾向于做出改变，而此类改变的具体表现中存在直接或间接多元就业的可能性。

（3）性格果敢。执行力强，思想独立也是多元就业者的显著特征。寻求主业外的其他职业发展注定需要极大的勇气去迈出第一步，因为开启副业不但充满着不确定性，而且还有影响自身主业的可能性。

5. 其他因素

（1）职业目标。职业目标决定了个体在职业生涯中的发展动机。职业目标明确的青年，更加了解自己想要什么，目标明确、专一。反之，职业目标不清晰，可能会使就业青年尝试多种职业，从而形成阶段性的多元就业。

（2）身体健康。身体状况是个人就业从业的基础和保障条件。而多元就业者身兼数职，往往投入更多的工作时间，因此身体健康成为必不可少的条件。

（3）性别。在传统思想和社会分工的影响下，男性就业者往往面临更多“赚钱养家”的压力；而女性就业者更加倾向于安稳工作，甚至扮演家庭主妇的角色。因此，相较于女性，男性劳动力供给意愿更强，更有可能选择多元就业。

（二）多元就业影响因素效度分析

对参与问卷调查的1200名就业青年划分成多元就业组和非多元就业组。其中多元就业组312名，非多元就业组888名。问卷内容主要围绕相关文献和访谈中采访者反复提到的5大因素，19项潜在筛查指标（具体指标见表3－6）；问卷选项基本采用李克特（Likert）五级量表，其他选项也都按照等间距进行设置，可以转化为类别数据进行定量分析。

表 3-6　　多元就业潜在筛查指标

影响因素	指标	代码
环境因素（environment）	就业压力	E1
	工作时间	E2
	工资收入	E3
	学习经历	E4
	学习能力	E5
家庭因素（family）	家庭经济条件	F1
	家庭依赖程度	F2
	父母职业观	F3
行为因素（behavior）	工作效率	B1
	时间管理	B2
	日常花销	B3
	借贷行为	B4
	学习培训	B5
性格因素（character）	喜欢挑战	C1
	喜欢创新	C2
	决策果断	C3
其他因素（others）	职业目标	O1
	身体健康	O2
	性别	O3

对上述指标进行 t 检验，从而判断多元就业组和非多元就业组在上述指标中是否存在显著差异。t 检验的原假设 H_0 为两组数据没有明显差异；备选假设 H_a 为两组数据存在明显差异。若存在明显差异，则认为该筛选指标有效；反之则无效。t 检验结果如表 3-7 所示。

表 3-7　　t 检验结果

代码	组别	人数（名）	均值	标准差	p 值
E1	多元就业组	312	3.520	0.823	0.000***
	非多元就业组	888	2.853	0.783	
E2	多元就业组	312	3.080	0.702	0.000***
	非多元就业组	888	2.400	0.788	

续表

代码	组别	人数（名）	均值	标准差	p 值
E3	多元就业组	312	3.680	0.627	0.000***
	非多元就业组	888	2.840	0.736	
E4	多元就业组	312	3.44	1.003	0.000***
	非多元就业组	888	2.160	0.658	
E5	多元就业组	312	3.560	0.917	0.000***
	非多元就业组	888	2.480	0.875	
F1	多元就业组	312	2.480	1.054	0.026**
	非多元就业组	888	3.040	1.096	
F2	多元就业组	312	2.360	0.952	0.000***
	非多元就业组	888	3.947	0.715	
F3	多元就业组	312	3.720	0.936	0.000***
	非多元就业组	888	2.213	0.859	
B1	多元就业组	312	3.440	1.121	0.000***
	非多元就业组	888	2.253	0.840	
B2	多元就业组	312	3.760	0.879	0.000***
	非多元就业组	888	2.160	0.855	
B3	多元就业组	312	3.520	0.823	0.000***
	非多元就业组	888	2.693	1.026	
B4	多元就业组	312	0.400	0.500	0.012**
	非多元就业组	888	0.160	0.369	
B5	多元就业组	312	3.120	1.054	0.000***
	非多元就业组	888	2.040	0.725	
C1	多元就业组	312	3.560	1.044	0.000***
	非多元就业组	888	2.307	0.822	
C2	多元就业组	312	3.440	1.158	0.000***
	非多元就业组	888	2.280	0.727	
C3	多元就业组	312	3.360	0.995	0.000***
	非多元就业组	888	2.080	0.693	
O1	多元就业组	312	2.680	1.069	0.000***
	非多元就业组	888	3.440	0.826	
O2	多元就业组	312	3.640	0.952	0.000***
	非多元就业组	888	2.600	0.697	

续表

代码	组别	人数（名）	均值	标准差	p 值
O3	多元就业组	312	0.480	0.510	0.564
	非多元就业组	888	0.413	0.496	

注：$*p<0.1$，$**p<0.05$，$***p<0.01$。

将显著性水平设置为 10%，对 19 项指标进行 t 检验分析，结论如下：（1）性别（O3）未通过有效性检验，即多元就业组与非多元就业组在性别上的差异并未达到显著水平；（2）其中 2 项指标，即借贷行为（B4）和家庭经济条件（F1）在 95% 的置信水平下，认为多元就业组和非多元就业组存在显著差异，即 95% 的置信水平下通过有效性检验。（3）其余 16 项指标在 99% 的置信水平通过有效性检验，指标效度良好。

（三）大学生多元就业潜在群体筛查量表

根据上述 19 项有效指标，结合德尔菲（Delphi）法筛选出的专家意见进行一定的修正。其中性别未通过效度检验，且考虑性别平等等因素，不宜作为筛选指标；借贷行为虽对就业青年有显著影响，但在大学生群体中较为少见，不宜作为筛选指标。最终大学生多元就业潜在群体筛查量表制定见表 3－8。

表 3－8　　大学生多元就业潜在群体筛查量表

影响因素	指标	代码
环境因素（environment）	就业压力预期	E1
	工作时间预期	E2
	工资收入预期	E3
	学习经历	E4
	学习能力	E5
家庭因素（family）	家庭经济条件	F1
	家庭依赖程度	F2
	父母职业观	F3
行为因素（behavior）	工作效率	B1
	时间管理	B2
	日常花销	B3
	学习培训	B5

续表

影响因素	指标	代码
性格因素（character）	喜欢挑战	C1
	喜欢创新	C2
	决策果断	C3
其他因素（others）	职业目标	O1
	身体健康	O2

（四）多元就业潜在学生群体的引导与培养

高校是人才培养和输送重地。本书认为高校应当重视多元就业这一日益普遍的社会现象，形成以筛选为基础，以培养为重点，加之就业引导的 FCG 模式。

1. 筛选

对于多元就业潜在群体的筛选不宜过早也不宜太迟。过早，学生对社会和自身的认知不全，影响筛选的有效性；太迟，无法进行长期有效的培训引导。因此本书认为，多元就业潜在群体的筛选应在大一结束时。多元就业潜在群体筛选指标如“大学生多元就业潜在群体筛查量表”所示。

本书对宁波某高校 2020 届部分毕业生（560 名）进行初步试验性筛选，按照筛选结果 135 名学生为潜在多元就业群体，425 名为非多元就业群体。而截至本书写稿日（2021. 3. 20），潜在多元就业组中有 17 名学生多元就业，占比 12. 6%；而非多元就业组仅 11 名学生多元就业，占比 2. 6%。再次证明多元就业潜在学生群体筛选的意义与重要性。

2. 培养

培养与教育是高校的主要工作内容。针对潜在的多元就业群体，如何培养是摆在高校面前的一道难题。基于对前期问卷与访谈，本书提出了如下建议。

（1）适当增加非专业选修课的比重。多元就业群体是社会的综合性人才；其身兼数职，身怀多项技艺。根据本书的问卷数据，多元就业群体更加倾向于选修非专业选修课，且在学期间学习能力较强，有多门擅长的课程。因此，无论是从能力还是兴趣角度，都可以适当增加多元就业群体的非专业选修课比重。

（2）按照常见多元就业职业开设选修课与工作坊。根据问卷数据，较为常见的数字类“斜杠职业”依次为：微商/网店（32. 21%），主播/直播带货（23. 20%），写手/网络小说家（10. 19%），电子竞技（8. 73%），在线教育（7. 15%），移动出行（6. 66%）。因此，可以通过选修课、第二课堂、工作坊等形式，开设电子商务运营、电子商务数据分析、直播电商、美妆等课程，为潜在多元就业群体提供知识、技能储备。

（3）有效组织社会实践活动，允许学生通过社会实践活动抵认部分学分。根据问卷数据，多元就业群体性格上更加乐于创新、敢于接受挑战；在校园环境中，更加倾向于参加各类校内外实践活动。因此，有效组织企业实践、校企合作实训等活动，有助于学生提前接触社会，培养学生创新和挑战能力。

3. 引导

就业引导更是输送优秀社会人才的临门一脚。教育部统计数据显示，2022 年我国应届高校毕业生达 1076 万人，比 2021 年增加约 170 万人（见图 3－17），加之新冠肺炎疫情和经济形势的下行，就业压力空前巨大。而学生本人或家长的不正确就业观，无疑让这雪上加霜。基于前期问卷与访谈信息，立足高校提出如下建议：

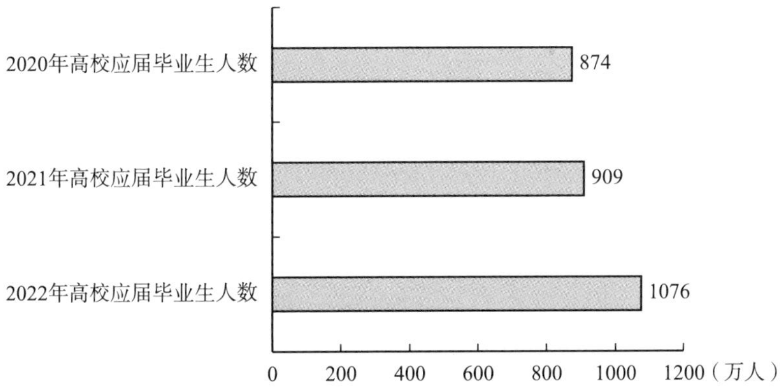

图 3－17　2020～2022 年全国高校应届毕业生人数统计

资料来源：中华人民共和国教育部网站（moe. gov. cn）。

（1）面向毕业生及其家长开设就业指导讲座。在当代大学生中仍然存在诸如死守体制就业观、功利化就业观、跟风化就业观等不正确的就业观念。而在家长中，更不乏将灵活就业、多元就业等与不务正业挂钩的现象。据问卷数据，父母的职业观是影响多元就业的显著指标。虽然多元就业群体组中父母的职业观相对开明，但仍有 43. 13% 的多元就业群体得不到父母的支持与理解。学校除了树立学生正确的就业观外，还应加强与学生家长的沟通，普及正确的职业观。

（2）专设就业联络指导教师，为毕业五年内的学生持续提供就业指导与资源。根据问卷数据，3～5 年是多元就业出现频率最高的阶段。对于工作 3～5 年的青年，已经全面掌握了本职工作的内容，但又受到成家立业、结婚生子、买房买车等各方面的生活压力，因此多元就业发生频率最高。因此，本书建议高校应专设就业联络指导教师，为毕业五年内的学生持续提供就业指导与就业资源，而不是仅为了提升学生毕业当年的就业率。

三、青年多元就业的引导与培育

在新冠肺炎疫情以及国际局势的不确定因素影响下，应届高校毕业生的“稳就业”工作压力较大。据中国信息通信研究院调查显示，2021 年视频号、微信小程序的从业者中应届毕业生数量增幅超过 20%，越来越多的应届毕业生通过互联网开展多元就业。多元就业为青年人才创造了更多的就业空间和就业机会，但多元就业同样面临着各种问题和挑战。因此，我们需要理性看待青年多元就业行为，在满足青年“多元、创新、共享”发展需求的同时，也要加强青年多元就业的引导，构筑多元化、创新化、立体化的青年人才发展空间。

（一）理性看待青年多元就业

1. 加强青年多元就业的社会认可

职业没有贵贱高低，无论青年选择了怎样的职业发展道路，只要是脚踏实地依靠勤劳双手去创造美好生活的，都值得我们去认可和点赞。我们应该从宣传口径打破传统就业观念的束缚，宣传“多元就业、灵活就业、积极创业”的“三业”思维模式，开展多元就业发展讲座。增加非全日制就业机会，增强社区服务业吸纳就业能力，鼓励劳动者创办小规模经济实体，加快推动网络零售、移动出行、在线教育、在线娱乐、互联网医疗等行业发展。

2. 激发青年职业“横向”发展潜能

“95 后”“00 后”的大学生们是数字技术的“原住民”，他们有网络知识和技能的储备，熟悉互联网的思考方式和表达方式，个性鲜明，追求自由，看重体验，愿意接受新生事物。在数字大潮中的就业模式从传统的“公司 + 雇员”向“平台 + 个人”转变，依托于互联网平台的灵活就业形式、自由工作时间、自主工作方式，大学生能够发挥在网络方面的优势。大学生在大学期间可以根据自己的兴趣、特长等，选定领域进行试水，积累相关的专业能力和实践经验。

3. 加强青年多元就业的职业引导

随着共享经济、在线娱乐、远程教育、智慧零售、远程医疗、AI 技术、自媒体平台的迅速崛起，就业形式发生了巨大变化。学校应该积极开展“新职业”的职业生涯规划引导，使学生摒弃“一劳永逸”的静态择业思维，打破“铁饭碗”的传统就业观念；就业办等部门应该及时发布新职业、新工种信息发布，及时调整高校毕业生就业统计指标，帮助大学生主动规划和设计自己的职业生涯；大学就业指导中心可以开展多元潜能就业测评，使大学生根据兴趣爱好逐渐打开多元就业的思维，同时，通过第二课堂、实践活动、志愿者项目向潜在的多元就业群体开放个性化课程。

4. 构建企业多元就业服务联盟

多元就业、灵活就业颠覆了单一科层制的组织体制和单一雇佣制的劳动模式，让人力资源充分流动起来，同时，部分企业的组织结构也由传统的金字塔形向扁平化型转变。在此背景下，员工的职业价值观也发生了变化，传统的方式难以满足员工个性化和多元化的需求。因为，需要搭建灵活就业服务联盟，以联盟为纽带，把产业链上下游企业联结成产业联盟，推动链上企业信息互通、资源共享、人员互助，组建复工联盟，搭建企业“灵活就业”资源对接平台，打造防疫同标、员工同用、资源同享的抱团复产模式。

（二）构筑青年多元就业空间

青年多元就业空间是数字经济时代一种新型的信息经济空间集聚形态，空间通过集聚高端要素，构建数字经济特色产业生态圈，使都市圈区域网络体系更为紧密；通过优化区域产业生态系统，成为青年人才就业和创业的新空间，为区域经济可持续发展构筑了新的平台。

1. 构筑多层级的创新集聚空间

青年人才的发展需要新平台、新空间，这类空间应更多地凸显“开放、包容、创新、服务”的内涵式特征，注重创新导向，注重人才、科技、资本、信息等高端要素集聚。以数字经济为特色的产业空间，要注重打造科技创新和信息创新平台，构筑多层级的青年创新集聚空间，推进加速器、众创空间、创业苗圃等新型孵化器的建设，构建符合企业成长轨迹的“众创空间＋孵化器＋创新园区”的创新创业平台，在空间内孵化和培育一批优质的中小科技型企业，吸引更多创业创新型的人才集聚。

2. 构筑多元化的青年社区空间

互联网的快速发展给新型青年办公提供了居家办公的方式，社区是青年人才多元发展的新空间。多元就业的青年以社区为主要生活办公空间，他们期待社区可以延伸办公职责、拓展交友渠道。打造多元化的社区空间，营造办公多元、工作开放、联系密切、工作高效的多元社区空间。社区的发展应更多地凸显“高效、开放、包容、创新”的特征，注重开放、高效、交流等要素融合，成为青年高效工作、舒适交流的居家办公场所。积极引导社区空间向多元化方向发展，为多元就业青年发展搭建平台。

3. 构建立体化的青年发展空间

随着城乡交通的改善，“淘宝村”“休闲旅游”等非农产业进入乡村已经成为常态，新产品、新模式、新业态也在建设中生根发芽，我们要以乡村振兴为契机，多渠道吸引高校毕业生和青年人才到小城镇就业创业，营造立体化的青年人才创新集聚新空间。

象山县茅洋乡团委在2018年就开启了“斜杠青年”计划，助力乡村建设。目前，茅洋乡已经打造10个“斜杠青年驿站”，200多名斜杠青年将民宿主、非遗教师、乡村导游等作为第二职业，在广阔的农村天地大展身手、播撒青春与智慧①。

（三）构建数字青年就业体系

目前，我国目前灵活就业的形态主要包括两大类。一类是传统意义上的灵活就业，主要包括劳务派遣和人力资源外包两种方式。例如，“618”、双“11”等电商企业集中用人高峰期，采用这种形式能够提高企业运营效率、降低用工成本。另外一类是新型形式的灵活就业，主要包括自由职业者以及分享经济模式。灵活就业中的劳动关系更多的是一种合作关系而非雇佣关系，无法按照现行劳动法规定纳入劳动关系进行管理和规范。为应对以上挑战，我们有如下建议：

1. 建立完善的数字化就业管理制度体系

制定非标准劳动关系体系下，相关方权利责任、社会保障、劳动基准方面的规范，建立适合数字化就业的劳动争议处理机制和劳动监察制度，完善分行业、分地域、分平台的灵活就业群体工会建设，加强群体权益保护。政府、行业组织、平台、用工企业、从业者多方合力，制定细化的配套政策，提高社会对灵活就业的认可度，探索适合灵活就业新形态的劳动保障体系，更好地促进灵活就业发展。

2. 优化数字化就业服务体系

打通政府、行业、企业间各层数据，建设一站式就业信息及服务平台，为劳动者提供政策咨询、事务办理服务。持续完善新职业认定，加强对职业能力与发展的研究。加强对数字化就业、新职业的正面宣导工作，使从业者有规范、有方向、有榜样、有出路。鼓励各类互联网平台加强普惠措施，向老年人、弱势群体等特殊人群适度倾斜，为就业困难群体提供就业指导服务，让更多普通劳动者和生产者共享数字平台发展红利。

3. 建立数字化就业学习和培训体系

在教育体系中注重数字素养与数字技能的学习培训。围绕数字经济背景下的新兴产业，推动在人才紧缺领域大力开展职业培训。推动校企深度合作，鼓励资源共享、学习实践紧密结合，培养符合产业需求的复合实用人才。建立一线从业者与职校教师间“旋转门”制度，鼓励应用型专业人才进入授课体系，鼓励教师参与企业实践。推动互联网平台运用数字技术，拓宽数字化的职业技能培训渠道，提供灵活机动的学习和培训体系。

---

① 浙江在线．斜杠青年，精彩生活不止一面［EB/OL］．(2020-08-01)．https：//zjnews.zjol.com.cn/.

第四章

数字时代青年就业“新空间”

很多人把目光都投到了青年人才的工作制度和工作时间上，却忽视了与青年人才成长关系密切的工作空间、生活空间。在数字经济时代，一批有创意、有能力的“数字新青年”正在快速成长，多元的职业形态和价值实现路径让这些新青年更加关注自身的价值，也更加渴求“多元、共享、开放、包容”的发展空间。那么，工作和生活的空间对青年人的成长到底有怎么样的影响？青年人的工作、生活空间现状到底如何？传统的工作空间发生了哪些变革？青年人才会如何选择自己的发展空间呢？

带着这几个问题，笔者重点走访了几个正处于转型变革的数字产业新空间，包括数字工厂、数字孵化平台、数字未来社区、数字特色小镇、数字博览馆，以期勾勒出青年人才发展空间的最佳场景。

第一节　数字未来工厂

老旧的生产设备、落后的生产方式渐渐淡出人们的视野，加快传统产业的数字化改革，已经成为产业发展的重要目标。推进企业的数字化改革要结合大数据和人工智能等数字化产物，通过深化生产、运营、管理、营销等诸多环节的数字化改革，实现企业以及产业层面的数字化、智能化、网络化发展。

一、数字工厂

数字工厂是以数据为关键生产要素，以云计算、大数据、人工智能等新一代信息技术为主要使能技术，以数字技术产品和服务供给、数据价值创造、数字生态营造等为核心业务模式，推动创新链、产业链、价值链、人才链深度融合，全面提升服务实体经济的效率和水平，引领数字产业化发展的现代化新型组织①。

宁波制造业发达，技术领先，制造业“单项冠军企业”“小巨人企业”数量位居全国各城市首位，被誉为“全国制造业单项冠军第一城”。在2021年的宁波市数字经济系统建设推进会上，相关负责人表示工业互联网以及“未来工厂”（见表4－1）将是宁波制造业数字化改革的重点。未来，宁波将持续推进智慧车间、数字工厂的改造，全面推进智能智造服务体系，实施新智造试点示范。

表4－1　　宁波市2021年度未来工厂名单

序号	企业名称
1	中国石油化工股份有限公司镇海炼化分公司
2	康赛妮集团有限公司
3	美康生物科技股份有限公司
4	爱柯迪股份有限公司
5	宁波博汇化工科技股份有限公司
6	浙江舜宇光电有限公司
7	宁波方太厨具有限公司
8	宁波中集物流装备有限公司
9	余姚领克汽车部件有限公司
10	宁波日星铸业有限公司

资料来源：宁波市经济和信息化局。

二、企业数字化变革

传统企业数字化转型的目的，是利用数字技术破解企业、产业发展中的难题，重新定义设计、产品和服务，实现业务的转型、创新和增长。接下来我们将通过对宁波地区的海天集团、舜宇集团、贝发集团、太平鸟集团、德业股份等多家行业龙头企业的数字化改革进行案例研究，分别从生产设备数字化、企业管理数字化、生产运营数字化和产品销售数字化四个方面展开深入探讨②。

（一）生产设备数字化

传统企业生产过程中大都需要靠人工来制作相对应的工作，落后的流水线生产方

① 浙江省经济和信息化厅.《浙江省培育建设数字工厂试行方案》浙江省经济和信息化厅网站［EB/OL].(2020－03－01). http://www.zj.gov.cn.

② 作者参考舜宇集团、海天集团、贝发集团、野森领域、太平鸟集团公司的网站资料，结合实地调研进行整理归纳。

式使得企业的土地资源、人力资源、经济资源没有得到充分的发挥，并且随着时代的不断发展，企业的综合成本持续上涨，产品的效能也大打折扣。据相关数据显示，制造业在传统产业中占比超过80%，而每年浪费的资源成本占企业总值的50%。因此，建设具有较高水平的数字化车间或智能工厂，以智能化设备来升级传统产业的生产过程拥有巨大的市场。

舜宇光学科技（集团）有限公司创始于1984年，是一家从事光学及光电相关产品设计、研发、生产及销售于一体的大型光学企业，是全球领先的综合光学零件及产品制造商。舜宇集团的产品内容涵盖光学零组件（如玻璃/塑料镜片、平面产品、手机及其他各种镜头）、光电产品（如手机摄像模组、3D光电模组及其他光电模组）、光学仪器（显微镜及智能检测设备等）。近年来，舜宇在智能化浪潮的推动下，努力推进智能化、数据化、高效率的智能型车间。在宁波舜宇的智能检测车间中，舜宇集团董事长叶辽宁介绍说：“以往光学镜头外观检测是个难题，需要人眼进行，不但效率不高且很难长时间工作。为此，舜宇自主研发了光学镜头外观检测设备，1台设备抵5个人，达到了省人、准确、无污染的效果。”因此，当我们走进舜宇集团的光学智能车间当中，可以看到寥寥数人就可以使各道工序都有条不紊地完成。“智能化的车间大大地提高了我们的工作效率，很大程度上提高了我们产品的出品率，还能代替我们完成一些我们人工很难完成的操作。”在车间操控机器的小陈说。由此可见，传统企业数字化转型升级的过程中，智能化、数字化的生产设备成为传统产业转型升级的关键步骤。

（二）企业管理数字化

数据规模的不断扩大也使得数据资产管理成为数字化转型中企业的共识，越来越多的企业将数据纳入企业的资产管理中，数字化的信息和知识成为企业的核心要素。随着企业的数字化转型，在企业的决策方面出现了数字化战略，数字化战略善于站在宏观的角度看问题，动态关注形势的发展与变化，通盘筹划和规划全局，能结合市场的动态、科技完成企业数字化转型。

贝发集团是一家集研发、生产、销售以及国际商贸服务于一体的大型文具集团，是国内首家从事文具供应链运营服务的企业，是国内文具行业发展速度最快、品牌知名度最高、行业内最具创造力和影响力的企业之一（见图4－1）。贝发集团作为国内文创产业的领军企业、国家制造业单项冠军，集研发设计、生产销售、供应链整合于一体，在互联网大潮下，贝发开始搭建文创细分产业的互联网生态系统，希望以此走出一条自身发展的新路径。2019年2月21日，贝发集团召开数字化转型规划项目启动会，为应对当下信息化发展的潮流，保持集团内高速发展的趋势，贝发集团积极谋求转型升级，启动数字化转型规划项目。此数字化转型规划项目涉及“新零售”“新研发”“新工厂”三大关键任务，这是一次对智能化和数字化的整体规划和发展布局。贝发集团董事长邱智铭介绍，贝发的平台核心在于把多种环节和要素以数字化营销中台管理起来，其中包括研发、设计、文创，产品的打样、制作，以及成本核算、品质控制，还包括内部和供应商之间的协作关系等。这套数字化营销中台可管理整条供应链上数以千计的企业，平台强调供应链主体之间的配合，以适应消费者的新需求。产业链层级上的合作能够整合上下游工艺和技术，有利于公司开发不同的新产品，又能够从自身发展的角度找到新的市场空间和需求，同时还可为产业链内的中小企业提供发展驱动力。贝发集团董事长邱智铭表示，抓住一个机会，实现一次突破，失去一个机会，落后一个时代。

图 4-1　作者带领学生团队拍摄于宁波贝发集团

（三）生产运营数字化

海天集团是全球领先的制造型跨国集团，目前集团下辖五大产业，分别是塑机产业、数控机床产业、驱动产业、金属成型产业、智能制造产业，是国内行业发展速度最快、品牌影响最广的公司。海天集团主导精密高效、节能环保的注塑机产品，集注塑机的生产及销售于一体，代表了中国注塑机的先进水平。我们观摩海天集团在宁波小港车间的生产状况时，车间的负责人小刘说："现在车间的智能化管理、智能化操作省去了我们车间工作人员不必要的麻烦，并且也在很大程度上降低了我们操作工台的危险指数。现在我们只需要在面板上操作，就可以生产出我们想要的产品。"同时，海天集团副总裁、运营总监高苏令介绍："目前，海天运营数字化可大致分为五个方面，即业务运营流程线上化、项目运营计划线上化、运营管控指标化、管控指标数据采集自动化、运营分析智能化。"数字化运营使海天提高了企业自身数据利用率，解决了各类项目运营计划提报、审核、调整效率过低、过程管控难等问题，还提高了工作完成度，提升了顾客的满意度。未来，海天运营数字化会在优化现有数据化销售、项目实施和质量管理的基础上，实现涵盖营销推广、人力资源和财务的全流程数字化管理，在优化现有数据化经营决策、运营分析的基础上，实现包括数据化业务指导在内的各层级数字化管理。

在小港工业区，还有一家新生代企业“野森领土”（见图4－2）。野森领土品牌成立于2020年12月24日，由全球户外用品服务商浙江挪客运动用品有限公司和全案营销服务结构浙江黑石文化传播有限公司联合创立。野森领土主要打造的是以“户外生活一站式体验平台”给国内外客户提供了一个可沉浸式模拟体验的场所。客户可以通过模拟在户外生活的真实感受来体验产品的满意程度，通过这种方式，不仅可以将公司里的产品（户外装备、家居家杂、功能配饰、机能服装、品牌限定、机车旅行等）潜移默化地展现出它的功能与特色，也可以通过场景体验，使线上线下相融合，成为一种新时代的运营模式。这种全方位的服务指南，打破了传统的运营方式，使用户有了更好的体验和感受，这就是它的创意之处和优势所在。

图4－2　作者拍摄于宁波野森领土户外体验馆

野森领土打造的“户外生活一站式体验平台”，带来“打卡式”购物，以沉浸式体验的方式寻找与发掘城市与自然之间的关联，在室内与野外之间，野森创造了一个无限舒适的第三空间，通过在城市里营造一场露营梦来搭建城市与自然的桥梁。露营爱好者小牟说：“在野森，不管你是露营小白还是专业人士，都能找到乐趣，这里有专门的五个类别，房车露营、露营专家、背包露营、雪上运动和水上运动，不论你来自何方专业领域，都能在野森领土找到自己的归属。”首先，野森领土本身致力于打造城市中的露营空间，所以野森在空间设计上融入很多的自然元素，整个空间更加偏向娱乐化舒适化，在野森工作自己也会得到放松。其次，打破了传统的方式，通过注重以真实模拟场景体验和线上线下相结合的经营方式展示了“野森领土”的产品优势，客户先体验实践再考虑购买，这种模式使客户的思维焕然一新，充满好感。

（四）产品营销数字化

传统产业数字化不仅是生产技术上的革新，而且是销售、运营、企业管理等方面齐头并进、统筹兼顾，而产品销售也是传统产业数字化需要攻克的重点项目之一。大多数传统企业所提供的产品和服务无法有效满足消费者的需求，企业无法进行销售就使得经济运行难以实现良性循环。因此，传统产业需要顺应时代趋势，以产品和服务数字化、智能化为导向推进传统产业转型升级，减少低端无效供给，培育发展新方向。

由于国际快时尚品牌的强势来袭和扩张，国内休闲服装市场客源急速减少，数字时代的来临使宁波太平鸟女装的发展有了全新的方向。太平鸟精准抓住定位，以“聚焦时尚，数据驱动，全网零售”为核心，结合大数据分析，打造新型时尚品牌企业，在数字化时代的浪潮中成功实现数字化转型。早在2017年，太平鸟就开始聚焦零售行业解决方案的数字化零售平台服务商户的信息，决定重构数字化会员体系，联通各个渠道系统的数据，构建数字化零售基础设施。2018年，微信小程序广泛流行，太平鸟迅速与互道合作上线“鸟嗒”小程序，小程序通过AI推荐搭配的方式，直接向顾客推送服饰搭配推荐，正是由于这种数字化销售的创新和不断改良，到2020年底，两太平鸟全品牌营业额达93亿元。在门店的销售员小何告诉我们：“以前的产品销售模式都是顾客在门店挑选，我们需要一直跟在旁边解说，现在不一样了，顾客可以根据自己的喜好在我们的小程序上进行搭配，还有我们的搭配师给出穿搭的意见，我们还会及时跟顾客交流感情，提升顾客的好感度和复购率。”除了企业的数字化改革升级之外，太平鸟还针对青年人才打造了一个鸟巢就业空间，全新的就业空间里面融合了娱乐空间、休闲空间、办公空间和健身空间，更加符合当下青年人才对就业空间的期待，吸引了许多优秀的青年人才入职太平鸟。

同样在宁波，另一家优秀的制造业企业“德业股份”也通过数字化营销拓展欧洲等海外市场业务。德业股份总部位于宁波北仑，是中国最大的除湿机生产商和出口商，德业在欧洲地区除湿机销售主要以家用除湿机为主。近两年，德业在欧洲市场的销售额虽然在不断增加，但受到疫情和汇率等因素的影响，除湿机利润逐渐下降。而亚马逊等跨境电商平台的兴起，让一部分中小型供应商开始转战海外线上零售市场。例如，选择部分除湿机在亚马逊海外电商平台进行线上销售，借助亚马逊物流将产品运输进欧洲亚马逊仓库，有效提升运输时效。同时，在欧洲等业务量较大的海外市场，建立海外用户服务部与海外仓储物流部，专门负责用户售后服务与物流运输问题的处理，完善供应链问题。

其实，传统企业的数字化改革是需要付出非常多努力的，传统企业需要打破固有的经营理念，发展数字化运营、管理模式，加快数字化转型的脚步。数字化人才是产业数字化转型的根本保障，是传统企业数字化转型和发展的核心要素。大型企业的数字化转型，不仅需要引进大量的数字化人才，还需要在老员工的培养中也尽可能多地赋予其数字化技能，提高数字化人才的待遇标准，尤其要培养青年数字化人才的数字化思维、数字化执行和数字化创新，结合时代和青年人才的需求建设符合青年人才的工作空间。

第二节 数字创业孵化平台

一、数字创业孵化平台

创业孵化平台是产业创新发展的载体、青年人才培养的摇篮、城市创新发展的推进器。在创新驱动战略和数字经济的引领下，众创空间、孵化器、星创天地、创业苗圃等新型创业空间层出不穷，研究和评价不同类型的创业孵化空间，对提高城市资源配置、科技创新和对外开放具有重要意义。

作为全国数字经济的先行者，宁波顺应新一轮科技革命和数字化变革的新趋势，积极推进数字经济与实体经济的良性互动，推动创新孵化器聚焦服务数字经济领域，探索新型双创服务平台。数字经济催生的新业态、新模式、新理念为青年人才发展带来了更多的发展机遇，同时也给各级各类的创业孵化平台建设带来了新的挑战。对标北京、深圳、上海、杭州等一线城市，宁波双创载体的质量和规模都较为一般，优质创业平台和孵化器数量相对较少，且存在同质化的问题，普遍活跃程度不高、服务能力较弱。因此，各级各类孵化平台需要更好地提升平台服务能力和孵化企业质量，由此带动整个创业生态圈的升级发展。

因此，在数字经济时代，各类各级创业孵化平台要结合区域特色和优势，制定“个性化、差异化、定制化”的发展战略，以此更好地优化区域产业创新生态系统，建设青年人才创新空间，为区域经济构筑可持续发展的创新创业平台。

二、创业孵化平台发展概况

在“双创”建设浪潮中，各地政府、企业积极打造富有地方特色的众创空间、科技孵化器、星创天地、创业苗圃等创业孵化平台，希望以此完善本地的创新生态系统，促进经济发展转型。

（一）杭州众创空间

杭州高校众多，年轻人创新创业热情高，早在2014～2015年期间杭州就出现了楼友会、壳社、六合桥等众创空间，根据杭州市统计局相关资料，截至2021年杭州累计建设市级以上孵化器、众创空间452家，其中国家级孵化器57家、国家级众创空间91家，这些产业空间主要关注互联网金融、动漫游戏、电子商务、文化创意、生物医药等产业。

张鸣哲等（2019）通过高德开放平台获取杭州市级以上众创空间的坐标信息，随后导入在线地理信息服务平台中进行核密度分析。分析发现，杭州的众创空间分布相对比较集中，主要集聚在两个区域，一处位于西湖北侧，浙江大学玉泉校区和西溪校区所在的区域，该区域高校集中、科教资源丰富、人才储备充足，可以说是杭州创新集聚力最强的一个区域，因此这个区域的众创空间形成主要是基于创业者偏好的人才集聚。另一处则位于余杭区未来科技城，该区域众创空间的集聚有一定的政策引导因素和产业引导因素。其中，位于该区域内的梦想小镇在2014年成立之初，就为吸引泛大学生群体创业给出了很多房租减免、创业金补助的优惠政策，再加上离阿里巴巴西溪园区较近，对于很多互联网领域创业的年轻人有一定的吸引力。除此之外，上城区北部、钱塘江南侧滨江板块以及下沙大学城板块也有部分分布，但集聚程度较低，集群特征并不明显。

此外，杭州城西科创大走廊是杭州向世界出口科技创新、模式创新和产品创新的重要支撑中心，是浙江省重大创新转型的战略平台，走廊内包括各种类型的科技创新机构，如总部、企业孵化园和特色城镇。一批世界级的创新机构，包括阿里巴巴（互联网巨头）、浙江大学（世界领先大学）、西湖大学（国际高水平研究型大学）、之江实验室（国家创新前沿科研机构）等都位于杭州城西科创大走廊。在大走廊创新和培育的初级阶段，积累了一批高等教育资源、科研机构、创新平台、科技企业等创新要素，也成为杭州创新创业活跃的科技新城的雏形。

（二）宁波创新孵化生态圈

经过20多年的发展，创业孵化平台已经成为宁波科技创新和人才培养的重要组成部分。宁波科技局统计资料显示，截至2020年，宁波已经涌现出了一批优秀的创业孵化平台，其中国家级孵化器12个，国家级众创空间29个。在创新驱动战略的引领下，以数字经济为导向的创业孵化平台快速发展，这类产业平台通过打造众创空间，培育创业团队，形成完整的孵化链条。目前，宁波主要形成了宁波国家高新区（新材料城）、鄞州南部商务区、镇海中官路创新创业大街三大创新孵化生态圈（见图4－3）。

图 4-3　宁波市科技企业孵化器分布

资料来源：作者根据宁波市科技局网站资料整理绘制。

宁波国家高新区（新材料科技城）是宁波经济发展的创新大引擎和大孵化器，拥有 8 家国家级孵化器和企业加速器、11 家国家级众创空间，为宁波新兴产业发展提供强大的科技支撑。高新区依托以均胜、中银等为代表的制造业和宁波软件园千军万马的软件基础优势，加快培育建设工业互联网省级“万亩千亿”产业平台。

宁波南部商务区周边集中了宁波诺丁汉、浙大宁波理工、浙江万里大学、宁波城市职业技术学院等众多高校，南部商务区以总部经济、国际贸易、科技创意、服务外包为重点发展方向逐步成为长江三角洲南翼的区域性总部经济基地、外向型经济服务基地和外包产业集聚基地。

宁波镇海中官路创业创新大街位于宁波市国家大学科技园，周边集聚了宁波大学、宁波工程学院、浙江纺织职业技术学院、中科院宁波材料所等高校和科研院所。近年来，中官路创业创新大街以“设计谷、材料谷、智能谷”为三大产业集群，打造有国际影响力的创新设计中心、国内领先的新材料科研中心，吸引创业创新人才 10000 余人。

这三大创新孵化生态圈的功能定位、环境设施、青年人才、发展现状各有不同，但数字产业创新机构、研发机构、协作平台的数量明显增加，以园区、小镇为依托的企业创新联合体快速壮大，创新平台企业的数字技术自主创新能力和数字产业化能力都有显著提升。由于三大创新孵化生态圈的产业特色、发展重点、经营现状不同，所以各类创业孵化平台要结合区域资源特色和优势，制定“个性化、差异化、定制化”的发展战略，开展差异化竞争。

三、中官路创业创新大街

以下我们将基于产学研合作视角，以中官路创业创新大街为例，开展创业孵化平台运营模式的个案分析。通过案例分析阐述创业孵化平台如何打造大学生数字众创空间、大学生数字产业园、大学生青年科技创业园，多层次、多渠道、多元化地整合与输出数字经济核心资源，构建应用型、复合型、创新型的数字人才培养体系，为高校产教融合平台建设、学科发展、专业建设、人才培养、社会服务提供有力支撑。

驱车前往中官路创业创新大街，入口处最先映入眼帘的就是艺术感十足的“宁波慧谷·中官路创业创新大街”景观石。2016 年 9 月，刻有“中官路创业创新大街”字样的景观石在中官西路路口竖起，昭示着镇海的这个“双创”街区的正式“诞生”。从入口处向里慢慢延伸，大街两旁绿树成荫，星巴克咖啡、无人超市、筑香书店等配套设施井然有序地排列在两侧，高校、科研机构、影视传媒企业、工业设计企业、科技企业、创业孵化器像一粒粒珍珠点缀在中官路两侧，中官路好像一条项链，把这些“珍珠”串联起来、连线成面，构建起良好的区域创新生态和创业氛围。

这里不仅有大量的创新平台、创新企业，还有丰富多彩的创新项目，尤其是各类创新创业大赛不仅营造了浓厚的区域创业氛围，还引进不少优质项目和企业。例如，全球创新设计大会是设计领域的顶尖盛会，每年行业大咖都会云集在中官路创业创新大街，成为设计创意领域的高层级交流平台；面向青年创客的“奇思甬动”中国（宁波）创客大赛已经连续举办多届，该项赛事精准化挖掘有潜力的创新项目，在国内外创投圈已经小有名气；此外，“双创派对”以跨界交流合作激活创业生态，诠释着创业的热情……除了优秀的创业平台、活力四射的创业者，园区的一站式服务为创业者提供融资渠道、法律咨询、技能培训、中介服务，为企业的持续发展注入了强劲动力，让中官路创业创新大街的创业生态焕然一新，创业创新高地呈现蓬勃生机。

“云创 1986 青年小镇”也位于宁波镇海的北高教园区，拥有得天独厚的“双创”条件，吸引周边的高校学子前来创业（见图4－4）。走进云创小镇，你就能够看到墙上的水墨涂鸦，这是由来自全国各地的涂鸦师联手打造而成的，中国传统元素和涂鸦的完美融合，彰显出了不同寻常的魅力。云创青年小镇在创造长期吸引力和竞争力方面进行了长时间的探索，采用探索创新类公私合作（PPP）模式，建立高校、政府和第三方合作模式。借用周边大学资源，创客们可以在云创小镇中使用工作、交流、学习、推广的平台，通过这些平台，创客们能够更好地孵化和实施自己的创业计划，实现培训—培育—孵化—创业一条龙，促使青年小镇朝着文明、文化、休闲、创业、数字多功能方向长期有效发展。

图4-4　作者带领学生团队走访云创1986青年小镇

云创小镇定位于打造集文创、电商、互联网+等创新领域，在小镇的创业一号楼，我们可以看到众多的电商直播空间、文创创意公司、电子数据公司荟萃于此。除此之外，云创青年小镇为了更大程度地便利小镇创客们的工作和生活，与中国移动进行合作，引进以5G网络平台为核心的“E动”创业创新模式，更好的服务小镇创客们。云创小镇还开通了专属公众号——“云创1986”和“牛油果青年”，进入公众号的页面，可以发现首页上有创业板块展示的渠道和帮助“双创”团队创业的渠道，这不仅能够让投资者们更清晰地了解创客们的相关资料，扩充创业投资，也能让“双创”团队获得更多的创业经验。比如在“牛油果青年”公众号当中就有创新创业电商实训和创业集训相关活动的推送，推动青年创业者在创业的过程中能够更快成长。

四、构筑立体化、多层级、创新型的青年人才创业孵化空间

数字经济时代的创业孵化平台发展应更多地凸显“开放、包容、创新、服务”的内涵式特征，注重人才、科技、资本、信息等高端要素集聚。以数字经济为引领的创业孵化平台，要注重打造区域科技创新和信息创新平台，构筑多层级的创新集聚空间，推进加速器、众创空间、创业苗圃等新型孵化器的建设，在产业空间内孵化和培育一批优秀的数字企业，吸引更多青年人才集聚。

第一，构筑多层级的创业孵化平台。创业孵化平台是青年人才创新集聚的新空间，创业创新型的青年人才怀揣梦想，期待一个交流的空间和发展的平台。以数字经济为重点的创业孵化平台，应该注重打造区域科技创新和信息创新平台，推进加速器、众创空间、创业苗圃等新型孵化器的建设，构建符合企业成长轨迹的“众创空间+孵化器+创新园区”的创新创业平台，孵化和培育一批优质的中小科技型企业，建设一批

高水平的数字经济科创载体，加大数字创新供给能力。

第二，构建高水平创业孵化平台。创业孵化平台是信息经济空间集聚的新形态，要进一步加强推进“互联网+”现代农业、“互联网+”智能制造、“互联网+”现代服务业的深化发展，推动跨境电商、社交电商、自营电商等新业态、新模式的升级。支持宁波新材料众创空间、装备制造业产学研技术创新联盟等高端科研平台，以创新优势引导产业资源集聚。加快数字经济领域创业孵化平台建设，通过将大数据、云计算、区块链和人工智能等科学技术融入经营过程，促进创业孵化平台向信息化、科技化、高端化发展。

第三，构建立体化的创业孵化平台。创业孵化平台是青年人才发展的新空间，新产品、新模式、新业态也在创业孵化平台建设中生根发芽。创业孵化平台要以数字经济发展为契机，多渠道吸引高校毕业生和青年人才就业创业，营造立体化的青年人才创新集聚新空间。积极推进高校与创业孵化平台的产学研合作协同、人才培养协同、社会服务协同，在校地互动、产教融合、创新创业等领域出思路、出方法，开辟了高校服务地方经济的新领域。通过创新创业载体建设、人才服务平台建设、人才服务体系建设，吸引一大批创业项目和青年人才落户，构建一个低成本、全要素、便利化的青年人才空间。

第三节　数字特色小镇

近年来，浙江涌现了一批以信息经济、商贸物流、智能制造、休闲旅游等产业为主要特色的小镇，这些特色小镇通过精准打造，在新常态下焕发出勃勃生机。在创新驱动战略的引领下，以青年创新创业为导向的特色小镇快速发展，这类小镇积极营造舒适、便捷的创业氛围，成为青年人才理想就业空间、社交空间和创业空间。本章节以杭州梦想小镇、云栖小镇、前洋 E 商小镇、余杭梦栖小镇等特色小镇为典型案例，分析该类小镇的空间分布、功能定位、环境设施、活动人群等要素，以此更好地推进数字经济特色小镇建设[①]。

一、数字经济型特色小镇发展特征

数字经济小镇是以科技与软件研发、互联网与大数据、企业孵化与经营为主要特色，适度发展智慧健康、文化创意、参观旅游、商业服务等业态的新型小镇类型。数

① 作者参考浙江省特色小镇官网的资料，结合实地调研进行整理归纳。

字经济小镇是创新驱动战略下特色小镇建设的有益尝试，该类小镇与其他特色小镇的区别主要在于小镇的空间分布、功能布局、环境设施和活动人群。

第一，小镇空间布局位于智力密集区。数字经济特色小镇的区位分布与城市的空间布局、产业分布有着密切的联系。数字经济小镇一般选址于大城市周边的科技园区、高新技术园区或高校较为集中的地方，因为该类小镇的发展离不开大城市在科技、人才和智力资源方面的供给，所以，小镇周边一般都聚集着大学、科研院所、科技公司、信息技术公司等智力密集型主体。例如，杭州都市圈内几个较为典型的创新创业型小镇，包括西湖云栖小镇、余杭梦想小镇、富阳硅谷小镇、萧山信息港小镇，都位于科技园或者高新区内。

第二，小镇功能定位强调空间共享性。数字经济特色小镇不再强调工业的主导作用，而是强调技术、知识、资源的共享，强调科技、人才、智能的推动，小镇内的企业通过合作共享，实现共同进步。数字经济特色小镇以研发、生产、输出为核心功能，其中，研究与开发（R&D）在整个过程中占据着主导地位。因此，小镇不仅要考虑技术与智慧的输出空间，还应考虑技术人员与创业者的日常生活需求。小镇内的科技空间、孵化空间、居住空间、休闲空间相互作用，有利于促进小镇的新技术、新专利的产生。同时，合理的规划布局和便利的交通将小镇的核心空间与辅助空间连接到一起，构成了共享、智能、开放的小镇布局。

第三，小镇活动群体以青年人才为主。数字经济特色小镇以信息技术、科技研发、互联网、大数据等产业布局为主，在各种设施的配置上应考虑科技研发人群与青年创业者的需求。这部分人群受教育程度高、收入高，工作压力大，他们的行为特征、工作方式、生活方式都对小镇的发展和布局产生重要的影响。数字经济小镇是青年人才创新集聚的新空间，小镇的建筑风格大都比较自由开放，突破传统设计理念，充满现代和科技的元素，这样更容易激发青年人才的创新思维。同时，小镇的休闲空间设施配置也主要以轻松、休闲为主，咖啡馆、电影院、健身房等配套设施一应俱全。

截至2021年12月，浙江省特色小镇官网公布资料显示，目前浙江省命名、创建和培育的数字经济特色小镇共有41个，主要分布在杭州、宁波、温州、嘉兴、金华等地。其中，杭州的数字经济类特色小镇数量最多，集聚度最高（见表4－2）。

表4－2　　杭州主要数字经济特色小镇

序号	数字经济特色小镇	特色产业方向
1	西湖云栖小镇	云计算＋展会
2	萧山信息港小镇	软件信息服务
3	下城跨贸小镇	跨境电商

续表

序号	数字经济特色小镇	特色产业方向
4	桐乡乌镇互联网小镇	智慧医疗＋展会
5	滨江物联网小镇	物联网
6	临安云制造小镇	云计算＋制造
7	江干丁兰智慧小镇	电子商务
8	德清地理信息小镇	地理信息技术
9	余杭人工智能小镇	人工智能
10	小城电竞数娱小镇	电竞＋游戏

资料来源：根据浙江省特色小镇官网资料进行整理。

二、数字经济小镇典型

（一）梦想小镇

“梦想小镇”是杭州城西科创大走廊该重点打造的特色小镇，城西科创大走廊沿线分布着20多个功能齐全的特色小镇和创新区块。梦想小镇将传统仓前古镇建筑、章太炎故居、“四无粮仓”等历史遗存与新兴的“互联网＋”创新创业元素融合起来，为创业者提供了优质的办公环境和舒适的生活空间，打造独一无二的特色小镇创业空间。近年来，梦想小镇通过打造众创空间，培育创业团队，形成完整的孵化链条，小镇为孵化链上的创业者们提供服务与帮助，创业者们在小镇空间共享优质资源，茁壮成长。

梦想小镇围绕“互联网＋”创业的定位，构筑“孵化—加速—产业化”的全程接力式产业链条，为“有梦想、有激情、有知识、有创意”的“泛大学生”创业群体提供富有激情的创业生态系统。一方面，打通小镇与周边区域在空间、配套等方面的隔阂，将孵化出来的项目积极推介到周边科技园和产业园，腾出来的小镇空间继续孵化新项目，形成滚动发展。另一方面，重点培育和发展互联网金融、科技金融，集聚天使投资基金、财富管理机构、股权投资机构，着力构建覆盖企业发展初创期、成长期、成熟期等各阶段的金融服务体系。

梦想小镇是创客们梦寐以求的乐园，小镇为创业者和创业项目提供了一个开放包容的发展平台，通过打造全产业链式孵化链条，一步一步壮大初创项目。孵化器是小镇帮扶创业者的主要阵地，初创项目就由这些孵化器进行指导和培育。当项目团队成长到一定程度的项目就会申请进入梦想小镇的拓展区，也就是加速器。加速器为这些从梦想小镇内垂直细分出来的不同的产业创造相同的环境，企业在相同的环境下会结合自身的优势劣势相互竞争与合作，形成良性的互动网络。

梦想小镇为创业者们提供全方位的创业服务，包括硬件方面提供小镇共享办公空间、会议室、实验室等，软件方面提供创业导师指导、创业团队资源对接，以及注册公司所需要的财务、营销媒体等一系列的增值服务，为创业成功提供良好的后勤保障。同时，小镇还打造了“万兆进区域、千兆进楼宇、百兆到桌面、移动热点（Wi－Fi）全覆盖”的网络配套，极大地满足了创客们对网络的需求。梦想小镇成为创业者梦寐以求的工作空间、网络空间、社交空间和创业空间。

（二）前洋 E 商小镇

江北前洋 E 商小镇（见图4－5）地处宁波北门户区宁波电商经济创新园区的核心区块，小镇以国内电商、跨境电商和智慧供应链为主导产业，致力于打造全国领先的数字经济特色小镇，2017 年被列入浙江省第三批特色小镇创建名单，“直播＋电商”的小镇产业特色鲜明。

图4－5 作者拍摄于宁波江北前洋 E 商小镇

近年来，小镇大力发展以国内电商、跨境电商、智慧供应链为主导的千亿级电商经济集群，逐步形成了以港航物流、企业对企业（B2B）平台、跨境电商、互联网＋、商对客（B2C）零售等电商产业为核心，创业孵化、文化创意、金融服务、信用担保、电商物流、外贸通关等配套较为完备的产业链体系。同时，小镇积极探索“直播＋电商”产业模式，在博洋家纺、盈世控股等龙头企业带动下，众多电商企业纷纷开启网红带货推广业务，小镇核心区金山湖成为网红打卡地。2019 年 6 月，中东欧博览会期间，中东欧各国大使来小镇客厅为中东欧优品做直播带货，同时在线观看人数近 60 万人。小镇促进结算中心、营运中心、信息中心等区域总部落地发展，集聚独角兽或行业龙头企业，美菜网、网盛大宗、国联股份、中远无界、杰斯卡（GXG）纷纷落户，成功培育3个百亿级电商集群、1个50亿级电商集群①。

宁波前洋直播中心主播学院，由宁波前洋直播中心打造，以直播培训和孵化为切入口，以直播中心作为载体，拥有8500平方米直播基地、专业直播间、培训教室、660平方米选品中心，设施齐全，构建出一条完整的直播带货数字供应链。

2021年6月5号由宁波前洋直播中心主播学院开办的北仑跨境电商学院《抖音电商主播训练营》正式开课。本次直播学员来自各行各业，由大学老师、在校学生、电商主播组成。直播由林威龙直播导师指导，林威龙是淘梦国际特聘讲师、全明星直播基地导师以及百校千企产教融合联盟导师，曾在多家顶尖（TOP）级网红孵化中心（MCN）机构、直播基地及网红孵化机构胜任直播运营，擅长电商运营、主播培训孵化、直播运营场控。指导老师讲述了直播行业的发展历程以及电商直播对中国的影响深远，还向学员们介绍了直播带货基础功能及平台规则、直播带货流程梳理及产品设定、抖音小店后台实操等实用性极强的知识。

在采访中，学员小杨说："初进直播孵化基地，指导老师便热情欢迎学员，学员也充满了期待。如今电商直播需要人、货、场三方面因素协调完美才能成为一个好的直播间，好的直播间往往需要更多的直播助手，重要的四个直播职位除主播以外分别为：中控、场控、运营，这三个直播职位对一场直播来说至关重要。中控主要负责直播间硬件设施以及商品、人流的数据观看，场控相当于副主编需要活跃气氛、掌握直播间节奏，运营负责直播间的正常运转担当总指导。成为一名主播需要认知的基本条件包括：注册账号、认证企业的要求、抖音供货商。例如，成为抖音的供货商需要开设商品储存橱窗，也需要商品分享保证金和作者保证金，此外，老师还教我们如何加入抖音精选联盟。"

学员小言说："我们参加了三场培训，第一场的课程内容非常实用，主要包括直播基础知识、直播运营技巧、直播实战。第二场课程主要讲直播运营技巧，内容也非常翔实，包括直播场景搭建、直播带货脚本制作、直播间引流技巧等。例如，直播间投放及复盘不同商品类目需要搭建不同的直播场景，体积量小的商品和体积量大的商品需要展露出的直播场地面积不同。每场直播都需要脚本，脚本涵盖了直播间的主要内容，以便于有针对性地直播产品。直播间引流技巧以及投放和复盘的方法多种多样，很多MCN公司以及优秀的投手都会利用自己的知识和经验来给直播间引流。第三场课程就进入直播实战环节，通过前面两节课的学习，直面镜头才是跨越主播的第一道门槛。这节课学员自行挑选产品，模拟直播间状态介绍产品。很多学员都表现很不错、表达清晰，直播话术没有教学但是话术表现也很好。"

① 浙江新闻网站."镇"兴浙江丨江北前洋E商小镇：筑梦e前洋启航新征途［EB/OL］.（2021-01-01）. http：//www.zjol.com.cn.

（三）梦栖小镇

余杭梦栖小镇（见图4－6）地处良渚遗址，取意“设计梦想栖息之地”，于2016年1月列入第二批省级特色小镇创建名单，是中国第一个工业设计小镇。梦栖小镇所属的2.96平方公里全域是良渚新城产城人文融合的示范区，小镇先后被浙江省发展和改革委员会认定为浙江省双创示范基地、被浙江省经济和信息化厅认定为浙江省数字化试点园区。

图4－6　作者拍摄于杭州余杭梦栖小镇

梦栖小镇主攻高端装备制造前端的工业设计产业，兼顾智能设计和商业设计，布局设计中心、创新中心、创意中心、创业中心和未来社区。小镇设计中心通过与中国工业设计协会合作，打造中国工业设计产业研究院和浙江省工业设计创新服务基地，已入驻近百家工业设计企业；小镇创新中心通过邱家坞粮仓、民宅等存量资源提升改造，打造最优双创环境，中国良渚影视创新中心、甲骨文数创中心、余杭院士之家等高端资源成功落户；小镇创业中心以市场为导向，延伸设计产业链，依托数字技术进行创作、生产、传播和服务，打造工业设计2.0示范区。

梦栖小镇与浙江大学等多所高等院校共建设计开放大学，与中国美院共建中国美院良渚校区，培养设计类人才，吸引优秀的工业设计师入驻小镇。良渚古城遗址申遗成功后，梦栖小镇进一步加强与古城遗址的互动，策划推出“良渚文化原创设计大赛”，并打造连接梦栖小镇设计中心与良渚古城遗址公园的艺术走廊，以创新设计为五千年良渚文化赋能。同时，梦栖小镇积极对接各地传统制造优势企业，为企业量身定制产品和生产链改造提升方案。例如，小镇联合“1＋1＋1＋10”浙江制造业设计能力提升工程（1名设计师或1家设计公司＋1个产业龙头制造企业＋销售超1亿的爆款产品＋10个浙江特色产业），加快推动浙江制造业设计能力的提升。

梦栖小镇还有一个颇受年轻人欢迎的网红空间——“新华书店·虫洞创意空间”，“虫洞”既是书店，也是咖啡吧、原创产品集成店，更是一个极具个性和张力的艺术空间。这个特殊的空间里仿佛有一个个迷宫，让读者一层一层探索书本的奥秘。随着工业创意品的发展，阅读者、观赏者、游览者、创造者、生产者……都将被它的引力牢牢地吸附在其周围。

梦栖小镇要成为世界工业设计的圣地、高地，要成为全球设计精英的“双创”热土，必须要有一流的创业创新环境和一流的生活居住环境。未来，梦栖小镇将重点围绕“省政府全力打造产业更特、创新更强、功能更全、体制更优、形态更美、辐射更广的特色小镇2.0版”的最新要求，产业上从工业设计向创新设计延伸、创新上从设计服务向数字科技提升、功能上从企业集聚向产业生态发展、体制上从政府主导向市场运营转变、形态上从形散空间向聚合生态升级，全力打造中国工业设计圣地、世界工业设计高地和全球资源聚合平台。

三、数字经济小镇：新时代特色小镇建设的典范

数字经济小镇以知识、信息、人才作为基本发展要素，以科研空间、众创空间、互联网空间作为主要发展场所，以科技研发、企业孵化、互联网、云计算、大数据等作为基本产业，为年轻人创造宽阔的逐梦舞台、为创业者打造全产业孵化链条、为创业者提供良好的生态环境。

第一，为年轻人创造宽阔的逐梦舞台。数字经济型小镇注重发挥创业人才和创业项目的磁极效应，加快集聚创业资本，同时借力资本的纽带作用，带动人才项目落户，从而推动资质的良性互动，带动周边产业发展。云栖小镇依托未来科技良好的人才和产业优势，打造世界级的互联网创业高地，为年轻人创造了一个创新创业、追逐梦想的天堂，也为区域经济提供了新的增长引擎。

第二，为创业者打造全产业孵化链条。数字经济小镇通过构筑全程接力式产业链条，培育创业团队，打造众创空间，为创业者提供支持和帮助。梦想小镇创业楼主要是由12个粮仓改造而成，建设“苗圃+孵化器+加速器”全产业链式的孵化链条，帮助泛大学生群体实现创业梦想，为不同阶段的项目和企业提供支持和帮助。

第三，为创业者提供良好的生态环境。与传统的劳动密集型小镇相比，数字经济小镇为有梦想的年轻创业者提供良好的生活、社交、服务等配套空间。梦栖小镇探索数字经济时代工业设计驱动新模式，依托良渚世界文化遗产，打造中国第一工业设计小镇品牌。小镇通过举办创意设计活动，营造工业设计创意产业发展氛围，通过人才创新、产业创新，为区域乃至全国的工业设计企业的创新、管理和运营提供优质保障服务。

第四节　数字未来社区

一、数字未来社区

社区是城市社会的基本单元，是人类社会生存和发展的基层社会关系共同体，城市化进程必须要将社区发展纳入重要的发展战略。“未来社区”是继“特色小镇”之后浙江推动高质量发展的又一张“金名片”，按照省委、省政府最新决策部署，未来社区被赋予共同富裕现代化基本单元、数字社会城市基本功能单元的新使命。

作为共同富裕现代化基本单元，未来社区以满足人民美好生活向往为核心，聚焦人本化、生态化、数字化三维价值坐标，突出高品质生活主轴。2019 年 3 月，《浙江省未来社区建设试点工作方案》指出要构建未来邻里、教育、健康、创业、建筑、交通、低碳、服务和治理九大未来社区场景，打造有归属感、舒适感和未来感的新型城市功能单元（见图 4 -7）。在打造未来社区过程中，要深入推进数字经济智慧产业，通过“城市大脑”进一步推进基层组织的数字化运营，实现社区智能化管理，打造智能交通、智能医院、智能学校、智能小区、实现未来社区居民线上线下无缝对接的舒适感、获得感和幸福感[①]。

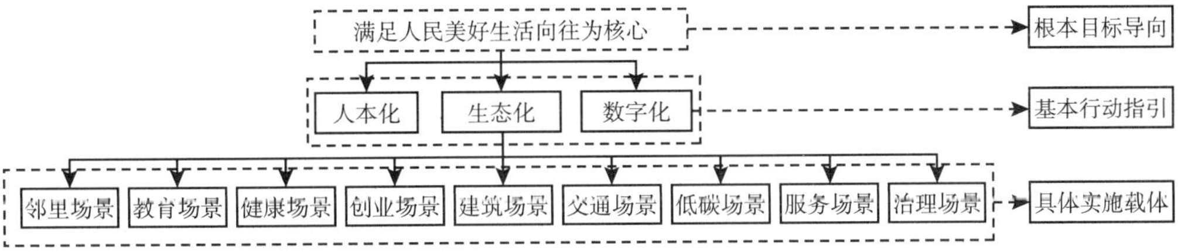

图 4 -7　浙江省未来社区“139”顶层设计框架

未来社区充分利用互联网、物联网、云计算、大数据等技术手段，实现社区的智能化、数字化、信息化，让数字技术成为未来社区的亮点。依托智慧社区服务平台，打造现实与数字“孪生”社区，以新技术、新业态、新模式提升社区服务的精准化、精细化水平。

① 资料来源：浙江省人民政府《浙江省未来社区建设试点工作方案》《关于高质量加快推进未来社区试点建设工作的意见》。

二、未来社区的数字化变革

未来社区是通过利用各种智能技术和方式，整合社区现有的各类服务资源，为社区群众提供政务、商务、娱乐、教育、医护及生活互助等多种便捷服务的模式，包括采用一系列系统构成的高智能性人工智能组成服务，包括智能安防系统、智能家居系统、智慧社区物流系统、智慧社区养老系统等，为小区居民提供优质的生活品质。

（一）社区智能安防

传统的小区安防有许多问题，例如，亲友和访客进出需安管员经过烦琐的登记核查手续，且身份查验困难，无法保证真实性，后期还存在访客隐私泄露的隐患。而数字未来社区在改造过程中通过网络可以实现社区机电设备和家庭电器的自动化、智能化监控，实现一体化、联动安防系统的自动化、智能化监控。为了提高社区安全，未来社区运用人工智能、物联网、云计算与移动互联网相结合的综合技术手段，采用“云边端”融合计算结构，通过在边缘侧部署 AI 智能设备，利用人脸识别技术，形成人员在社区内的人脸、人体融合的图像档案，结合车辆等多源数据，进行出入社区人员的人物画像。使得有关管理部门能够掌握异常出入的陌生人、需要关爱的人、需要防范的人等的活动情况，针对不同的情况进行针对性处置。例如，杭州的一家电子产品公司就研发出一款专门针对社区安防的5G 双频摄像头，该产品的主要设计思路是在5G 安防系统中，通过 5G 大数据控制摄像头，包括使摄像头通过代码识别人和其他物件、通过后台识别人和对比人像库、通过 App 给主人报警和发送照片。

此外，数字安防还运用于未来社区的智慧养老方案中。家庭智慧养老利用物联网技术，通过各类传感器，能够从远程监控老人的日常生活，其宗旨是使得老人拥有安全的保障和便利的生活。老人可以通过电话或者智能手机通过微信小程序自助下单，以及日常通过传感器来致电询问老人是否需要帮助。而我们的服务人员在接受订单后，会进行上门服务，服务完成后会进行身份确认、拍照记录、地点时间验证等，发送给老人子女，不断地提升服务质量。

（二）社区智能家居

智能家居通过物联网技术将家中的各种设备（如音视频设备、照明系统、窗帘控制、空调控制、安防系统、数字影院系统、网络家电以及三表抄送等）连接到一起，提供家电控制、照明控制、窗帘控制、电话远程控制、室内外遥控、防盗报警、环境监测、暖通控制等多种功能和手段。与普通家居相比，智能家居不仅具有传统的居住功能，还能帮助家庭与外部保持信息交流畅通，优化人们的生活方式，帮助人们有效安排时间，增强家居生活的安全性。第一批入住杭州未来社区的丁先生说：“我们在正门入口处安装着智能触摸屏，可对整个住宅的灯光、窗帘、空调等进行监视以及控制，也可以使用遥控器随时调用个性场景，还能够设置各种个性化的控制模式：回家模式，离家模式，迎宾模式，度假模式等。玄关处也布有人体感应器，天黑之后一旦感应到人体，灯光便自动打开，非常便捷。”

五年级的小张同学在日记里写道：“‘铃铃铃’小爱同学把我从睡梦中惊醒，我一下从床上扑了起来，说道：‘小爱同学，早上好啊！’小爱同学立马回答：‘早上好，现在是上午七点三十分，今天有雨哦，气温 19 ~ 23 度。’接下来，所有的智能系统家居就像受过训练的士兵，准备就绪：床头的台灯开始亮起，房间的空调自觉地进入休眠状态，阳台的窗帘缓缓地自动打开，厨房的电饭煲已经开始煮粥……这些可爱的智能家居跟我们一起迎接新一天的开始。我喝着香喷喷的粥，听着新闻，心里可是美滋滋呀！八点，我准备做作业，这时书房的灯亮了，原来是感应器检测到光线太暗，自动打开了书房的灯。十点左右，我完成作业了，准备出去走走，这时门口的摄像头监测到我离开了，便自动关闭了所有电器。同时，勤劳的扫地机器人和空气净化器开始工作了，它们各司其职，做好家里的地面卫生的清扫和空气净化的工作。傍晚五点我在外面玩了一身汗回家，不过当我推门进来的时候，一股暖流迎面而来，原来妈妈已经在半个小时前远程遥控，让智能空调提前进入工作模式。这就是我的家，一个充满乐趣、充满智能的家。”

（三）社区智慧管理

传统社区的服务主要是通过物业和居委会组建起来的，通常有信息传播慢、效率低、管理问题多等困难，而未来社区则通过大数据分析，实现信息的快速处理，实现快、准、精，提升社区的整理效率和多功能性。数字未来社区拥有智慧物业管理，它针对智能化社区的特点，集合了物业管理系统，如停车场管理、闭路监控管理、电梯管理、远程抄表、自动喷淋等的相关社区物业的智能化管理，实现了社区各独立子系统的融合进行集中运营管理。

目前，越来越多的青年在关心，可以选择什么样的邻居作为邻居，周边可以和什么样的人交流、讨论人生、讨论一本书，要打球，有没有邻居一起来，这就是社区社交的需求。未来社区将以居民为核心、以服务为重点、以信息化服务平台为载体，整合社区服务资源，营造开放共享的社区环境。通过庞大的数据库进行资源共享，社区的政务服务将更加高效，人口管理将更加便捷，基层治理将更加有力。

三、未来社区数字化教育场景构建

社区学习空间构建的主要目标是通过服务社区全人群的教育需求，构建终身学习体系，使居民获得更高的幸福感。只有积极探索多元化管理、协同化运作、精准化服务的新型社区教育发展模式，才能实现未来社区教育场景的可持续发展，助推未来教育的美好发展。目前，未来教育场景主要涵盖三项内容：一是提供优质的学前教育资源和青少年学习平台；二是面向成年人建立全民互动的社区知识技能共享交流平台；三是面向老年人开展的健康教育和健康社区空间构建。

（一）协同打造青少年“社区学习空间”。

第一，围绕社区儿童学习需求，提供素质拓展、兴趣活动、体验学习、自护教育、心理健康等学习课程，协同辖区中小学校开展中小学生课后学习、艺术创作和创造设计等活动。第二，利用社区周边有条件的博物馆、美术馆、科技馆、户外营地等公共资源，协同职业院校师生团队成立手工作坊、创客空间、民家工作室等，构建多点辐射分布的学习空间。第三，建设智慧体验室、社区数字图书馆、社区数字陈列馆等，打造以在线学习、虚拟现实为载体的社区学习场景，通过虚拟现实（VR）全景展示推广社区环境和文化。

宁波鄞州区潘火街道雅苑社区，以老旧小区改造为契机，推进社区青少年“学习空间”“科创空间”“青创空间”建设，配备社区学习服务终端，为居民提供学习咨询、学习清单、学习地图等“一站式”服务。鼓励社区学习与未来创业、未来治理、未来服务等场景资源叠加，鼓励空间功能复合利用。萧山信息港小镇未来社区教育场景建设，依托科大讯飞等信息港企业人才技术优势，鼓励企业和职业院校相关领域专家组建一支科技型师资队伍，参与社区中小学人工智能科普工作，同时推广人工智能、大数据等先进技术在教学中的应用，构建智慧课堂教学平台，将“数字教育”打造成为信息港未来教育社区的亮点（沈锋萍，2020）。

（二）协同打造中年人“社区发展空间”

探索职业教育与社区教育的有机结合，协同职业院校共同打造社区学习共同体。合理配置教育资源，推进多层次职业技能培训，推进产学研一体的社区职成教新模式，使职成教培训扎根社区、服务社区。第一，协同属地街道和社区，通过图书流动站、书香家园、文艺活动、技能比武、网络学习等途径拓展社区教育和终身学习服务，助力学习型社区建设；第二，协同职业院校各专业，面向居民开放智能技术应用、知识技能、文化休闲、国学礼仪、亲子教育等学习课程和配套资源，传播教育理念、教育方法、教育知识，增进家庭幸福与社会和谐；第三，打造开放式的社区众创空间，提供良好的创新创业环境，依托社区智慧平台，挖掘共享经济潜能，扩大社区资源共享覆盖面，让供给和需求零距离对接。

近年来，宁波北仑区尝试把社区治理的理念运用到工业园区管理，开创“工业社区”管理模式，以15个工业社区为载体，推动上下游企业实现信息互通、资源共享、产销协同，培育出了一批“专精特新”企业和“有灵气有活力”的产业集群。其中，宁波职业技术学院以校地党建共同体为依托，通过产教融合，积极推动工业社区特色实践基地建设，建成了一批融产学研和社会服务功能于一体的共享型的校外实践基地。近年来，校地双方通过紧密合作，以党建共同体的形式将高质量培训服务成果送到园区企业，协助工业社区的企业员工开展专业技能比武、安全生产培训、工业旅游线路设计、艺术文化演出、数字技能提升等服务，推进技能型工业社区建设，助力共同富裕示范区建设。

（三）协同打造老年人“社区健康空间”

老年教育是老龄化社会的重要民生工程，老年人群需要特殊关怀与照顾，新时代背景下未来社区的老年教育得以有效开展。第一，扩大老年教育资源供给，充分发挥文化、科技、体育等机构的社会教育功能，为老人开展各类摄影、绘画等培训活动，实现老有所学、老有所乐、老有所为。第二，通过“专业+需求”“学生+社区”，护理类、信息类专业的师生走进社区，面向老年人开展关于健康管理和智能化应用的学习交流，建设老年护理、老年健康系列品牌课程，提供种类多元的学习内容。第三，探索职业院校和未来社区双向对接模式，依托社区智能医务室，推广社区健康管理O2O模式，实现个人或家庭终端与区域智慧健康平台数据互联，帮助老年人做好健康管理，协同打造智慧健康社区。

例如，宁波海创未来社区打通居家服务“最后一公里”，优化“互联网+诊疗”“互联网+药品”“互联网+护理”等智能服务，通过“线上点单、智能派单、居家服务”，使居民足不出户享受高效便捷医疗，构建未来社区一体化居家服务新体系。在海创社区的智慧社区卫生服务站通过微诊室利用云端健康数据及智能远程医疗设备等软硬件平台，为社区慢性病患者提供线下首诊、线上复诊、会诊和随访等医疗服务。同时，社区以大健康理念为引领，把公共卫生防疫、康复医疗、老年保健等服务结合起来，补起健康管理服务短板，提升居民健康素养①。

未来社区创新应用多元数字智慧技术，以设备智能为前端，物联网数据为触觉、视频数据为视觉、服务及民生数据为听觉，对物实现万物互联，对人实现精准画像，对事实现智能辅助，智能分析全面展现未来社区内人、物、事的全要素，全面赋能社区场景智能应用。社区是城市发展的基本单元，传统社区的数字化改造要以浙江省“数字经济”和“未来社区”建设为契机，打造个性化的社区学习空间、创新空间和发展空间，协同职业院校让更多的青年人才走进社区，参与社区的改造和建设，构筑多

① 资料来源：宁波市卫生健康委员会网站．鄞州区打造未来社区智慧健康站，实现四大数字服务功能［EB/OL］.（2021-09-01）. http://www.ningbo.gov.cn.

层级、立体化、多元化的青年人才发展空间。

第五节 数字博览馆

一、数字博览馆

随着万物互联时代的到来，展览展示行业也步入数字时代，数字博览馆通过数字化技术，通过音频讲解、实景模拟、立体展现等多种形式，让用户身临其境地观赏展品。可以说，数字技术的出现更好地扩大了博览馆的宣传和传播能力，也让广大群众更便捷地获取信息、了解知识。数字博览馆在传统博览馆的基础上，展现了更多的时空元素，融合文博线上线下服务，推动展品资源活起来，让展示更具交互性，更好地满足个性化的需求。

北京的故宫端门数字馆位于端门城楼展厅，是古代建筑、馆藏文物与数字技术相结合的新型数字展厅，让广大参观者不用“进宫”也能欣赏紫禁城全貌。数字馆能够全面地展现每个宫殿的样貌，以及馆藏的文物珍品，有机会让大家走进“数字建筑”、触摸“数字文物”，获得比亲临参观更为丰富有趣的体验。无独有偶，上海作为党的诞生地，红色旅游资源和学习资源丰富，但由于疫情防控的原因，很多热门场馆都有限流，民众的参观需求受到一定限制。上海红色文化资源信息应用平台的微信小程序于2022年11月28日正式上线，“红途”数字全景场馆集成中共一大纪念馆、中共二大会址纪念馆、上海孙中山故居纪念馆等32家爱国主义教育基地的数字全景场馆，运用“互联网+”活化红色资源呈现形式，以年轻化、三维化、场景化的线上数字展馆，让更多人获得沉浸式参观体验①。

城市博览馆是一个城市独特的创意展示空间，也是一个城市交流沟通新平台，被誉为城市的“会客厅”。近年来，各地的城市博览馆通过翔实的资料、创新的构思、科技的手段，生动形象地展示城市发展的历程、成就和愿景。随着数字技术的发展，传统的城市博览馆通过虚拟现实技术，将VR、增强现实（AR）等新兴传播方式应用到展示空间，实现信息的有效延展，城市博览馆的数字化呈现和沉浸式体验也越来越有创意。小赵在参观完宁波城市博览馆后说：“宁波城市博览馆运用激光水帘技术，数字曲面大屏，灯影模型光绘技术，人工智能技术等打破传统一站式图画加文字模式的展览，通过视频和灯影建模以数字和直观的形式呈现宁波的发展。城展馆搭上科技的快

① 上海市人民政府网站．轻点手机 感受红色资源无限魅力“红途”上线半年吸引用户逾170万［EB/OL］.（2022-01-01）. http：//www. shanghai. gov. cn.

车，坚持科技赋能，提高原创能力。我们进门首先就被钢琴键的台阶吸引住，游客走在上面，一边走一边亮并伴随着音乐，为我们带来了不一样的体验 ，城展馆瞬间变得现代、可触、有趣。第二站是正对大门的一个不起眼的花盆景观，结果真正开始的时候又令我们赞叹不已，因为有一个“水帘洞”类型的表演，其中水帘中还包含着‘港通天下’‘建好示范区’‘当好模范生’等字样，还有‘凤凰’图案等，将传统文化以及当代价值观和现代审美相结合，再融入宁波的特色标签，盘活了文化空间，给予了其新生趣和新生命。第三站的未来影院展示了宁波城市形象及其发展历程的缩影，当然它不仅是缩影，更是连接宁波与外界的桥梁。在视觉焦点数码水帘的精彩表演中，我们一睹了甬城的魅力！‘书藏古今，港通天下’反映出深厚的宁波历史文化。7000年前的河姆渡，在一个又一个集装箱的堆积中，7000 年后转身成为现代化港口城市，在未来影院，我们见证了宁波未来发展。这些数字技术的诞生，为文化传承和保护开辟了新的道路，这也向我们印证了文化要想跟上时代潮流就必须抓住数字化的机遇，用数字技术武装自己。”

二、数字图书馆

宁波图书馆（见图4－8）坐落于宁波市东部新城，可以说是一个简约而不失大气的读书胜地。建筑设计专业的小朱说：“这个图书馆有着无处不在的设计感，通透的落地窗可以看到馆内暖黄的一盏盏圆灯和北欧风的桌椅，适合在里面泡一整天。馆内座位非常多，桌面设有充电插座，提供热水，有共享充电宝。”

图4－8　作者拍摄于宁波图书馆

随着数字新技术的发展，宁波图书馆在数字化管理、数字智能终端建设、数字图书共享、数字空间创新等领域开展数字化管理和服务的改革，以此来更好地推进全民阅读、改善学习空间、提升居民生活质量。宁波市图书馆除传统图书借阅功能外，还是宁波公共图书馆数字资源及服务中心、地方文献数字化建设中心、公共图书馆服务网络发展中心。同时，图书馆为了更好地为读者开展数字化的管理和服务，拓展新的服务范围，先后开设自助图书馆、创客空间、天一音乐馆、研习室、特殊阅读区等新型数字化阅读空间①。

（一）数字管理服务

图书馆引入了众多技术手段提高运营、管理效率，同时提高了借阅者的综合体验。进入图书馆一楼的大厅，你就会发现总服务台后方放置了一面展示图书馆藏书数量、类型、借阅人数、借阅图书榜单、在馆人数、检索热度、文献阅读量等信息的电子屏幕，他们借助大数据，通过数字化手段直观地将图书馆运营过程中的关键信息展示出来，为读者和管理人员提供实时的统计数据。这不仅利于图书馆内部的管理，也利于读者了解图书馆的整体情况。在图书馆需要确定采购书单时，这些信息将可以成为重要参照，让图书馆能引进更多读者偏好的书籍，从而提升读者的借阅体验。

图书馆的读者群里中，16～28 岁的青年读者人群占据 45% 以上。到了图书馆，你会发现有很多埋头在自习空间做题的初中生、高中生，还有在电子阅览室内查阅文献的大学生以及在职人士。从人性化角度考虑，图书馆还专门为视障读者量身定制了智能阅读机和专属阅读场所。其中“盲人数字图书室”可以让视障读者免费收听电子书和有声读物，也可以利用远程系统为不方便出门的残障人士提供远程资源传输。同时，充分考虑残障人士的使用习惯，图书馆专门在资料查询的设备上，安装导盲砖快捷键、盲人打字机、盲人打印机，为他们获取知识和信息提供了一个便捷有效的途径。

图书馆的官方微信公众号“Ningbolibrary”具有书目检索、图书续借、活动预告、活动报名、扫码荐书、在线阅读等功能。在新冠肺炎疫情期间，为了维持图书馆良好的运行秩序，馆内对每日的总人流量进行限流（每日 1800 人）。同时，图书馆要求读者在微信公众号内实名使用身份证号、电话号码等信息进行入馆预约。不但入馆需要预约，出馆还需要签出，这样能够通过数据反馈在馆读者的总数，对同一时间在馆人数进行限制。

（二）数字智能终端

图书馆还在馆内外设置了多种智能终端，结合图书馆后台与互联网平台，极大地

① 作者及团队参考宁波市图书馆官网的资料，结合实地调研进行整理归纳。

便利了广大读者。现阶段除了服务台内值班的工作人员之外，图书馆还对读者开放了自助服务终端，提供自助办理读者证、查询借阅等服务，在极大地便利广大读者的同时，降低了图书馆的维护难度与成本。例如，自助图书借阅机的人脸识别系统，能够自动扫描你的脸部信息，并且生成独一无二的3D人像信息，广大读者不需要携带实体借阅证，就能够在馆内轻松借阅和查询。自助图书查询机分布在图书馆的各个角落，我们只需要输入需要检索的图书名称，就能查找到该图书存放的位置和基本信息。

除此之外，图书馆还开创性地开启了“天一约书”服务。2017年11月，该项服务正式开始运行，借助支付宝的“芝麻信用”体系，以550分为标准，图书馆后台会为达标的读者同步开通免押金的虚拟卡号，使用微信、支付宝等平台绑定虚拟借阅证。“互联网+”与“物联网+”的先进技术成果在其中被广泛应用。通过两大平台，读者可以通过互联网检索需要的书籍，借阅书籍将通过邮政快递以一对一的形式送到预约者的家门口。

宁波图书馆还在馆内以及人流量较大的轨道交通站点放置了“智能信用借阅柜”，通过市民预约供市民自行借阅或归还图书，实现了图书的实时借还。防疫期间，该项目在图书馆线下借阅功能取消的背景下，对书库、书本等全方位消毒，开展“无接触投递到柜”线上借阅模式，坚持服务不打烊，得到读者的认可和肯定。凭着“天一约书”的便利性，借阅者可以在手机上提前进行预约，就只需要在通勤途中在地铁站内的智能终端简单操作，便可直接入手自己想借阅的读本，而无须特意前往图书馆。通过数字科技与传统图书馆模式的结合，“天一约书”的模式打破了传统图书馆借阅的空间限制，满足了读者的“跨时间”“跨空间”借阅需求，拉近了生活空间与图书馆的距离，提高了公共图书馆服务的辐射度，促进了公共文化服务资源的均衡，有效破解了全民阅读发展不平衡、不充分的问题，促进全民阅读活动的顺利开展。

此外，图书馆与宁波市文明办合作建设了“悦读书亭”，以满足年轻人对数字阅读以及数字图书馆的推广需要。这是一个集数字阅读和图书漂流功能于一体的现代化书亭。同时，宁波市图书馆开展讲座、展览、现场找书等活动对“悦读书亭”进行宣传推广，针对居民的不同年龄段和兴趣爱好推荐适用对路的数字资源，向居民提供个性化阅读方案，实现了图书馆服务社会效益的最大化。

（三）数字图书资源

在馆藏数字资源方面，宁波市图书馆依然有着卓越的成绩。报刊阅览区内，新馆收录了2100余种的期刊和200余种的报纸，供读者阅览。在提供纸质报刊阅览服务的同时，阅览区也为读者提供了手机阅读服务。读者通过用手机扫描二维码，即可实现移动阅读。近年来，为适应读者的数字阅读需求，宁波市图书馆加快数字资源采购、数字阅读平台搭建、数字阅读终端整合，实现了网络图书馆、手机图书馆和电视图书馆三屏合一的数字阅读终端模式，着力营造数字化的现代阅读环境。图书馆电子阅览区占地面积200平方米。数字资源读者年访问量5000余万人次，新馆开设的电子阅览区内有50台电脑，为读者免费提供各类数字资源的检索服务，满足读者的数字阅读需求。由于馆内有一些青少年阅读者，所以电子阅览室的后台还会追踪到你的阅读信息、上网时间等，拒绝不良信息的浏览和传播。

近年来，宁波图书馆加强了宁波网络图书馆的建设，发布正式数据库40个，试用数据库29个，涵盖了超星期刊、万方期刊、EPS全球统计数据库、博看期刊、维普、OverDrive赛阅数字图书馆、中华数字书苑、中国典藏古籍库、红色报刊、宁波特色数据库等资源。图书馆还将数字化技术应用到了音像资料、古籍、珍贵地方文献的保存。其中，位于图书馆三楼的音乐空间主要用于不定期展览、艺术图书借阅、珍贵黑胶独立唱片等特色馆藏的展示与保存，是集珍贵音乐资源数字化欣赏、保存等多功能于一体的读者欣赏空间。

（四）数字创新空间

除了最基本的图书阅览区，图书馆还设有艺研室、音乐空间、天一音乐馆（经常有小型音乐会）、咖啡馆、创客空间。其中，在四楼单独开设了面向全体市民的创客空间，该空间引进创客文化体系，还引入3D打印、手工机床、机器人，以及VR等最前沿的数字化设备。这个数字创新空间，集文化交流和创意体验于一体，为读者打造一个集创意交流、学习实践、创造想象的新空间，成为宁波的潮流网红地。

创客空间经常会在周末开设一些公益类的科创活动，例如智能机械手书法创作、创意产品3D打印、创客讲座、智能数字地图搜索等活动，为广大青年人提供一个氛围良好、环境优雅的创造空间。走过四楼的过道，进入创客空间后，随处可见手拿着速写本打量着自己的画稿抑或是对着电脑的屏幕安静思考的年轻人，舒适的环境与良好的创作氛围无疑让青年人的创造力和生产力极大地提高。此外，为打造“图书馆进客厅、数字阅读进家庭”的新场景应用环境，宁波市图书馆创设了贴近家庭的电视图书馆服务终端，将图书馆丰富多彩的数字、影像、活动等资源搬到电视端。作为全媒体家庭用户服务的全新载体，宁波电视图书馆开设了“天一阅读”“天一展览”“天一讲堂”“天一音乐”“少儿天地”“特色资源”“甬上风物”“电子图书”“读者空间”9大板块，线上具有个性特点的视频和电子资源，为市民提供高清影视、精彩讲座、高雅音乐、休闲娱乐等各类服务，市民可以随时随地点播查阅。

第五章

青年就业空间集成创新能力评价

数字技术促进了城市的创新发展，作为城市创新空间的重要组成部分，青年就业空间聚集了大量创新型企业，它们是城市创新发展的重要载体，也是城市可持续发展的重要驱动因素。从传统的格子办公空间，到开放式以及联合办公空间，再到远程办公、移动办公，为了满足青年人才的发展需求，以数字经济为重点的产业空间，要通过打造数字创新平台和科技创新平台，构筑多层级、立体化、多元化的青年人才发展空间，以期吸引和培育更多的“数字新青年”。

第一节　青年就业空间评价体系构建

青年就业空间的发展离不开创新要素的大力支持，高校作为智力、技术、人才等创新要素的主要来源，为数字型企业的发展提供了不竭的动力。此外，青年就业空间也已成为大学和科研机构开发先进技术和提高科研成果转化效率的主要场所。纵观国际上成功的案例，美国麻省理工学院产业集群、加州斯坦福大学和硅谷、波士顿128高速公路，这些园区通常位于大学、学院、科研机构和其他智力资源附近。这样，这些机构可以为科技园和城市的发展提供强有力的智力支持。此外，这些园区的战略位置可以使“产业、大学和研究”紧密结合，逐渐形成创新和产业集群的增长链。

一、青年就业空间研究对象选取

在对宁波市5所高校的2019届、2020届和2021届毕业生问卷调查过程中，我们发现有8个校地合作型的青年就业空间毕业生人群比较集中，于是“数字新青年就业小分队”特地前往这8个青年就业空间进行了实地走访。这8个青年就业空间分别是1986云创青年小镇、贝发文创青年共享空间、太平鸟时尚创意园、博地影视文化创意产业园、北仑高端汽配模具产业园、前洋E商小镇、镇海中官路创新创业大街和宁波数字科技产业园（见表5－1）。

表 5－1　校地合作型青年就业空间

名称	空间介绍
1986 云创青年小镇	宁波云创 1986 青年小镇位于宁波市江北区大学城内，小镇引入“青年大学生”概念，将创业创新、文化交流、生活休闲等多种功能融入其中，荟萃旅艺术休闲、创意美食、潮流娱乐、创客公寓等年轻社群元素，缔造一个青年乐活社区
贝发文创青年共享空间	贝发文创青年共享空间位于宁波市北仑区贝发集团，该空间是文创领军企业贝发集团通过打造的文创行业互联网生态平台，共享平台吸纳全球各地的设计师，依托企业成熟的生产线以及丰富的供应链资源，将设计师作品转化为优质文创产品，通过新零售品牌文器库进行销售
太平鸟时尚创意园	太平鸟时尚创意园位于宁波市高新区，是太平鸟时尚产业集团总部办公大楼，聚焦青年文化及中国设计的“双摇篮”式时尚平台，园区通过全开放式办公、内外双景观、建筑内上下连贯的“集合空间”，很好地诠释了太平鸟集团开放包容、创新活力的企业文化
博地影视文化创意产业园	博地影视文化创意产业园位于宁波北仑区，它将影视、文化、娱乐、商业、休闲、旅游有机整合在一起，并将宁波特有的标志性的航海地域文化植入到建筑、景观、服务等元素中。园区以影视基地的明星效应、IP 场景、影视观光为动力，为初创文化企业提供“创业教育＋创业投资＋创业辅导＋创业交流平台”
北仑高端汽配模具产业园	北仑高端汽配模具产业园位于宁波市北仑区，是全球高端汽配模具全产业链高地，全国首批工业社区试点。园区以“青年北仑”为引领，建立青年服务联盟、企业服务联盟，为青年创客提供创业培训、创业交流、融资对接等服务；支持专业技术人员“灵活就业”“多元就业”
前洋 E 商小镇	前洋 E 商小镇位于宁波市江北区，小镇集商务办公、科教研发、产业配套、生活配套、旅游休闲功能于一体，建设以电商产业为核心的宁波新型城市经济集聚展示平台，形成了以孵化器、学术交流中心、博士后工作站为主要载体的引才育才、创新创业平台
镇海中官路创新创业大街	镇海中官路创业创新大街位于宁波市镇海区，依托高校和科研院所的学科资源，以及六大科技创新平台和八大国家级重点实验室资源，打造有国际影响力的创新设计中心、国内领先的新材料科研中心和浙东绿色智能经济创新中心
宁波数字科技产业园	宁波数字科技产业园坐落在宁波市北仑区，该园区是由宁波职业技术学院、宁波经济技术开发区、宁波信息产业局三方出资成立，以宁波职业技术学院为载体，紧密结合区域产业结构特色，联合开展人才培养、产业培育、研究开发三位一体的特色产业园区

资料来源：作者参考浙江省团省委“亲青创”公众号平台资料，进行产业空间介绍汇总。

这些产业空间通过营造舒适、便捷的学习工作氛围，成为青年人才理想的交流空间、就业空间和创业空间。与此同时，这些青年就业空间与宁波多个高校有着紧密的合作，他们通过建设大学生校外实践基地、产学研合作基地，推动人才培养改革。本书从“集成创新”的角度分析这些空间在人才集聚、产业创新、技术创新和资源整合等方面的优势和特点，由此进一步探讨青年人才产业空间未来发展的重点和方向。

二、青年就业空间评价体系构建

第一步，确立指标。

研究团队参考了浙江省特色小镇评价指标体系，同时通过调研等多种途径收集了各类零散指标，并邀请多位专家对校地共建型“青年就业空间”的集成创新能力的指标进行筛选和提炼，最终确定18个有效的评价指标。

首先，对评价因素指标进行层次分析，确定大类因素、子因素和具体因素。其中，第一层为大类因素，分为产业空间、人才空间、生活空间三大指标；第二层为青年人才就业空间集成创新能力的子因素，一共设计了9个指标，分别为产业优势、产业创新、产业特色、人才政策、人才资源、人才服务、社区功能、生态文化、居住品质二级指标，第三层为具体指标，一共设定18个具体评价指标。由此，青年就业空间集成创新能力综合评价体系见表5－2。

表5－2　青年就业空间集成创新能力综合评价体系

一级指标	二级指标	三级指标
产业空间	X1：产业优势	X11：小巨人企业入驻数
		X12：产业技术领先
	X2：产业创新	X21：科研机构数量
		X22：科创平台数量
	X3：产业特色	X31：特色产业比重
		X32：产业辐射带动
人才空间	Y1：人才政策	Y11：人才引进力度
		Y12：人才引进政策
	Y2：人才资源	Y21：中高端人才数量
		Y22：中高端人才薪酬
	Y3：人才服务	Y31：共享空间数量
		Y32：众创空间数量
生活空间	Z1：社区功能	Z11：智能服务
		Z12：人口规模
	Z2：生态文化	Z21：绿色发展
		Z22：文化创新
	Z3：居住品质	Z31：星巴克门店数
		Z32：数字生活指数

其次，研究数据的来源必须遵循科学性、量化性、可比性和稳定性的原则，本书研究的部分数据来源于 2012 ~ 2020 年各县市区商务局、科技局、教育局等各部门的统计数据，由于各指标间量纲和单位不同，因此在确定权重和数据分析之前需要先对数据进行标准化处理，计算公式如下：

$$X'_{ij} = \frac{X_{ij} - X_{i\min}}{X_{i\max} - X_{i\min}} X_{ij} \tag{5-1}$$

$$X'_{ij} = \frac{X_{\max} - X_{ij}}{X_{i\max} - X_{i\min}} X_{ij} \tag{5-2}$$

式中，X_{ij}为标准化处理后的数值，X_{ij}（$i = 1, 2, 3; j = 1, 2, \cdots, k$）为第 j 个指标的第 i 个年份，即序参量；$X_{i\max}$和 $X_{i\min}$分别代表了该指标原始数据在评价期内的最大值和最小值。

第二步，选取结构熵权法计算权重。

为了避免人为确定权重的主观性，本书以基于信息熵为原理的均方差决策法来确定指标权重。熵是通过指标的变异性对系统混乱程度进行的科学度量。通过计算各指标的标准差，同一指标的标准差越大，指标的变异程度越大，所提供的信息也就越大，在综合评价中的作用就越大，因此权重越大；反之，标准差越小，权重越小。均方差法及权重的计算过程如下：

$$\partial_j = \sqrt{\frac{1}{n}\sum_{j=1}^{n}(X'_{ij} - \overline{X_{ij}})^2},\ \overline{X_{ij}} = \frac{1}{n}\sum_{j=1}^{n} X'_{ij} \tag{5-3}$$

计算 j 项指标的权重系数：

$$W_j = \partial_j \Big/ \sum_{j=1}^{m} \partial_j \tag{5-4}$$

第三步，研究对象选取和评分。

我们邀请了 20 位人员对 8 个青年就业空间的集成创新能力进行打分，评价人员是来自四个不同类型产业空间的就业人员，主要以刚毕业的大学生、青年创业群体、企业管理层、园区运营方等人群为主。根据指标的强弱程度，我们一共设置 5 个评价档次，分别为 1 ~ 5，其中 5 表示最强、4 表示较强、3 表示一般、2 表示较弱、1 表示最弱，见表 5 - 3。

表 5 - 3　　青年人才发展空间评价指标

档次指标	A_1	A_2	A_3	A_4	A_5
意义	最强	较强	一般	较弱	最弱
评价分值	5	4	3	2	1

第四步，计算综合评价得分。

每个空间的评价人员对各自所在的产业空间、人才空间、生活空间具体指标进行评价，计算 18 个具体指标的加权分，人员评分 X_j 分别乘以其对应权重 α_j 得到加权分 Y_j，即 $Y_j = \alpha_j \times X_j$（$j$ 指具体的指标），将具体指标的平均分相加分别得出三个一级指标最终得分 Y'。

青年就业空间集成创新能力的评价结果如表 5－4 和图 5－1 所示。

表 5－4　　青年就业空间集成创新能力的评价

空间名称	产业空间	人才空间	生活空间	综合	排名
1986 云创青年小镇	1.452	1.621	1.313	4.386	1
北仑高端汽配模具产业园	1.501	1.431	1.289	4.221	2
前洋 E 商小镇	1.502	1.354	1.309	4.165	3
镇海中官路创新创业大街	1.433	1.364	1.355	4.152	4
宁波数字科技产业园	1.398	1.425	1.256	4.079	5
贝发文创青年共享空间	1.499	1.326	1.223	4.048	6
太平鸟时尚创意园	1.402	1.306	1.326	4.034	7
博地影视文化创意产业园	1.421	1.259	1.315	3.995	8

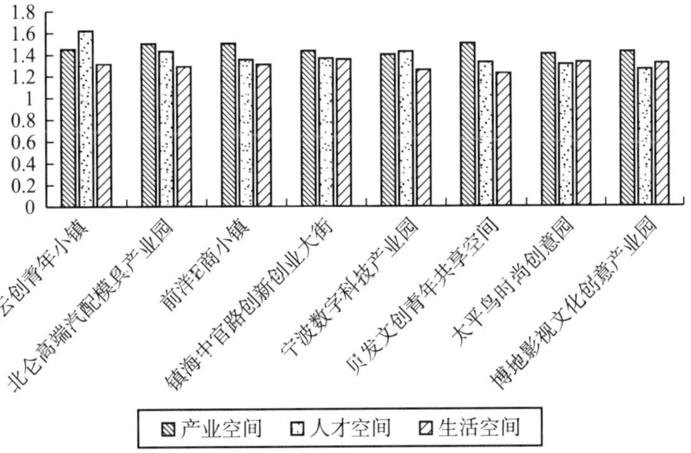

图 5－1　青年就业空间集成创新能力的评价

三、评价结果分析

（一）产业空间

从产业空间的几个评价指标，我们发现北仑高端汽配模具产业园、前洋 E 商小镇产业优势指标（X1）取得较高评价，其中“专、精、特、新企业入驻数”（X11）、产业技术领先（X12）评价优势明显。从地理位置上看，这两个产业空间分别位于北仑模具产业集聚区和江北前洋经济技术开发区，有着较好的产业发展基础，园区周边单项冠军企业、小巨人企业数量众多，最终这两个产业空间的评价以 1. 502 和 1. 501 分列前两名。这里值得一提的是，前洋 E 商小镇的产业空间指标上的综合得分排名第一，这表明，近年来在浙江特色小镇建设浪潮中，科技创新、高端人才、孵化项目等要素不断地加速集聚。

另外，镇海中官路创新创业大街的产业创新指标（X2）的科研机构数量（X21）和科创平台数量（X22）都遥遥领先，发展评价较高，说明高新技术产业集聚区在青年就业空间创新主体培育、科技成果转化、创新能力提升中的示范带头作用正日渐凸显。贝发文创青年共享空间和太平鸟时尚创意园虽然产业优势指标（X1）总体评价居中，但特色产业比重（X31）评价较高。对于数字创意、数字设计产业相关的企业，落户到产业园区中，形成产业集群，信息的共享性以及开放性，都将促进企业共同发展，吸引更多的其他的企业加入该产业园区，提升变成产业中心的可能性。

准备步入园区实习的大学生小邵说：“相对于严谨的写字楼、规范的产业园区，我更喜欢自由成长的创意园区。创意园区，大多理念是梦想、创意、开放、多元化，这意味着它不仅是一家家店铺、一个个企业，更是所有创业者梦想的开始，一个新的起点。创意园区的装修风格也大多比较简约大气，紧跟当代潮流，符合现代审美，表现出创意，体现着个性，很适合年轻人喜欢的气氛。创意园区它也更像是一个乌托邦，承载着追梦之人的期许，聚集了一群志同道合的伙伴一起努力奋斗。在创意园区里办公，大大增加了生活舒适度、满意度，来自生活、艺术、文化和创意的结合，不仅可以带来独特的办公氛围，也可以给你提供灵光一闪的创意，氛围也比较自由舒适，相对来说没有那么大压力，整体感觉会比较轻松。而且一般的创意园区，政府对入园企业会有补贴或者优惠政策，可以减少创业者资金压力。”

（二）人才空间

人才空间得分 1986 云创青年小镇以 1. 621 分遥遥领先，在其 3 个子因素当中，人才政策（Y1）得分八个园区都较为接近，而人才资源（Y2）、人才服务（Y3）却存在一定差距。人才政策是一个很重要的因素，政府是否有相对优惠的或辅助的政策，对企业来说是一个不可缺少的点，从这一点上看宁波几个区的人才政策都非常给力，所以产业空间对人才政策的评价都非常高。

从人才资源（Y2）得分来看，1986 云创青年小镇、宁波数字科技产业园得分排名第一、第二，因为这两个数字产业空间都位于高校周边。云创青年小镇位于北高教园区，周边包括宁波大学、宁波工程学院、浙江纺织职业技术学院等众多高校。宁波数字科技产业园位于宁波职业技术学院的西校区，在发展过程中“数字科技园”和“高等职教园”始终融为一体，通过功能互补、资源共享，重点发展工业设计、电子商务、广告创意、港口物流等产业，构建起“院园融合”的校企合作育人新模式。从人才服务（Y3）得分来看，北仑高端汽配模具产业园得分也很高。近年来，北仑区尝试把社区治理的理念运用到工业园区管理，像服务居民一样服务园区企业，推动上下游企业实现信息互通、资源共享。北仑工业社区建设的主要任务之一就是人才服务，做好园区人才的引进、培养和服务工作，有助于园区企业的集聚，培育出了一批“专精特新”企业和“有灵气有活力”的产业集群，营造北仑区企业人才服务的新生态。与此同时，宁波职业技术学院模具专业群以校地党建共同体为依托，通过产教融合，积极推动校外工业社区特色实践基地建设，为学生拓展更多的企业实践、校外活动机会，协同推进区域经济发展。此外，我们发现太平鸟时尚创意园区周边区域的中高端人才数量（Y21）、中高端人才薪酬（Y22）排名都非常靠前，这充分体现该园区所在的高新技术产业集聚区的信息企业集中水平和人才集聚效应。对于头部企业来说，他们首先看重的是数字产业集聚程度，产业集聚区能够有效地创造聚集力，通过共享资源、克服外部负效应，带动关联产业的发展，从而有效地推动产业集群的形成。

（三）生活空间

生活空间的评价指标主要包括社区功能（Z1）、生态文化（Z2）和居住品质（Z3），总体评分下来太平鸟时尚创意园和1986云创青年小镇分别以1.326和1.311位居前两位。1986云创青年小镇位于北高教园区，云创小镇为周边高校的青年提供了很好的生活交流空间，小镇内生活设施配套完善，小吃街、超市、书咖、备考机构等，满足了青年大学生的需求。走在街上，你会看见灯牌上有各式各样的活动通知，创客访谈、创客培训等活动海报随处可见，1986云创青年小镇通过与宁波大学等高校进行深入融合，拓展了青年大学生的交流空间和生活空间。调研中，我们发现大学毕业生都愿意选择环境优化、条件成熟、配套齐全的产业园区，他们认为产业园区环境良好，而且园区内工作的同事年龄相仿，沟通和交流比较轻松愉快。相比单一的工厂，地理位置偏僻，周边配套不够齐全，交通不便，对于刚毕业的大学生比较容易产生心理落差。从整体的管理角度而言，园区的管理体系比较完善，包括周边的社区改造还有文化氛围都比较适合年轻人，大学生们更倾向于前者而并非后者。评价指标中的星巴克门店数（Z31）就是一个很直接的指标，生活配套设施和青年人较为集中的产业空间，星巴克门店的数量就比较多，中官路创业创新大街的星巴克就经常座无虚席，在咖啡馆聊事业、聊创意似乎成为创业者们的日常。当然现在也有很多其他咖啡品牌，包括瑞幸咖啡、加拿大咖啡连锁品牌提姆·霍顿（Tim Hortons）都很受年轻人的喜爱。此外，我们发现大家比较关注数字生活指数（Z32）的指标。

为响应活动号召，宁波鄞州成立首批六个“共同富裕青年观察站”，涵盖基层村社、楼宇、创业园区等。带梦胡同（DEMOHOOD）青年创意社区地处鄞州区嵩江中路1002号（见图5-2），园区整体在原有的建筑上修复和更新，把新潮元素带进旧厂房，同时保留了一些厂房自带的特点，使园区自身略添工业风色彩。园区内任一小巷子都可自由通行，能感受到浓浓的胡同文化和邻里文化，还包括网红咖啡馆、下沉式展示台、景观楼梯、城市帐篷营地等年轻时尚的户外设计。DEMOHOOD青年创意社区是一个包含着各种新潮时尚、流露着各种多元文化的气息的社区，对新媒体、创意设计等新兴数字行业的发展有着极大的帮助。在这个新兴社区里，各种各样的创意工作室有着舒适优雅的办公环境，白色的外墙与工作室的内部相得益彰，简约又不失风格。“办公+商业”的运营形式不断吸引一批又一批追求梦想的年轻人，一起打造有态度有个性的青年社区①。

图5-2 作者拍摄于宁波鄞州区DEMOHOOD

第二节 青年就业空间选择偏好

在对青年就业空间的集成创新能力进行评价的基础上，我们对青年就业群体进行了实地走访和深度访谈，以此了解青年人才就业空间和就业理念的新变化。

① 资料来源：凤凰网. 点赞！首批六个青年梦想里——宁波市（鄞州区）共同富裕青年观察站成立［EB/OL］.（2022-03-01）. http：//www. ifeng. com.

一、青年人才访谈

为了充分考虑数字产业空间青年人才的专业集中度，我们还是选择这 8 个青年就业空间中的一批青年人才进行访谈，他们主要毕业于电子商务、国际贸易、市场营销、艺术设计、电子信息技术等专业。访谈内容主要涉及：毕业后你所期待的工作空间是什么样的？你认为新型产业空间有什么优点和缺点？你所期待的工作环境和生活状态是怎么样的？……

通过对访谈对象的资料进行分析整理，归纳了 8 个案例作为典型代表，如表 5－5 所示。

表 5－5　　受访人员基本信息

编码	性别	年龄	专业	实习岗位	数字产业空间
F－1	女	26	信息工程	测试工程师	北仑高端汽配模具产业园
F－2	女	27	艺术设计	产品设计	贝发文创青年共享空间
F－3	女	26	数字新媒体	视频编辑	博地影视文化创意产业园
F－4	女	24	供应链管理	培训机构	1986 云创青年小镇
M－1	男	29	电子信息技术	大数据	前洋 E 商小镇
M－2	男	28	电子商务	电商美工	太平鸟时尚创意园
M－3	男	27	物联网	无人机研制	镇海中官路创新创业大街
M－4	男	27	市场营销	跨境电商运营	宁波数字科技产业园

F－1：从智能会议室开始，智能化的办公环境会带给年轻人更好的工作体验。

“我觉得智能化的工作环境会带给年轻人更好的工作体验，例如，智能会议室的改造能够提高工作的效率。我们每个星期都会有一些研讨会，传统会议室要有专门人员记录会议室的使用，有时候可能因为遗漏或者混乱导致会议室已经有人使用。在智慧办公环境下，公司有专门的系统来记录会议室的使用状况，在会议开始之前，会议负责人可以在 App 上预约空余的会议室，如果因为临时变化，可以随时在 App 上取消预约。另外，会议室的设备也是满足不同需求的，有会议模式、审片模式、影院模式、灯光模式四种场景供员工选择，结合 3D 显示屏，以及环绕声播放系统，在手机上就能轻易控制。

另外，公司存在忘记关灯、空调，打印机夜间待机、饮水机反复加热等现象，造成了很多资源的浪费。办公室内工位电源与区域照明管理无序，也经常造成浪费。在智慧办公系统的管理下，办公区域全面覆盖传感器，照明、空调、窗帘、会议投影等电气设备都接入了智能控制系统，打开手机 App 即可操控。这样既避免了电力浪费，又减少了安全隐患。”

F－2：居家办公，既可以节约资源，也可以节约时间。

“我所期待的理想工作是一种全新的、数字化的、高科技的、通过互联网在家就可以实现的工作。在未来，我觉得这并不是一件天方夜谭的事情，甚至可以用触手可及来定位它。数字化进程发展之迅猛，我们的生活、工作以及休闲都多多少少地受到了影响，发生了一系列的改变。在家利用互联网智能办公，既可以节约资源，也可以节约时间，原本枯燥乏味的工作也瞬间变得自由浪漫了起来。我可以自主安排我的工作节奏，也可以拥有更多的灵感和动力。每天起床，随着我的自动化窗帘拉开帷幕，阳光径直照在了我的床头，我可以不紧不慢地呼吸新鲜空气，可以吃上一顿使人一整天都充满幸福感的早餐，不需要为了上班打卡不迟到，匆匆忙忙拿着包就去挤地铁挤公交，起早贪黑，还感觉到了被城市抛弃的孤独感、失落感。不紧不慢的生活，不代表慵懒无度的生活，该是自己做的事，我还是会认认真真把它做好。就像是我希望我的生活是有品质的，我会为了这个去努力提升自己，去实现品质生活。”

F－3：我想回到家乡，从事自己喜欢的工作，也可以时常陪陪自己的家人。

“我理想的生活是回到自己的家乡工作，我很喜欢那个小岛，喜欢到就是堵车我都不会焦躁，更会喜欢傍晚的那份宁静。或许女孩子都是恋家一点，想到妈妈已经有了许多白发，不知道除去上班时间自己还能陪她多久，以前想离家远一点，现在上班更喜欢回到妈妈身边，希望自己工作赚钱，可以让妈妈不用那么辛苦，也希望身为女孩子的自己更加有底气一点。我愿意回到自己的小岛工作，周末回家住几天，吃吃妈妈做的饭，希望可以自己买个小公寓或者小商品房，买辆不贵但是自己喜欢的小车子，每天上下班。周末跟朋友小聚，年边跟在外工作的朋友碰个头。外公外婆也老了，周末也可以常开着自己的小车回去看看他们，陪他们吃顿饭，或者平时他们来我的小家也很欢迎。希望自己做着自己喜欢的工作，买得起自己想得到的东西，也可以时常陪陪自己的家人。”

M－1：拥有足够自由的空间和时间，工作的时候才能更好地全身心投入。

“我所期待的理想工作空间是能够拥有足够的自由，工作时间自由、地点自由，在我工作的时候可以一个人全身心投入，不会受他人影响。工作氛围轻松，每天上班愉快，工作内容可以有一定难度，需要去努力完成，但有空闲思考的时间，而不是忙得身心俱疲。要有舒适的工作环境，同事之间相处融洽，有一个亦师亦友的领导，可以从他身上学到很多东西，工作方法也好，为人处世也好。公司福利待遇尚可，付出与回报成正比，日常不用加班，周末保证双休。我的理想是能够成为一个直播短视频运营达人，每天想一些好的想法，新奇的点子，去教主播直播，帮企业卖货，维护平台。如果有这个条件，我会去找个人合伙开一家文化传媒公司，在未来，信息化、数字化、网络化必定是绿色行业，我的理想是做出成就，在行业内有些地位。平时休闲，我会去参加一些户外活动，比如登山、卡丁车、热气球、跳伞，也会参加一些企业组织的酒会，收获一定的人脉资源，我也会在闲暇时，开启我的副业，一家以人为本的情怀酒馆。”

M-2：我想住在一套智能化的房子里，可以为我节省时间，减轻压力。

“对于生活，我想住在一套智能化的房子里，例如，拥有一台目前很火的“小度”智能屏，我可以通过说话跟他交流，让他帮我完成很多事情。在我繁忙的工作之余，我可以通过语音控制，让他为我放一首轻松的音乐，在我出差或者旅行前，让他为我查询出差地的天气信息，提醒我携带好哪些必备用品，或者制订一份完美的旅游计划和路线，还有预订酒店等各方面的事情，这样一来，可以为我节省很多时间，减少我的压力。

未来的我们生活在一个更加智能化、科技现代化的时代。未来的家是什么样的?是房门前有一个报警系统，能检测是否携带危险物品，一旦检测到马上报给我的家人，然后确认并进行报警。是家里有一个智能机器人，一旦检测到父母或亲人身体不好遭遇危险等能够及时通知我并且拨打急救号码。是烈日炎炎的夏天从外面赶回来的路上让小爱早早地打开了空调，进门舒舒服服躺一会儿。是厨房全智能系统，当然必须有一个洗碗机，因为我讨厌洗碗。是客厅有一个媒体空间，我希望是曾经看到的一个博主说的那样，通过三面墙上的屏幕，显示器和灯箱混合排列布置在一起，虚化传统的实体空间边界所具有的固定感。我想，那样的话整个生活空间会显得十分宽广且方便。当然其中的内容既可以是动态风景影像，也可以是信息时代的数字化窗口。

M-3：工作充满挑战又有成就感，生活能落脚，有归属感就好。

最理想的生活空间其实是能住在远离城市喧嚣的地方，郊区的别墅，不是一出门就是车水马龙，车水马龙真的会让我有一种难以放松的感觉，出门迎来的是青草的清香，阳台上刮来凉爽的湖风。居住空间大而简洁。养两只狗，还有一块大草坪，以便露天烧烤及宠物玩乐。虽然生活环境比较田园化，但是电子产品不可或缺，配套的电子家具，喊一句：“嘿，Siri，打扫房间。”扫地机器人就会自动开始清理房间垃圾。房间里的窗帘能根据天气的明暗程度主动询问是否要拉上窗帘等。休闲区可以是布置着各种益智类的互动游戏，比如体感游戏、跳舞、打网球等单人或者双人游戏。书房里有实体书以及电子书，或许跟手机系统一样，我的生活也会有个系统，但是绝对隐私且保密的，在年尾帮我分析总结，我在我的房子里最喜欢待的地方，花最多时间看的书，招待了多少朋友等。理想很美好，现实很残酷。总而言之，工作充满挑战以及成就感，生活能落脚，有归属感就好。

M-4：单纯的办公环境，同事都是有趣的同龄人，大家一起愉快地工作。

“我理想的工作环境其实没有很复杂，朝九晚五，周末双休，偶尔加班。一个单纯的办公环境，同事都是有趣的同龄人，大家一起愉快工作，进行同层面的沟通交流，有难题努力去克服，同时有个关怀下属的师父或上级领导，愿意倾听我们的想法，让我们在工作过程中不论是工作方面还是为人处世抑或是生活上都有所收获和成长。最重要的是公司同事关系融洽，工作效率高，考勤并不是死板的打卡，而是弹性制工作，在不影响工作的情况下，也可在家办公。公司能培养员工帮助晋升，且有透明的晋升机制，推贤尚善，赏罚分明，相互实现价值。

再说办公环境，现在的公司一般都是使用中央空调，但长时间吹空调会导致皮肤干等问题，如果公司通过改建“恒温、恒湿、恒氧”的三恒办公环境系统，可以根据室内外的温度来调节室内环境，试想一下当进入办公室，温度、湿度都适宜，整个人都放松了下来，内心因为温度带来的烦躁顿时消散。公司还可以开出一块小天地，设立专门的休息区，且设备齐全，比如冰箱、微波炉，休息区有落地窗，那就非常完美了。

二、青年就业空间偏好

通过对 8 个产业空间青年工作者的深度访谈，我们发现就业环境、创业氛围、产业特色、生活配套、人才政策等因素都会影响青年就业人群对于就业空间的选择。根据调研和分析，我们根据青年人才对于空间环境的偏好，分为产业环境偏好型、人才环境偏好型、人文环境偏好型、生活环境偏好型四类。

（一）产业环境偏好型

产业环境偏好型的多元就业群体，他们期望拥有更优质的办公空间，配备更高质量的居住环境和物质环境。这类人群不一定会选择喧闹的城市中心或城市中央商务区（CBD）作为他们理想的工作场所，他们更愿意考虑大学、科研院所、网络科技公司等智力密集的产业空间。因此，高端人才集中的产业集聚区就不能简单规划为一个有围墙的园区或旧仓库，它应该是一个融工作、生活于一体的开放式社区，其选址布局应根据信息产业发展的诉求进行，其整体空间布局也应注重知识、资源、技术的共享性和开放性。

产业环境偏好型的就业群体对于数字化办公设施的要求还是比较高的。青年工作者小 Y 说：“数字技术的发展催生了众多数字岗位和数字从业人员，但是移动办公、远程办公的设施设备却没有得到相应的数字化改革和提升，全面普及数字化产业空间和工作空间的地方并不多。如果办公室能有智能门禁系统，让我无缝穿梭于工作空间之中；如果有智能茶水间，让我在工作之余享受美好的下午茶时间，会大大提高我的工作效率。”江北前洋 E 商小镇的直播基地为青年大学毕业生和社会就业转型人员提供直播培训、项目孵化、资源对接等一条龙的直播电商创新创业服务，成为直播电商人才培养的摇篮，也成为数字化产教融合的典范。

（二）人才环境偏好型

人才环境偏好型的多元就业群体大多是创业型青年，他们怀揣美好创业梦想的同时，也面临着巨大的工作和生活压力。因此，他们会更多地从创客的角度去考虑创业氛围和就业环境，他们期望专注自己擅长的工作，其他的事由专业的人士来完成。因此，创业创新型的产业空间在软硬件配置上需要考虑科技研发人群与青年创业者的需求，努力营造舒适、便捷的创业氛围，适度发展智慧健康、科技创意、休闲文化产业，在产业区周边设立健身房、书店、咖啡吧等休闲娱乐场所，为创客们提供适当的减压与交流场所。

传统写字楼的办公空间是一个个用隔板隔开的工位，青年工作者每天都需要面临高强度的工作，在狭小的空间里比较容易产生压抑的感觉。随着数字经济的发展，就业模式日益从传统的“公司 + 雇员”向“平台 + 个人”转变，这一转变为年轻人提供了更多就业机会，青年就业形式更加多元，办公空间也更加灵活。例如，宁波江北的“1986 云创青年小镇”就建有青年共享中心、青年交流中心、青年直播中心、青年文化中心等多个社交空间，“小程序主播”“社群流量维护师”“微表情设计师”“云端健身教练”等职场新星在这些空间中培育涌现，3 平方公里的小镇集聚了周边高校众多青年人才，为小镇灵活就业提供了充足的保障。

（三）人文环境偏好型

人文环境偏好型的青年工作者更多追求自我价值的实现，他们更加重视工作与生活之间的平衡，更多地把工作看作是实现自我价值的方式而不仅是谋生手段，因此，相比薪资待遇，这批求职者更看重工作环境是否吸引自己、工作环境氛围是否轻松自由。传统办公空间的等级明确、功能固定，强调的是对既定问题的解决和工作效率的提升，领导一转身就可以看到的位置，让员工感觉时刻被人监控，无法自在地开展工作。这种工作氛围让青年工作者更多地认为这是价值组织的生产车间，而非工作空间。在写字楼工作的大学毕业生小 M 表示：“有时候会议气氛太紧张，我出来调节下心情，但是洗手间、茶水间简易狭小，反而不能让我感到放松，这个空间仿佛就在逼我去工作。”

目前，传统办公空间更侧重于物理空间的分布，着重关注的是工作效率的提升，缺少一定的人文关怀和智能化改造。随着职业选择多元化、办公空间灵活化，青年工作者不再是单纯地在硬件或者软件上提出要求，他们更渴望人文精神的关怀，更关注工作空间的多元、共享、开放和创新。在很多公司里，企业员工共享、休闲空间非常少，只有茶水间是员工偶尔放松的场所，这对于现如今的青年工作者们是远远不够的。瑞安办公发布的《青年理想工作空间白皮书》中提道：工作空间不再只是简单地为完成工作而存在，它还应表现出对工作效能的有效推进。青年工作者理想的工作空间是“激发创造力的空间”“理性友爱的空间”“舒适的空间”“效能空间”“联结空间”。阿里巴巴的总部园区就专门选择一块区域，为员工提供“办公 + 娱乐 + 健康”的空间，公司将开放式的工作场所与餐饮、零售店、运动、培训空间相结合，成为数字青年人才理想就业空间的典范。

（四）生活环境偏好型

生活环境偏好型的多元就业群体更关注舒适的生活配套。他们希望周边有成熟的商圈、不同种类的餐厅、丰富多元的社区，给自己带来舒适愉快的生活空间。同时，这类青年还会选择在社区发挥自己的兴趣特长，健身活动、绘画活动、音乐沙龙等，他们希望社区有共享型空间，可以与人分享自己的兴趣爱好，也希望有志同道合的人一起参与这份工作。例如，在云创青年小镇，你会看到老师和学生在咖啡店和便利店门口的遮阳伞下聊天，小镇的大学生音乐节、美食节、食客挑战赛等丰富多彩的活动，成为那些偏好生活的年轻人留下来的重要原因。

这类人群对事业的追求和渴望度相对较低，他们理想中的工作和生活空间是轻松并且适合自己的。F－2 就说：“我所期待的理想工作是朝九晚五的工作，这种工作时间安排更适合平时懒散的我，这能让我更有规律地去安排自己的工作和空余时间，提高我的工作效率，但我也希望有合理的休闲时间可以让我去放松身心，不是每一天都沉浸在工作里，没有适当的交友和娱乐时间。我喜欢一个能够提供足够的空间而且帮助员工成长的环境。希望有一个健康的团队合作，成员之间要有良好的沟通和互相的理解，同事们友好互助，工作环境充满人文关怀和幸福感，人际关系比较融洽，大家团结互助，又能够互相督促。”

第三节　构建青年人才理想就业空间

我们发现青年人才工作空间的内涵演化，要经历“为工作而生”到“为工作中的人而生”的阶段，由“传统办公”演进为“体验办公”再到“价值办公”。未来，青年人才的理想发展空间将更加契合当代新青年的价值导向和产业需求，通过打造优质宽松的办公空间、建设多元共享的发展空间、营造温馨和谐的工作氛围、开发智慧智能的办公环境来打造“多元、共享、开放、包容”的青年人才理想发展空间。

“00 后”的小王在设想 2025 年的办公场景中提道：“未来，人们更倾向于远程数字化办公、居家办公。我们可以利用 VR 或全息投影技术三维逼真的视觉感观，无隔阂地同客户和同事进行在线交流，并不会影响工作的进度。2025 年，人工智能将会更频繁地出现在我们的日常办公中。例如机器人，在我工作的外贸领域，机器人可以代替一些职务，可以缩减不必要的人员开支，减少不必要的交际时间，提高工作办事效率。在2025年，办公室也会植入安装更多的智能化设备，例如智能门禁，智能地捕捉到员工打卡签退；智能家居系统会根据天气调节室内温度、湿度，根据光线自动调节灯光，会用光感观察员工的身体健康状况，提醒喝水补充能量等。员工获得更智能、更自由的办公环境，能够更好地提高幸福感和工作积极性。”

第一，打造优质开放的办公空间。青年工作者每天在工作空间里的时间占据一天时间的1/3以上，缺少人文关怀的办公空间带给青年工作者的是消极、低迷的情绪，使工作者们的工作效率和效能都大打折扣。想要提升青年工作者对工作空间的归属感，首先，要对办公空间的软装和硬装进行升级，宽敞、明亮、简约、舒适这些都是青年人喜爱的元素。其次，打造优质宽松的办公环境，要给青年工作者提供更多表达自我的机会和空间，使青年工作者不只是纯粹的个人价值贡献者，而是更多地融入办公空间当中，在办公空间中获得价值的提升。

第二，建设多元共享的发展空间。周边环境以及配套设施也成为当代青年工作者考察工作环境的一个重要指标。工作空间周边通过提供有价值的空间设计、建造有特色的商业街区、构建有创意的文化氛围，满足青年工作者休憩、娱乐、聚餐等需求，从而更有利于聚集青年多元就业人群。青年工作者小P说：“公司周边的商业配套、街区气质都要契合我，让我也觉得自己是繁华中的一员。”此外，在多元就业快速发展的趋势下，我们还可以将轻体量的小型办公模块植入社区，满足青年人对灵活办公的空间需求，让青年工作者在工作之余找到自己的归属感和自我价值的认同感。

第三，营造温馨和谐的工作氛围。不少青年工作者因为工作氛围紧张压抑而辞职，一个舒适宽松的工作氛围是促进青年就业的重要因素，尤其对提高数字工作者的积极性有着重要作用。在数字经济时代，大数据工程技术人员、小程序开发工程师、信息安全测试员，这些跟数字打交道的青年工作者都面临着高强度的工作，他们更需要适当的交流和沟通。企业需要积极营造温馨和谐的工作氛围，为青年工作者多策划一些团队活动，提供反馈沟通平台，让青年工作者能够有机会表达自己，加深职场交流，结识志趣相投的伙伴和朋友，提高工作效率。

第四，开发智慧智能的办公环境。随着生产和科技的进步与发展，青年工作者更注重数字化、智能化办公空间带给他们工作效率上的提升。因此，以智慧城市建设为契机，开发智慧办公场所和智能物业管理，有效提升办公空间的数字化水平和管理水平。一方面，要在政府层面促进经济新业态新模式升级，完善信息网络基础设施建设，促进5G网络全面覆盖，加快构建多元、立体、高效的网络系统。另一方面，积极推进移动办公、远程办公、智慧办公的信息化应用，促进产业空间向信息化、科技化、高端化发展。

第六章

数字“新青年”典型就业岗位

随着数字技术的发展，网络媒体、微信小程序、视频号等丰富多样的数字生态为年轻就业群体提供了更多就业选择，越来越多的大学毕业生选择从事跟数字经济相关的岗位。本章节通过专题访谈的方式，访谈活跃在不同数字岗位的青年人才，包括外贸网络营销岗位、阿里巴巴国际站运营岗位、跨境供应链岗位、跨境电商岗位、淘宝主播岗位、社群营销岗位、数据分析岗位等，通过深度访谈，了解数字青年人才的就业行为、就业领域、职业规划①。

第一节　外贸网络营销

> 外贸网络营销：
>
> 在疫情影响下，线下的营销推动活动受到一定限制，网络营销成为各大外贸公司开发海外市场的重要手段。外贸网络营销是借助网络、通信和数字媒体技术等手段实现全球营销目标的商务活动。在数字经济时代，阿里巴巴国际站、领英（Linked In）、亚马逊、推特（Twitter）、脸书（Facebook）、照片墙（Instagram）等网络平台都具有无限商机，年轻人应该发挥创新优势，开发更多新型外贸网络营销渠道。

小杨是宁波职业技术学院 2020 届的毕业生，就职于宁波 BG 科技信息有限公司，该公司是一家进出口企业，主要经营卫浴用品、水暖器材、仪器仪表、电子配件、智能设备、户外用品、儿童益智玩具等产品的出口业务，公司的 B2B 业务主要以售卖表带的零售店铺、配饰手工店铺以及苹果相关产品的店铺等为主要目标客户，B2C 则是以有 3 ~7 岁儿童的家庭成员为目标客户售卖儿童益智玩具。

---

① 本章节内容作者通过梳理宁波职业技术学院国际经济与贸易专业 2020 届、2021 届、2022 届毕业生杨昕、苏嘉宇、王志远、周梦婷、庄翼诚等同学的实习报告，并通过对毕业生所在企业的实地调研和访谈，进行整理归纳。

2020年冬末春初新冠肺炎疫情突然暴发，疫情对公司的外贸业务发展产生了重大的影响。我们走访BG公司的时候，小杨说：“最近企业无法开展线下展会，线下营销受到了较大的影响。另外，物流管控以及各国出台的进出口政策，导致产品成本提高，增加了客户退货退款或是更换供应商的风险，这给公司亚马逊平台儿童益智玩具店铺的工作推进增加了压力。”

一、外贸网络营销的重要性

为了应对疫情的影响，BG公司的领导层展开新一轮网络营销方案的研讨，对公司现行的海外营销方式进行调整。除了传统的阿里国际站、亚马逊等贸易平台营销，他们还增加当前较为火爆的一些社交媒体平台进行营销，例如领英、Instagram、Facebook等。依托互联网进行全球网络营销，成为外贸企在新冠肺炎疫情中生存下来的重要途径。

第一，提升外贸企业形象。目前，外贸公司以及跨境电商企业通过海外社群营销、广告宣传、网红营销，实现与用户的“互动体验营销”，发布最新产品信息及用户的评价并推送至Facebook、Twitter等海外年轻人喜爱的社交软件，与用户进行互动，实现商品引流及品牌宣传，为自主品牌出海奠定了良好的基础。

无论是利用Facebook、领英、Instagram等社交媒体平台营销，还是利用亚马逊、阿里国际站等B2C、B2B等贸易平台进行营销，都需要创建账号或是建立自己的网店，通过内容来吸引客户，因此新颖的内容便成为营销的关键点。丰富新颖的内容能够对企业和产品进行全面的宣传，让更多的潜在客户有机会了解到企业，而社交媒体上的互动还能够促进企业的口碑宣传，不断扩大企业的影响力，帮助企业树立形象。

第二，增加外贸业务机会。互联网宣传是宣传范围最广，传播最快的一种途径，无论是做谷歌、Facebook、领英等社交媒体营销，还是做阿里国际站这样的B2B平台，都能将企业和产品最大可能地宣传出去，让更多的用户可以了解到企业产品信息，挖掘到更多潜在客户，增加业务成功率。通过社交软件用户评价反馈以及站内客户管理系统建立客户档案，并注重品牌官方账号的维护和更新，以提升品牌黏性、树立品牌形象、增强用户的归属感。企业运用各种新媒体策略把流量转化成存量，提高流量转化率，树立鲜明的品牌特色，增强用户黏性，以增强企业营销的效果。

第三，提升外贸营销效率。从前的传统贸易方式效率低，步骤繁多，耗时久，网络营销使买卖双方可以直接进行沟通交流，不用在意地区时间的差异，不需要中间商参与营销，能够做到精准有效地沟通，直接了解到客户最真实的要求，满足客户产品多样化的需求。许多贸易环节也可以在网络上直接进行处理，极大地简化了国际贸易流程，节省彼此的时间，提高了营销效率。

网络营销跟传统营销还是有比较大的区别（见表6－1），传统营销需要直面客户，在相对固定的圈层范围内锁定客户，有一定的针对性；而网络营销的传播面比较广，面对的客户群体比较年轻化，需要通过企业或产品的个性化塑造吸引潜在客户，在正式开展产品的网络推广之前，需要开展非常详细的市场调研工作，以便事半功倍。小杨说："上周老板给了我们一款白板笔产品，让我们去调研一下这款白板笔在亚马逊市场的行情。因为主管曾经跟我说过，前期市场调研做得越详细，后续推产品时的风险也就越小，所以我会非常认真地对待这个任务。市场调研报告主要从竞品卖点分析、问题与答案（question and answer，Q and A）分析、卖点罗列顺序、竞品主图分析四个维度，全面调研竞争者情况，同时，通过使用谷歌、Facebook、抖音短视频国际版（Tiktok）、Instagram 等社交媒体工具，了解产品市场前景和消费者偏好。这样的流程做下来，我初步了解到白板笔市场容量广阔，但也相对比较饱和，3 年以上的老链接占了月总销量的 80%，对于我们推新品来说也具有一定的挑战。美国群众对于 BIC、三福（EXPO）等制笔大品牌更加信赖。了解这些后，接下来就是需要思考如何做好产品差异化，使我们的产品可以立足于这个竞争比较激烈的市场。"

表 6－1　　传统营销与网络营销的对比

类型	渠道	优点	缺点
传统营销	直营	和客户面对面，自己来做营销推广，比较直接，针对性强	工作量大，工作效率低，销售覆盖面窄
	经销代理	中间商参与分销过程，有利于实现产品价值，提高交易的效率	中间商环节多，销售渠道时间长，生产商无法直接与客户沟通，增加客户经营成本
传统营销	广告营销	形式与内容多样，受众面比较广	投入费用高，回款慢，经营风险大
	电话营销	通过电话与客户进行有效沟通，直接了解客户需求	工作量大，效率低，客户无法直接了解产品，信赖度低
网络营销	社交媒体营销	传播范围广、速度快、反馈迅速，能够迅速建立起自己的全球信息网和贸易网，有利于企业塑造形象，形成企业个性	目前对于外贸网络营销渠道开拓力度不够，网络营销体系建设不够成熟，处于摸索阶段。外贸网络营销团队技术并没有十分成熟，还需要再深入探索
	贸易平台营销	营销功能完善，用户多，覆盖面广，无店面租金压力，能实现产品直销，降低经营成本，与客户进行随时随地的有效沟通，满足客户多样化的需求	

二、外贸网络营销主要途径

在疫情的推动下，为了稳定外贸行业，各国各企业纷纷将营销重点转至线上，提高各大社交媒体以及贸易平台的利用率，充分利用各大平台来了解企业产品，大大提升了对网络的依赖性。

（一）脸书（Facebook）

在2020新冠病毒横行的一年中，由于外贸行业线下活动无法展开，国外客户无法进入国内参加展会，无法实地考察产品信息，传统营销手段在这个时候捉襟见肘，国外客户以往能够通过电视广告、线下展会等形式获取产品的信息，现只能通过网络来获取信息，而Facebook作为外贸行业最火爆的社交媒体营销平台，这一年的用户数据反而加速增长。以宁波BG科技信息有限公司为例，公司主要销售的产品有表带、表带零件产品，表带属于配件配饰类品，当代大多数年轻人都追求时尚，加上Facebook在美国和英国多数用户为年轻人，所以，公司产品是十分适合在Facebook上进行线上营销的。

在开展Facebook营销时，“内容”是最关键的。公司经过第一步的调查后，在创建公司账号填写注册资料时，不论是公司主账号还是业务员账号一定要有个性化的资料来吸引客户的兴趣，将最常用的联系方式放在首页，以便客户联系。账号内容以分享型内容为主会更能吸引客户注意力，以生活实用的角度去展现产品的优点，比使用商业口吻来直接表达出营销意图更能使客户接受并产生兴趣。尤其注意发布产品信息时，切忌以官方的口吻或是以叫卖的方式编辑文案，要避免过于商业化，增加地气感。

开展营销后，保持内容更新和账号活跃性是至关重要的。创新内容，以新颖有趣的内容来吸引用户注意力，在产品内容下方带上产品链接可以使得感兴趣的用户直接了解产品；保持账户活跃度，参与到他人的分享和圈子中，与他人互动。公司多关注一些表带厂家和店铺，可以了解到目前的最热门款式和市场状况，多留言评论并且回复评论，提高账户的活跃度，持续引进流量，才能使Facebook账号得到更多人的关注。由于表带样式花纹变化速度快，隔几天便会有新花纹和款式出现。公司在积累一定粉丝后可以逐渐确定上新时间，通过上新预告和活动来促进与用户间的联系。

简而言之，Facebook运营围绕“路转粉，粉转客”的思路来实行，体现自己产品的优点来吸引感兴趣的用户，使他们转而成为粉丝而做到精准营销。以上所有步骤的目的都是为了提高账号的曝光率和关注度，关注度越高，营销精准度和有效率也会随之提高。

（二）领英（Linked In）

领英作为全球最大的职业社交网站，它所具备的职业属性和社交属性让外贸企业不仅可以进行客户开发和产品营销，还可以迅速建立一个可以持续开发曝光和引流的人脉圈。由于领英可以通过工作职称、内容、产业类别、公司等信息去筛选目标客户，因此，领英上的客户精准程度和转换率是更优于其他的社交媒体平台。光是这一点就足以说明领英是一个外贸人不可错过的重要线上营销平台。领英平台大多是与领英助理相结合，领英助理具有定向精准搜索客户、一键批量添加好友、一键批量发送消息等功能，可以节约时间以提高效率，帮助管理客户，做到高质量的精准营销。以宁波BG公司为例，公司主要市场为北美市场，目标客户以使用苹果产品的客户为主，领英无疑是该公司不应该错过的营销平台。

当然，通过领英挖掘潜在客户并添加好友进行询盘发送的时候，也要注意询盘的写法，不能太过于商业化透露出强烈的营销意识，这样有时反而会引起对方反感，但同时也不宜过于生活化，业务员应平衡好发送合适的营销内容。此外，在领英上还可以抓取到客户的联系方式，例如邮箱、电话、Facebook、Twitter、Skype等，从而才能主动地进行多维度、多角度的客户开发与跟进。不过任何渠道的客户开发都需要悉心经营和耐心等待，领英的也是一样。

（三）照片墙（Instagram）

说起线上营销，或许大部分人都能想到Facebook、Twitter、领英，但极少数人会想到Instagram（简称Ins），大多数人都认为Ins上的买家没有其他平台多。但根据有关数据表明，Ins现在每月的活跃人数是7亿，其中有4亿人每天都会登录；68%的用户经常会与品牌账号互动，而在Facebook上却只有32%；再者，Ins的交互率更是有2.2%。

以宁波BG公司为例，公司是以B2B和B2C形式相结合，B2B形式所销售的主要产品为表带，属于配饰类商品，受众面积广。但由于公司只允许部分表带以B2C的形式在亚马逊上售卖，主要售卖产品为儿童益智玩具。这就需要公司在创建Ins账号时做出决定是以表带类产品为主还是益智类玩具为主。经营任何一个社交媒体账号时，一定要保持内容垂直，售卖表带类就只发表带内容，不宜一个账号宣传两种不同类的产品，这会导致客户对你公司的产品定位产生混乱。

而目前BG公司并没有用到Ins这一平台。现今很多年轻用户在选择配饰时都会在Ins上做攻略，这使很多配饰店铺会在Ins上设立自己的店铺，建立自己的品牌形象去维系客户，而公司的主要目标就是这些售卖表带的零售店铺，去吸引这些卖家的注意力。公司销售的产品为苹果表带、三星表带、菲比表带等，属于配饰配件类，这一产品受众面积广，年轻女性、青少年和苹果粉居多，而这一现象正好与Ins用户相符合。若是运营好Ins这一平台，一定会有不错的成效。

首先，创建品牌页面。不光是零售店铺，即使是外贸公司创建自己的品牌页面也是十分重要的，独特的品牌页面可以让目标客户对你有一个基础的认知。对于刚接触Ins的大部分公司来说对于账号的运营是没有思路的，这个时候可以搜索关键词研究竞争对手的主页，查看他们怎样发布广告，文案编辑风格，监测他们的数据信息，学习经验，为自己的运营提供一些数据参考。其次，定期进行数据评估。通过定期的数据分析，包括点击率、曝光率、浏览率、留言率等数据可以分析出内容是否推送给了正确的受众群体，广告推送效果是否显著等，分析出不足加以改进。Ins 是一个视觉网站，利用高饱和图片来吸引客户眼球，并在图片中加上合适的标签，这些标签可以帮助网站分类产品，增加广告的覆盖率，规定范围内的标签越多，帖子就越可能吸引到更多的人。同时定期发布一些产品视频可以帮助感兴趣的用户了解产品细节，有利于引得更多的关注和曝光。BG 公司发布表带的产品内容时，尽量选择颜色鲜艳跳跃的款式或是背景，加上带有热度的标签，例如发布苹果硅胶表带时，可以带上 apple watch、fashion 等标签，发布 airpods case 的时候，带上 apple airpods、airpods case、silicone case 等标签，这些标签会极大地提高帖子的曝光率。

简而言之，Ins 和 Facebook 的运营方式大致类似于中国的微博式运营，只是这两者都可以帮助外贸企业筛选目标客户，但主要原理都是将客户转化为粉丝，建立人脉圈，在这个圈子做到精准营销，从而实现外贸交易的达成。

（四）搜索引擎优化、营销

搜索引擎优化（SEO）就是指提高公司网站在搜索引擎上的排名，排名越高，客户在搜索时就越有可能看到你公司的网站，从而对你的公司和产品展开了解。在实习期间，小杨曾对宁波 BG 信息科技有限公司在谷歌上用关键词进行搜索，跳转出来的完全没有 BG 公司的相关信息。后来又在百度上进行搜索，依旧没有发现关于 BG 公司的任何相关信息，将公司全称输入搜索，发现公司简介没有更新，简介中主营产品仍以以往的卫浴设备等为主。

搜索引擎是互联网上人流量最多的地方，这无疑是做外贸绝对不可错过的一个平台，而从以上来看，公司显然是没有发现搜索引擎营销的优点。做 SEO 就是要不断地优化网站，提升网站排名，击败竞争对手的网站从而做到脱颖而出，而从之前说到过公司网站无新意、存在被人抄袭等现象来看，该公司对于公司网站的优化力度是需要提高的。运用 SEO 的好处就是免费且精准，获得的流量质量是非常高的，而做好公司网站，提高公司实力也是开展外贸交易的重中之重。

搜索引擎营销（SEM）与 SEO 一样，都是基于搜索引擎的，就是指在搜索引擎上投放广告，客户搜索关键词后即可在页面内看到你投放的广告，从而点击进入访问了解。而谷歌对于广告的质量要求也是很高的，它希望客户投放的广告是能够满足用户需求、高质量的广告。而在搜索引擎上投放广告，不仅是因为它的人流量是最多的，更因为价格相对便宜。简而言之，SEM 的精髓就在于花最少的钱用优质的广告获得最多的点击率，从而促进营销，这相对于其他打广告的费用来说是相对于便宜的。

（五）线上专业展会

走访中，在宁波 JY 电子电器有限公司工作的外贸业务员小许说："虽然在疫情的影响下我们面临诸多困难，但是在困难中也看到了光明，一位北美买家在阿里巴巴上与我们取得联系，最终选择与我们合作，是疫情期间我们的首位新客户。这位客户的订单，跟我们参加'相信音乐'（Believe in Music）线上展会有很大的关系。"

由于美国的疫情状况持续恶化，世界各地到美国的旅行都被限制，美国国际音乐制品协会（NAMM）取消于 2020 年 1 月在美国加利福尼亚州安纳海姆召开的年度音乐行业贸易盛会，同时推出"Believe in Music"线上展会，旨在团结和支持那些将音乐带给世界的人们。该活动于 2021 年 1 月 18 日开始举行，在 BelieveinMusic. tv 上推出了综合节目，以及连接买家和卖家的互动网络平台。这次的"Believe in Music"线上展会总共有 1227 家参展公司报名，专业音频领域的大多数主要厂商都出席了会议。小许说："我们公司是一家专注于音响接插件、舞台乐器支架、音视频电线及各种配件的研发、生产与销售的企业，提供代工/贴牌（OEM/ODM）等多种定制服务，有完善的生产体系。我们公司报名参加了这次的线上展会，为了在网站上有更好的呈现效果，我们请来了专业的摄影师为我们的产品进行拍摄，保证图片和视频的质量，然后逐步打造我们的公司首页、产品详情页、团队成员信息。这个线上展会不仅可以与客户在线聊天，还可以发送邀请与他们团队进行小型会议。另外由于时差关系，我们为了能更及时地回复客户，在线上展会期间，安排了轮流通宵值班，24 小时不间断换班，保证每个时间段都能够与客户实时互动回复。"

Tone Vault Audio & Media LLC 是一家专门从事录音、编曲、音乐创作、录制、后期混音以及组织参加各种文化活动的音乐工作室，前期为 Northern Vault 工作室，成立于 2006 年，早期专门为乐队、歌手做音乐项目，与许多乐队、艺术家合作，帮助他们发布多首单曲，其中包括美国明尼阿波利斯金属死核乐队（After the Burial）、美国前卫金属核乐队（Your Memorial）、旋律死亡金属乐队（Aetheric），获得诸多好评，也曾发布过一些原创单曲、专辑；近些年开始慢慢扩大产业，在制作音乐之余主要经营音频电线，其中包括麦克风线、乐器线，主要进口自中国。Tone Vault Audio & Media LLC 公司负责人马特（Matt）通过"Believe in Music"线上展会了解到宁波 JY 电子电器有限公司的产品，并通过阿里巴巴国际站向公司发送关于音频线缆的询盘，询问是否能提供定制服务，在线上进行初步的洽谈，了解客户背景信息，前期就订单数量、定制要求进行洽谈，达成初步合作意向；由于是 OEM 定制，中期主要就产品包装、徽标（Logo）设计进行了讨论，确定了产品规格及各事项后进行了报价，多次还盘后确定了订单；后期主要是产品生产、进度追踪、对接货代、售后等事宜。

在线展会的受众面可以更广，不需要受到场地、天气等因素的影响。为了最大程度提高在线展会的知名度，对于参展商而言，有几种不同的在线展会网络包装套餐可以选择，同时还提供其他一系列的首页和信息推送赞助选项。作为一种数字展会，组织者对参展商获取潜在客户的信息非常重要，并创建了一系列工具和信息指南来辅助这一过程。随着用户在整个活动期间与平台的互动增多，人工智能匹配技术被应用于推动网上买卖连接和建议化定制内容等服务中。

三、总结

疫情暴发后，面对国内外的双向管制，国内无法如期开展外贸展会，国外客户无法进入国内实地了解产品，许多线下营销措施在这个时期失去其积极作用。不过，客户是需要主动出击挖掘的，只有不断地创新营销方式，深入地挖掘客户，才会有源源不断的商机。因此，不要过度焦虑，梳理好手头的订单，重视线上营销，着重强化线上优质内容，拓宽线上营销渠道，与客户加强沟通交流，搭建线上营销体系。

首先，充分利用好现在使用的贸易平台或社交媒体平台。阿里国际站、亚马逊是全球使用量数一数二的贸易平台，可以做到精准营销，提高公司产品的曝光量、点击量是展开营销最有效的手段。Facebook作为全球使用率最高的社交平台，利用Facebook建立公司形象，推广公司产品，对公司线上营销具有积极作用。除去Facebook，领英、Ins等社交媒体平台为大多数外贸企业所选择，为使公司产品走向全球，公司应开发现今当下较为火爆的社交媒体平台进行产品推广，不仅有利于扩大企业影响力，更能帮助企业走向世界。

其次，公司应对产品信息采取保护措施。产品信息泄露或被同行抄袭模仿，都不利于公司塑造产品特色，客户发现后比对价格，也易引起客户内心不满，对价格进行讲价压价，甚至于出现要求退货退款更换供应商的风险。建立系统的产品册。公司网站由于多个业务员同时多次上传产品，导致在产品同一页面出现多个相同产品的链接，不利于客户了解公司多样化的产品，也无法满足客户要求翻阅公司产品册来了解产品的需求。

最后，随着疫情全球化，国际环境的不确定性增加，外贸企业和从业人员必须要增强风险忧患的意识，在稳固国际市场的同时，开始尝试将出口产品投入潜力巨大的国内市场。通过将出口产品转为内销的方式，开辟新的销售渠道，提高品牌知名度，开辟新的发展空间。不少人担心外贸到内销的转变会给国内市场带来竞争压力，但从另一个角度看，也可以丰富国内市场的供给，增加消费者的选择；同时，国际市场通过长期形成完善的市场规则也有助于改善和提升国内营商环境，从而激发市场活力，打通国内市场的同时也不能放弃国外市场，两个市场，两种资源，双循环创出新天地。

第二节　跨境供应链

> 跨境供应链：
>
> 跨境供应链是在全球范围内打造的一条连接供应商到用户的全产业链功能网链。从事跨境供应链运营的团队需要负责对供应商进行系统评估，优化供应商结构；需要配合业务部门完成新产品开发，完善采购流程；需要跟踪客户订单的实施过程，管控供应链风险。例如，阿里巴巴跨境供应链就是通过整合全球的企业供应商、金融机构、物流服务商等资源，为阿里巴巴国际站平台上的中小微企业提供外贸综合一站式服务。

小苏是宁波职业技术学院2020届的毕业生，她就职的T国际物流有限公司，主要负责日本、美国的FBA运输业务。T国际物流有限公司主要经营范围包括国际海运、国际空运、亚马逊运输、报关报检、国际快递以及跨境物流服务，公司积极打造数字化供应、科学式仓储、智能化配送的综合性物流体系，在日本、美国的FBA运输方面具有一定的竞争力。

小苏告诉笔者："亚马逊商品销售分为两种：FBM和FBA。FBM（fulfilment by merchant）是卖家自发货；FBA（fulfilment by Amazon）是亚马逊仓储派送，也是目前跨境电商企业用得比较多的。FBA就是亚马逊物流服务，即亚马逊将自身平台开放给第三方卖家，将其库存纳入亚马逊全球的物流网络，为其提供拣货、包装以及终端配送的服务，亚马逊则收取服务费用。对于国内的跨境电商企业来说想要打造爆款，基本上都是选择FBA。因为FBA产品派送有保障，更加快速，资金周转快，亚马逊平台会给予更多流量。整体来说，FBA的操作流程是比较简单明了的，但其中的小细节却需要格外仔细谨慎。"接下来我们以AN进出口公司的亚马逊FBA业务为例来聊聊跨境供应链这个岗位。

一、亚马逊业务流程

AN进出口有限公司是小苏的重要客户，AN公司是一家致力于各类书写工具及美术用品的研发和制造的工贸结合型出口企业，主要客户包括德国大型零售连锁店TEDI、美国塔吉特公司、美国欧迪办公（Office Depot）公司等。近年来受疫情、海运费上涨的影响，公司的OEM订单利润下滑非常快，于是AN公司在2020年制定了独立的跨境电商品牌建设策略，创立了“ANI.”为跨境电商品牌。跨境电商部门成立后，AN公司重点选择了亚马逊平台开展自主品牌建设。从跨境供应链的角度来看，阿里巴巴国际站B2B模式可以体现企业的规模优势，而亚马逊B2C模式是建立品牌战略的一个非常好的途径。亚马逊跨境电商的运营主要包含四个步骤：产品选品、产品采购与生产、发货及平台上架、FBA跨境供应链。

第一步，产品选品。亚马逊平台的特点是产品为王，选品时应考虑产品与平台是否有一定的契合度。AN经过十余年的传统贸易产品经验积累，长年通过OEM接单模式的历练，积累了深厚的专业知识，对文教行业海外市场有着深刻的了解，采购人员的经验，能够帮助卖家发现商机，精准快速地开展选品工作。由接触市场多年、经验丰富的人员组成的专业选品团队，在选品方面更具优势。

第二步，产品采购与生产。亚马逊运营选品环节结束后，将选好的产品及改进的地方与采购相关人员交接。经过拿样确认、采购价格商谈及签订采购合同后，产品投入生产环节。AN作为一家工贸一体的企业，在长期OEM接单模式的影响下，已经将生产成本压得很低，中间环节减少，所以转型跨境电商具有很大的价格优势。并且AN工厂已发展成为具有严格质量管理体系和产品研发能力的制造商。同时，AN经过多年传统贸易的发展，具有深厚的供应链积累，与多家文教行业颇具竞争力的供应工厂有着良好的合作关系，在产品的采购与生产环节有着丰富的经验。

第三步，发货及平台上架。打造爆品时必须做到的一点就是良好的备货计划。尤其是在如今疫情影响下，一船难求，更要做好备货计划。亚马逊中商品一旦长时间缺货，流量权重也会大大下降。货物发出后到入仓的这段时间，运营开始准备商品上架及链接页面策划，包括撰写产品标题、描述、卖点，设计产品五张主图及详情页图片，填写产品相关参数等。AN有专门的设计部门，在页面策划方面有较大优势。

第四步，亚马逊跨境供应链物流。AN公司积累了丰富的物流经验，与多家物流企业建立了长期的合作关系，对物流成本的控制具有很大的优势，公司要根据销售和库存数据、备货周期及物流时效制订FBA备货计划并安排FBA发货。常规美线的操作，亚马逊后台会把能入库的仓库，自动匹配给AN公司，并且一批货很有可能是处于美西、美中和美东三个仓库。美西相对于AN公司卖家来说，是距离比较近的仓库，而到达美东的距离会远一点，为了运输成本的减少，可以多刷新几次界面，每天显示的仓库都会根据当天的仓储情况有变化。此外，亚马逊的补货要考虑的是库存和销量、计算补货时间、补货周期、采购、退货、仓库等多个方面的因素。现在全球还处于疫情期间，亚马逊对于小卖家会限制发货，尤其是大件的货物，每次进仓的数量都有限制，所以在建立计划之前，需要了解亚马逊可以给AN公司的补货最高数量是多少。

二、FBA 跨境供应链

作为跨境供应链的工作人员，小苏的主要任务就是跟进亚马逊 FBA 业务，在接收客户的委托后，要联系船公司订舱，并在亚马逊卖家后台创建发货计划等。对于跨境供应链企业来说，FBA 常规的业务流程主要分为：接收托书，订舱送货，截单报关，后续跟进这四个部分。

第一步：接收托书（见图 6－1）。

（1）确认客户托单及业务员申请单内容完整准确。

（2）将内容录入公司系统，生成业务编号即进仓编号。

（3）手写 FBA 业务单并填写货物跟踪表。

图 6－1　FBA 业务接收托书工作流程

小苏说："每份单子都是从客户给到托书开始操作的，我们公司的客户有直客也有同行，基本上都有自己的特定的单据，所以我们收到的托书一般没有特定的格式，但其中有六部分必不可少：FBA 仓点，品名，毛重，件数，体积以及要求的船期。"

第二步：订舱送货。

（1）导出订舱单，发送给拼箱公司操作安排舱位。

（2）将进仓单、箱唛及出运要求发送给客户，通知其贴唛送仓。

（3）在截单日前，确认货物能否入仓，如不能则安排取消订舱或延航次。

（4）在截单日前，确认本周 FBA 货物数量及其相应的数据。

小苏说："送仓进货过程中有很多细节需要格外注意，例如，日本亚马逊仓库对货物包装要求严格，外箱尺寸要求为"长＋宽＋高＜170cm"（大件货物除外），且中间转运过程多，客户需要提供符合规定且适合运输的完整包装。进仓时如有破损，公司概不负责。如发生因包装尺寸问题被亚马逊仓库拒收的情况，公司也是不负责的，这几点都需要跟客户交代清楚。另外，货物进仓需要按照我们公司提供的箱唛进行操作，外箱需要 2 张 FBA 标签＋1 张辨识箱唛。FBA 标签是客户根据亚马逊后台数据生成的，一般会包含所进仓点、货物的品牌型号等基本信息。亚马逊货物在目的港送入仓后，需扫描 FBA 标签进行上架，所以要求外箱标签平整，避免产生扫码无效，亚马逊延迟上架的情况。"

第三步：截单报关（见图6－2）。

（1）确认客户报关及清关资料中的数据是否一致并完善。

（2）确认清关资料中的申报金额在亚马逊卖价的25%及以上。

（3）将报关及清关资料提交给拼箱公司，进行报关。

（4）及时查询并下载放行单预录入发送客户，确认出口报关完成可进行退税。

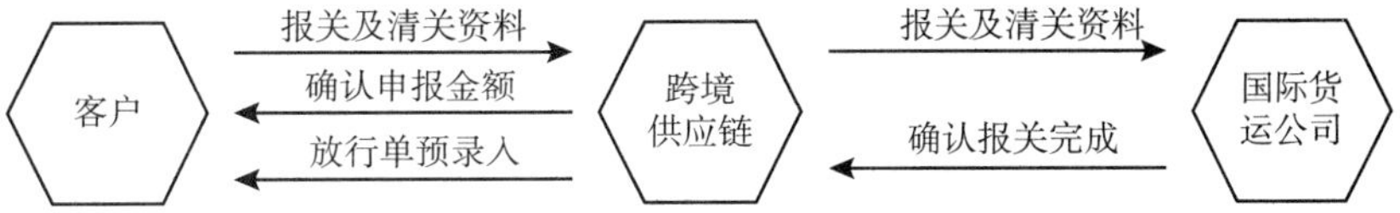

图6－2 FBA业务报关工作流程

小苏说：“总体来说，报关资料是比较简单的，但是不仔细的话很容易造成损失。首先，确认客户是自己抬头报关还是需要买单的。我曾经遇到一例客户提供的资料十分完整，抬头和电子章都有，但他在单据最后备注了“买单”，可是我们没有注意到，就用他的抬头去报关了。这就导致他需要重新去收集原本没有准备的材料去国税局申请退税核销，如果材料不全核销不了的话，记录将一直挂在相关系统上，这会引起海关的注意，对企业的出口报关产生影响。其次，确认报关单上的件数是否正确。一般会有两种情况。一是错将报关单上的件数填为商品包装数量，其实要填的是箱数，报关员在对比装箱单上的数据后会向我们确认数据。二是预配数据已发，但货物数量与单据不符。例如货物进仓较晚，报关进行后，客户查询发现货物进仓有破损及油污，决定将这些货留在仓库换箱，下一批次再发。但这会造成单货不符的情况，一般会把整票货物延到下一航次出运，还会产生一系列的费用，损失将会很大。这个时候就要与客户充分沟通，可以待破损的货物在目的港清关完成后，先送代理仓库换箱再送至亚马逊仓库。最后，确认境内货源地及数量单位。如企业用自己的抬头报关，需要申请退税的，这两点比较容易出错，可能一个不留神就填写了错误的货源地，或者没有备注好商品的第二单位，这会导致预录单与工厂所开发票不符，无法申请退税。所以严谨的客户会重点强调这一部分。”

第四步：后续跟进。

（1）确认船舶实际离港时间。

（2）确认船舶实际到港时间。

（3）等待海关放行，整理关税。

（4）预约亚马逊仓库送仓时间。

（5）接收签收单，发送给客户。

在后续跟进过程中，会发生很多突发和意外的情况，需要我们快速做出反应，并进行处理。小苏归纳了几种突发和意外情境的发生。

第一种情境：货至目的港发现贴标错误。首先，确认贴错标的货物数量，如数量较少，可以等货物进入亚马逊仓库后，由亚马逊直接处理。如货物数量较多，先联系代理不要送货入亚马逊仓库，将这部分货物退到代理的海外仓库进行换标。将准确的标签及贴唛要求发送代理，进行换标。并告知代理，客户重新创建的仓点，由代理安排送货。

第二种情境：货物包装破损至目的港换箱。联系代理，将包装破损的货物移至海外仓。由于客户的纸箱一般是特制的，所以只能从国内将纸箱送出。将纸箱按照一般货物出运的流程送至海外仓，同时提供重新创建仓点后生成的 FBA 标签及箱唛，在海外仓进行换箱贴标并安排送货。这其中的一笔笔费用数目可不小，第一是货物退到海外仓，并不是一次性可以退出来，而是分批退出来，而仓库的堆存费是货物从退出第一天就开始计算。第二是从国内出运纸箱，宁波出海运费用最低两个方起收加上报关费、关税及提前申报报告（AFR）费用。第三是换箱贴唛费及送仓费。

第三种情境：起运港查验。在报关出口阶段的查验，通常会遇到的问题是海关编码（HS）归类错误，在报关日收到海关查验通知书。这个时候，我们首先要跟客户确认货物是否有问题。其次询问客户所出的货物是否查验验估过，如果有，需要提供验估报告或者报关单号，如果没有，就要进行验估并且无法按时出运。由于此时报关已经完成，所以需要客户寄空白公章纸一式两份进行删单出卡，而删单出卡也要等验估结果出来才可以操作，之后才可以配下个航次报关。

第四种情境：目的港查验。目的港遇到查验时，要第一时间通知客户，让客户做好配合，提供相关资料，因为信息传达有时间差，如果不能及时解决就会一直拖延清关，正常来说查验 1 ~2 天就可以放行。但也有一些特殊情况，例如相关证明文件不齐全，就可能出现整个柜子在目的港扣留很长时间，才予以放行。

小苏还说："公司 FBA 的单子每周都在增加，一开始不相信自己可以同时操作二三十票单子，现在也习以为常了。但是越接触货代这个行业，越发现自己不懂的还有很多。每次觉得对这方面知识了解得还可以、还凑合、还够用的时候，现实就会打击我一下。2021 年底加拿大的温哥华洪灾，让我焦灼了许久，对于货物的无法转运而焦急。因为国外疫情的原因，导致其港口拥堵，集装箱无法卸船，有些集装箱被丢弃在港口，无法运回到国内，有些已经卸船的却被堵在港口，无法出港。大量的码头拥堵，出口国的船期在不断地延长，成本也在不断地增加，总有许多意料之外的突发情况频频发生，对于跨境供应链我们都要做好各种应对工作。有些客户很专业，他们会提出一些我没接触过的问题，我们需要第一时间请教师父，或者在网上查资料，慢慢让自己成长起来，不断学习，不断积累，相信自己以后可以更自信地面对工作。"

所以，对于 FBA 业务操作的整个流程，有很多需要注意的细节。第一，订舱或是更改订舱数据都要拿到业务员的申请单后再进行，避免出现订舱错误责任不清的情况。第二，订舱单上要明确标注好海运费用，避免对账时发生费用不清的情况，同时，询价的消息记录或截图要保存好。第三，提前确认货物是否能在规定时间内进仓，避免出现亏舱的情况。大立方货物亏舱费相当高，客户不一定愿意全部承担，要特别注意。第四，截单日前，必须要再次确认 FBA 货物单数及其相应的数据，避免出现船期错误，遗漏单子等情况，否则损失将很大，而且会失去客户的信任。第五，截单日后，要及时查询放行预录，确认出口报关完成。在操作过程中，也有发生过漏报的情况，如果及时发现可以补报的。第六，在此流程中的所有文件需要进行电子和纸质的留底，以便在发生争议时查看。

从跨境电商业务的长远来看，为防止库存断供或积压，提高客户满意度，跨境电商企业可以协同跨境供应链企业以下方式建立完整的互联网物流体系。第一，采用自建“海外仓”或租用第三方的“海外仓”服务。跨境电商贸易的迅速发展对物流业的要求日益提高，海外仓已成为电商时代物流业发展的必然趋势。海外仓不仅能保证货物在短期内送达国外客户，还方便客户退换货，通过客户对产品的良好体验提升对品牌的忠诚度。不过，目前中国大多跨境电商企业处于发展初期阶段，自建海外仓所需的投资及面临的风险较大，租用第三方海外仓还是较为稳妥的业务发展选择。第二，运用数字化的管理监控系统，开展库存管理或系统监控。很多跨境电商企业已建立企业资源计划（ERP）物流管理系统，通过 ERP 对海外库存的具体情况进行实时监控，结合物流大数据及时反馈周转率，对实时库存等重要指标信息进行统计分析，建立跨境供应链运转计划。

第三节　国际站运营

国际站运营：

阿里巴巴国际站运营需要懂得操作管理公司阿里巴巴国际站平台，独立完成包括企业产品发布、内容编辑、优化关键词、优化排名、营销推广等工作。随着国际站在全球范围影响力的增大，目前已经有越来越多的企业开通了阿里巴巴国际站。作为一名优秀的国际站运营人员，需要对平台的游戏规则了如指掌，从而提升点击率和询盘数，获取更多的客户。

小王是宁波职业技术学院 2019 届的毕业生，任职于 YS 公司网销部，主要负责阿里巴巴国际站的运营和询盘客户的接待，在公司内担任阿里国际站运营和业务员职务。YS 公司是一家专业从事园林工具的制造和出口的外贸企业。主要产品包括剪草机、绿篱机、割草机、修枝剪、链锯、高枝修枝机等。公司的产品已出口到美国、德国、法国、英国、比利时、日本、韩国等 30 多个国家，公司拥有行业领先的大规模生产能力、严格的科学生产管理以及专业的研发团队，可满足 OEM 和 ODM 需求。经过实习和锻炼，小王目前已经熟练掌握平台规则和对商超、亚马逊客户的接待，他说："已经接触阿里国际站一年了，从最初的运营小白，到现在不能说运营精英，也好歹是独当一面了，对平台的运营也有了自己的见解和想法。运营的初衷是增加曝光、增加点击、增加转换，现在运营是快乐，当你发现你每一个月、周、日，你的数据都在进步，你的询盘一直在增加，你的订单一直在增加，你会有一种发自内心的喜悦和满足感。"在采访中小王跟我们讲述了他跟阿里巴巴国际站一起成长的经历。

一、阿里巴巴国际站

小王所负责的平台主营产品是无绳电动园林工具，随着环保和可再生能源观念的普及，越来越多的客户选择放弃聒噪的油锯，选择更加环保的锂电池产品。但是工具这个行业发展得相对成熟，它的分类非常细化，为了能让我们这种观念较为先进的产品更加频繁地出现在人们的视野中，吸引更多的大 B 客户购买，就是运营的基本工作。由于近年来，越来越多的外贸公司、工厂加入阿里国际站，产品竞争愈加激烈，资源的投入日益增多。所以，如何在有限的资源中，提高转化率，成为阿里巴巴国际站平台运营的关键。

YS 公司在阿里巴巴的国际站网店是一家拥有 6 年店龄的金牌供应商店铺，主营产品是无绳锂电园林工具产品，主要业务是 B2B，主要市场为欧美市场、日韩市场等。目前店员人数 18 人，包含运营人员、业务员、摄影师、美工、文秘和运营销售后备成员。对于一个平台，运营的工作至关重要，决定着你店铺产品能否曝光在客户眼前，能否玩转平台规则获取最大限度的流量，产生交易。可以说，运营是一个平台的基石。

我们问小王，你觉得做阿里国际站的运营容易吗？他说："其实运营平台是一件挺枯燥的事情，每天重复着单一的事情，从早上最基础的访客营销，询盘回复；到一日三调的电商'华罗庚'直通车，每天精打细算，只为产品争到一个好的展示位置；再到枯燥乏味的数据分析，记录分析本周、月某个产品某项数据，为何上升为何下降，一步步逐层分析，找到原因根据；再到每日一拍的粉丝通。公司从门卫保安，到部门经理，都认识了我们网销部的年轻人，无论刮风下雨，我们都坚持每天去工厂借产品、拍视频，我们目前拍的视频里有产品展示、产品开箱、新品宣传、趣味视频、验厂视频、公司实力展示等多个种类；通过市场调研，再到一礼拜一次的选品，选完品后的拍照修图，提高了我们的PS功底，在美工姐姐的帮助下，我们对选品拍照上传越来越得心应手。在三月份的新贸节时，我们还作为‘小前辈’，去到宁波一家从事家居用品进出口的公司做国际站分享，非常开心。

不过，运营不是一朝一夕的事情，除了知道平台当下的基础玩法，还有信保积累、赛道玩法、粉丝通的粉丝数量，都是目前国际站主流的玩法规则。还要经常关注直通车数据、出价排名等。顺应平台玩法，能够少走弯路，节省下许多无用功。当然如果能抢占先机，提早发现平台新玩法，那么将大大提高转化率；直通车可以说是玩国际站的基础，因为没有数据积累的产品（除非蓝海词），是竞争不过直通车产品的，很难被买家客户发现。所以为了能够提高自己的运营实力，我每天观看直播学习，留意外贸圈各位前辈的心得经验，勤做笔记，努力提高店铺实力。在我们团队的努力下，9月采购节后，我们的询盘终于爆发了，并且一直维持至今。虽然还不及行业前十（TOP10），但是我们是年轻人，我们有朝气、有目标，我觉得只要稳中求进，我们会一步一个脚印追上并成为行业TOP10。看着满满一桌面的各项数据记录，其实内心还是有很大成就感的，或是因为直通车、产品详情页、产品主图等的哪一个的修改导致的，或是因为最近成交订单时关联在某个产品的数据导致的，或是报名了某个官方的活动，精准地分析数据，逐步剖析，都有可能带来巨大的流量。每一步的思考，都会转化为自己宝贵的经验，要真正成为一名独当一面的运营人员，就一定要有自己的思考，花费时间，自己摸索国际站的规则和玩法，我相信积少成多，慢慢地，流量也会多起来，让店铺询盘达到又一个高峰。”

二、平台推广引流方式

（一）直通车

直通车是阿里国际站网店推广的付费方式，不同于其他平台的玩法，它有一种至高境界，可以根据店铺星级、信保订单、产品权重的积累，达到自然流量超越付费流量。直通车的付费规则是根据效果付费，什么意思呢？就是只有当客户对某一产品产生了兴趣，点击产品时才产生扣费，单纯的曝光展示是免费的。那何来的曝光呢？只有当客户搜索了关键词进去看到的商品，那一页的每个商品都相当于一次曝光。所以直通车就是通过对关键词的出价，来决定公司产品在该关键词下的优先顺序。出价时，可以看到该关键词下前5位的价格，在红海词下（热门的关键词），由于竞争高，关键词价格虚高，尽量争取前5位，获得一个较好的“看台”来增加曝光。在蓝海词下（冷门的，精准的词，能带来流量的。如前段时间爆火的指尖陀螺），可以争取第一名，这样能博得更多的商机。

玩好直通车离不开数据，一名资深运营，肯定在电脑中存着所管的店铺的每月乃至每周的数据，有产品的、有直通车的等。拿直通车为例，需要关注的数据有曝光量、点击率、询盘转化率、推广时长、关键词点击花费、点击关键词的客户地域等。曝光量越多，意味着产品被更多的人搜索到；点击率意味着产品吸引到了客户；询盘转化率说明产品详情页做得好，客户有极大概率成交；关键词点击花费，意味着能够节省一大笔直通车花销；客户地域意味着产品的市场范围。

有了数据，就要学会分析。同一个关键词，在因素相同的情况下，这一周的曝光比上一周减少了，就得去直通车——基础报告里搜索，查看是什么原因导致的，有可能是直通车出价被别的公司超过了，导致排名降低；点击率降低，去直通车——流量报告——词报告查看，找到点击率降低的产品分析，是产品主图不够精美或是什么；询盘转化率，分析同个产品比较，设置两个不同的商品详情页，看看哪个更受欢迎，或许就是商品详情页的问题。推广时长，查看有没有钱消耗得特别厉害的词，如果有就调整，没有的话继续保持，一定要保证 24 小时全天推广；点击关键词的客户地域，像园林工具行业，肯定主推欧美市场，因为欧美客户基本家家户户都有自己的花园，更适合我们的产品销售，减少对不发达国家的地域投入。

（二）站内营销

站内营销主要分为访客营销、实时营销和客户通营销。

访客营销是供应商通过电子邮件营销 EDM 邮件，通过阿里巴巴平台给感兴趣的访客发送营销邮件，主动出击，增加转化率的一种方式。每个账号可以对 20 个访客进行营销，即无论主账号还是子账号每天都可以有 20 次访客营销的机会，这是免费的流量，一定要使用起来。

实施营销是指系统根据买家的意向智能推荐给卖家，卖家通过阿里卖家消息的方式来对买家进行营销。虽然是免费的营销方式，但他有两个前提，系统才会推荐买家。一是 30 天内及时回复率大于等于 50%，二是平均回复时间小于 72 小时。

客户通是帮助卖家提升客户运营效能平台功能，主要有两种营销模式：一种是免费的，卖家可以把公海内的客户加入自己的客户列表里，进行统一的站内营销，这个营销次数和访客次数是分开计算的，一天也有 20 个；另一种是收费的，客户通有群发邮件功能，通过阿里云邮件发送，但是要付费开通。

（三）粉丝通

粉丝通是国际站专属的视频营销渠道，通过短视频的形式营销店铺产品，产品展示、新品内容、验厂视频等都可以上传至粉丝通，外国买家在关注店铺、成为店铺的

“粉丝”后，只要上传更新小视频，外国买家都可以第一时间看到。形式上类似于国内的某音。还能通过绑定领英、Facebook 来达到同步营销的功能，即阿里国际站和站外引流同时进行。

一般玩法分为两种，第一种是正常模式，可以上传各类视频，比如说公司的产品、新品宣传、产品使用等视频，这种视频要以趣味性和观赏性为主，以达到高曝光，吸引更多的客户成为店铺粉丝。第二种是活动模式，粉丝通中有一个话题投稿，可以寻找与国际站店铺所在一级类目下相匹配的话题投稿，并@活动，以达到平台帮助引流，得到更多曝光的机会，得到更多的询盘，得到更多的转化。

在买家客户观看完视频、关注店铺后，买家客户就成为了店铺粉丝，卖家可以在粉丝列表中与他们互换名片，查看他们的采购信息、店内足迹，给他们发送营销邮件等。

三、询盘回复前的准备工作

（一）买家国家地区分析

在收到买家询盘后，要先对买家来源国进行分析，对客户的交易等级大致有个划分，就能知道该给客户优先推荐什么档次的产品，达到一个好的开局。买家的一些基本信息收集主要包括：国籍、公司名称等，表 6－2 是对各个国家地区的买家的询盘，做出概括性的分析：

表 6－2　　阿里巴巴国际站不同国家客户特点分析

国家/地区	客户特点
欧洲客户	关注产品的环保理念，注重产品的性能与质量，对价格上不是非常敏感，多是发达国家（如德国、意大利、荷兰、瑞士等），并且在意细节，讲究信用，大多属于优质的客户
印度客户	对低价格高利润的产品比较感兴趣，价格方面会磨上较长的时间，一个产品聊 3～4 个月都是常见的。有时候还会发生在确认好合同细节的情况下，突然发生不想要产品的情况，在国际站属于不太受欢迎的买家群体
美国客户	国际站最受争抢的客户，他们注重产品的质量，接着是细节（包装、运输、交期等）。价格方面他们会对比亚马逊，如果产品价格＋运费大于他们在亚马逊看到的，他们往往不会接受。当然如果产品真的吸引客户，会毫不犹豫地下订单，属于质量买家群体
日韩客户	注重产品质量性能，非常注重细节，对每个步骤都十分严谨。初次成交会比较困难，但是能谈下来的基本都是大单，属于潜力买家群体
中东客户	对回复速度较为看重，喜欢广撒网，对比多家价格，再下单。购买的产品大多以低成本、小型产品为主。当然不乏中东土豪，也会有豪掷千金的情况，也算潜力买家群体

所以，在收到询盘后，首先观察客户的国家地区，对这个国家买家群体有一个大致的掌握，再根据情况推荐上、中、下三档的一类或两类产品供客户选择。一般推荐两类产品供客户选择，这样成交成功率比推荐一类的要高。产品的质量和价格也是成单的重要因素之一，所以对客户的第一判断一定要稳，不漏痕迹地试探，再有针对性地推荐产品。也有简单的方法，如果客户有公司名称的话，可以去领英、Facebook、谷歌上搜索他的公司信息，这是最为稳妥的办法。其次是服务好每一个客户，例如，初次成交的寄样，有无唛头要求，插头、充电器根据不同国家地区换置，然后是大单的LOGO与标签的设计，交货期限的沟通，等等。要让客户感受到宾至如归的感觉，这样即使这次没有成交，但是之后如果客户需要我们行业产品的时候，第一个想起的就是你的公司。

（二）产品分析

买家的询盘中，对产品的要求标准是五花八门的，因此，得足够了解公司的主营产品，来解答买家各种各样的疑问要求。所以，在回复询盘前，需要先做好功课，了解公司所经营的产品类型，各项参数都需要牢记，以便在客户询问时，能够对答如流。这样就能抢占先机，比同类产品的别家店铺更快地与客户协商好产品细节，因为客户基本上不会只询盘一家的产品。以 YS 公司为例，必须要掌握的细节有：充电时长，工作时长，空载速度，体积，毛重等，都是最基础必须牢记的数据。另外还有证书，比如出口欧洲需要 CE 认证，出口韩国的 KC 认证等。当看到买家客户询问的产品时，脑子里就要闪过该产品大致的内容，再通过介绍模板，清晰有条理地回答客户询问的每个问题，引导买家购买，达成订单。

小王说："学习阿里巴巴国际站的运营，不仅让我对传统外贸，还有电商平台的基本业务有了深入了解，并且极大地提升了我的实操技能。工作中遇到很多帮助我的人，有当过空姐的小瑞姐姐，有做过国际站运营的理查哥哥，有 n 年采购经验的蔚蔚姐姐，有兼职婚庆化妆师的美工逻伊姐姐等，他们在工作中都给予了我极大的帮助和支持。托丽（Tori）姐姐教会了我不要安于现状，要积极进取，一眼望到头的人生是无趣的；蔚蔚姐姐教会我如何开票，如何外购产品；逻伊姐姐教会我什么是一个团队，合理分配时间，互相帮助，良性竞争（我们部门是两个战队，洁具一个，工具一个）；理查德（Richard）是我的老大哥，教了我许多国际站的运营知识，在为人处世方面向我传授了许多经验……通过工作学习了许多在学校中无法得到的宝贵经验，能力得到了极大的提升。除此之外，我还懂得了团队合作，懂得了感恩，懂得了如何同别的部门的伙伴沟通……工作后，不会再有规定的课程，按部就班的上课，我们要在工作中发现自己的短板，去学习提升技能。在学校，虽然也有竞争，但更多的是单纯的学业上的竞争，为取得更好成绩而努力。而工作中，会比较现实，带有利益的竞争，每个人都会为了获得更多的报酬而努力。要始终保持一颗负责任的心，对自己的岗位负责，对身边的同事负责，对这份事业负责。”

第四节　电商直播

> 电商直播：
>
> 电商主播的主要职能是将公司的产品通过网络平台直播的方式销售给顾客，电商主播不仅需要稳定直播间的互动频率和成交单量，还要兼顾公司宣传视频、预热店铺活动、发布店铺微淘、直播带货、孵化抖音网红账号等工作任务。

小周是宁波职业技术学院 2021 届的毕业生，她主要负责 ZX 有限公司“惠普打印旗舰店”淘宝店铺的直播工作，同时也兼顾店铺微淘视频的拍摄等工作。ZX 公司是集电子商务运营、渠道批发、新零售直销、系统集成解决方案为一体的综合性办公设备贸易公司。公司旗下拥有 5 家天猫官方旗舰店，6 家天猫专营店，4 家京东官方旗舰店，是天猫和京东办公类长期战略合作伙伴，在“天猫”办公设备类目中，销量在全国处于行业领先地位。小周是 2020 年 7 月到公司实习的，她所在的部门是新成立的“新媒体部”，新媒体部的主要职能是将公司的产品通过网络平台直播的方式销售给顾客。经过两周的岗前培训，小周已经全面了解了惠普打印旗舰店的产品信息，并且能够熟练运用淘宝主播端、客服端的相关应用程序。目前，她正积极准备如何运用专业知识，把店铺产品更加生动更加直观地展示给客户，从而引导顾客下单。采访中，小周跟我们详细介绍了成为一名店铺主播的心路历程。

一、主播形象培训

网络主播的妆容十分讲究。首先是修容，直播有各路补光灯的加持，修容要修得很夸张，美颜开得大，镜头里才能体现出小脸立体感，用笑容/眼睛/发型服装/耳机等转移注意力。其次眼影的选择也需要慎重，例如红色眼影镜头吃妆，会显得眼睛小，所以上播的时候要尽量选择大地色系的眼影，放大眼睛的效果最明显。直播的门槛虽然比影视圈低多了，但妆面细节也是十分重要的，带小闪片的眼影可能会让女生显得可爱、皮肤好、年轻，但是大闪片会显得妆感特别重。假睫毛是一点不能少的，不然一定会光秃秃，但是整条的上下假睫毛会特别假，尤其是视频有点卡的时候总觉得他们在眼睛上打架，建议一簇一簇贴。在直播神器等加持下，口红颜色容易发生很大改变，而且直播中要不停说话，最好是用口红雨衣加固一下妆容。总之，上播之前要把控好妆容的各个细节，千万不能在直播过程中出洋相。

此外，就是直播中的服装要求。由于我们是数码产品的主播，所穿的衣服不能过于浮夸和暴露，比如露肩装、吊带裙是绝对不允许的。一般春秋两季会要求主播穿着印有店铺标志的白衬衫上播；冬夏两季允许主播穿个人的服装。但是这其中也有很多细节需要注意，例如，惠普打印旗舰店的直播间背景色是蓝色的，主播就不能穿与蓝色相近的颜色，以免和背景融为一体，但是同时也不能穿着大红大绿的跳色坐在直播间，总之主播的着装风格需要与直播间的整体风格做好有机的匹配。这里补充一点，数码产品的主播的发型也要尽量显得沉稳利落，一些专营店的主播可以扎高马尾显得有活力有朝气，但是不可以乱糟糟的显得没有精神，更不可以用过于明亮的发色，因为这样会给人一种不专业的感觉。

二、产品线知识培训

想要更好地提高主播的带货能力，一定要在店铺相关产品培训的时候把好关。主播对相应产品的了解是否清晰，直接关系到店铺的销售业绩。因此，关于产品线部分的内容一般由店长亲自培训，讲解惠普打印旗舰店的产品线，从小到几百元的家用打印机到几千甚至几万元的专业办公打印机包括一些打印机配套的耗材（墨盒、硒鼓等）都仔细地梳理一次，要求主播能牢记于心。特别是店铺的主推荐打印机更是要倒背如流。做好整理之后要做到介绍每一款机器都符合“适用人群—属性（激光/喷墨）—主要功能—卖点”的逻辑，生动地展开讲解。下面就惠普打印旗舰店热卖的一款惠普 tank519 为例展开具体讲解：

“hello ~ 大家好，今天给大家带来了一款超级适合家用的彩色喷墨打印机 tank519，这款打印机呢是可以打印、复印、扫描三合一的。同时可以无线连接咱们的手机、笔记本电脑、平板等智能设备，使用起来超级方便！配上学习棒还可以远程打印哦！不在家中都能够帮孩子打印作业。更值得一提的是咱们这款打印机采用原装连供技术，只要加入墨水就可以直接使用了，超大的墨仓式设计加一次墨水黑色可打印 6000 张、彩色可打印 8000 张，一次加墨全年可用。打印一张黑白文档仅需一分钱平时在家还可以用它打印照片呢，1200 × 4800 的高分辨率和亮丽的色彩让咱们的照片更加清晰美观，简直就是家用全能打印小管家呢！”

三、产品直播

首先，开播前检查直播间硬件设备，包括灯光、电脑、麦克风等。开电脑后登录相关工作账号，如千牛、淘宝主播、夜神模拟器、对应的直播账号等，确保直播间的各项设备能够准确开播。在开播后欢迎进入直播间的观众，并在一开始的时候设置好直播间的抽奖活动等互动环节。用模拟器观看实时在线人数，主动与直播间的观众互动，并解答相应的问题，有针对性地向观众推荐适合他们的打印机，适当讲解一些当天的活动去吸引客户下单，如送直播间的专属赠品、下单参与直播间抽奖等。客户下单后用主播个人千牛账号备注礼品、优先发货等福利。遇到咨询冷门机型的客户或者当某些礼品优惠不确定时主播要及时与店长和其他客服沟通，确保介绍机器不出差错，主播端和客服端也统一口径一起达成交易。

下播后做好交班工作，为下一位主播带好节奏，控制好直播间氛围。要是碰上晚班在结束直播的时候就做好善后工作，同时向直播间的顾客预告下次直播的时间，并再次核实直播间订单的正确性，确保后续不产生售后问题。记录好当天的直播数据并发到工作小组的群里，确保数据透明，最后有序退出直播间各类账号，关闭直播间电脑、麦克风、灯光等硬件设备。

一般新主播需要经过半个月左右的试播期，才具有转正成为一名正式主播的资格，试播不合格的人员会被重新培训或者安排转岗。做好以上的一切并保持直播间的热度不减，这是一个合格的主播需要做好的基本内容，在每天的直播结束后，主播还需要做好下场主播的预告等工作。

此外，淡季的直播营销技巧和大促期间的直播技巧也是大有不同的。

（一）淡季直播

首先，来分析一下淡季的直播营销技巧——以惠普打印旗舰店为例。淡季的营销会与大促期间有很大的不同，平台给的流量也会缩小很多，故想要达成较高的营业额必须投入更大的精力。必须在熟悉淘宝直播平台规则的前提下，根据淘宝平台直播规则制订直播计划，稳步求进。因此主播个人也必须要清晰地了解淘宝用户、淘宝网卖家、天猫商家入驻淘宝主播分别有什么规则才能更好地在直播中灵活应用直播技巧，同时要和创建直播间的运营等人员做好配合，才能有效避免由于违规会造成的不良后果。因此，针对单场直播过程中不允许连续播放非直播视频（包含提前录制好的视频等）超过十五分钟的规则，我部门采取将每家网店热销款均拍摄视频时长不超过两分钟的视频，用于每场直播中。当直播间需要调试设备或者更换背景图时播放视频，以免影响直播间粉丝的停留时长。主播需要控制好播放视频的时间，最大程度上减小被扣分或者客户流失的风险。同时针对单场直播过程中需要循环播放的视频（如安装视频等）播放悬浮比例不得超过直播视频的百分之五十的规则，公司安排相关人员重新录制安全视频，视频剪辑、美工等重新排版直播间的图片、利益点的位置。

淡季的销售会更加依赖运营的操作，流量的买入、爆品的更换甚至竞品店铺的动向都需要运营的及时告知以便直播间做出相应的调整。旗舰店能够有的权限相对会比专营店多一些，在淡季的时候旗舰店依旧是可以抽奖的，而且旗舰店的品牌观念更强，惠普官方会在淡季的时候开设惠普耗材小课堂这一专题，在培养一批忠实粉丝的同时也会流失掉一部分客户。因此直播耗材的时间、后台的切换等都需要运营和主播的相互配合。

（二）旺季直播

在大促期间的直播跟淡季截然不同，在许多地方都需要有所改变才能够更好地抓住活动期间的流量以达到最终的变现。例如，“双十一”大促活动期间的直播，直播时间是从凌晨5：00～凌晨3：00，中间两个小时的时间主要用于下一场直播的活动预热以及相关直播人员更换班次。虽然惠普打印旗舰店相较于其他店铺有自身的品牌优势，但是“双十一”的直播强度远远大于平时，不管是活动节奏的把控还是直播间产品活动的介绍都需要主播拥有十分熟练的技巧和充沛的精力。因此，我们将直播人员每两人编为一小组，全天四人轮换：第一种，全天划分为早晚班，组内成员隔两小时一换，以确保主播的精力足够充沛，高强度回复直播间问题并引导顾客有序下单领取福利；另一位则在一旁专心备注福利，保障每一个订单没有任何错误地顺利出库，减少复盘时候的工作量。优点是分工合作明确，把一段长跑分成几个短跑，更高效。缺点就是需要小组的两位成员高度默契配合，在自己的直播时段没有完全休息的时间段。第二种是将全天分为四个班次，每位主播全权负责自己直播时段的所有事宜，包括直播间实时回复问题、准备每个时间段的抽奖、运用后台程序、备注福利等。优点：每位主播的直播时间减少一半，将长跑分为中长跑，优化大促期间人员不足的问题。缺点：短时间内极大的工作量会流失一部分客户，对主播的个人综合应变能力要求极高。

“双十一”的直播开场与平时有很大的差别，平时刚开播主播需要花大量时间讲解每一款产品的特点和适用人群，且需要在一开始说明在直播间购买所享受的额外福利。“双十一”几乎全场直播下来都是高能时刻，在此期间主播不再需要时时刻刻讲解产品的性能，因为前期的大量宣传已经让目标人群充分了解自己所需产品的特点，大家都会趁着“双十一”这个购物狂欢节去购买自己想要的产品，所以主播需要做的就是不停地讲顾客在直播间下单的福利，强调“双十一”下单就是抢到全年最低价，同时合理利用抽奖、优先发货、额外赠品等方式带好节奏，确保直播间下单的密度。

小周说：“我很喜欢这份工作，虽然主播工作辛苦，但让我学会了用一颗平常心去面对工作、用积极热情的精神面貌面对每一位客户，厚积薄发，自我沉淀，争取做到更好，早日成为一名优秀的带货直播，并为公司作出更大的贡献。”

第五节 IP 规划师

IP 规划师：

通俗一点说 IP 规划师的主要工作任务就是形象设计、形象打造，当然这里的设计对象不仅是个人或单一品牌，还包括企业、行业、区域等多元主体。一名优秀的 IP 规划师要懂得开展品牌宣传、网络营销、品牌设计，能够独立完成对 IP 的前期调查，独立完成 IP 设计与策划，独立做出运营方案，熟知 IP 规划师设计应用所涉及的法律法规。

随着乡村特色产业的发展和人们居环境的改善，越来越多的年轻人愿意选择回到乡村发展，他们运用所学的专业知识，打造独特的乡村 IP 文创，构建乡村特色项目，加强农产品的包装、设计和策划，赋能乡村振兴。其实，通过 IP 振兴乡村经济的案例并不少见，日本的熊本县原是九州岛上一个以农业为主的小县城，经济比较落后，并不受人关注。2011 年熊本县组织专业团队量身定制了呆萌可爱的 IP 形象“熊本熊”，并向本地企业免费授权使用，迅速走红全球。

一、生态农业创意项目

IP 是文化创意赋能农业的灵魂与抓手，通过 IP 设计不仅能够打造独特的乡村文化，而且能增加农产品的销售渠道，推动“互联网 + 农业”发展。一个强大的 IP 能够游刃有余地穿梭在各种文化创意形态里，在网络信息高度发达的时代，IP 自带流量，能够产生文化的共鸣。小应 2022 年刚从宁波职业技术学院毕业，她的家乡在浙江丽水的缙云县，她的家乡有非常多优质的农作物，茭白就是其中一款。在采访中，她告诉我们：“我们家乡的茭白很好吃，但经常会出现滞销的问题。今年假期回去的时候，发现农业技术人员正在研发‘茭白—麻鸭共生系统’的种植方式，这种特殊的方式不仅符合可持续发展的理念，也让茭白更加富有地域特色。从小吃到大的茭白如果可以让更多的人知道，并且作为缙云的一种代表性特产销售出去，对于我来说也是一件十分有意义的事情。”所以，毕业实习期间小应计划通过“短视频 + 直播 + 扶贫”的营销模式，设计策划“茭白—麻鸭共生”绿色生态农产品推广策划活动，以扶贫助农为宗旨与理念销售家乡的茭白。在项目初期，小应和团队通过拍摄缙云农村生活题材短视频，来提高缙云茭白知名度。短视频内容丰富，包括在缙云乡间田野闲逸舒适的农家生活中，嵌入各种茭白的种植、收获、茭白麻鸭共生的画面，也有对缙云优质的空气和水环境的拍摄。同时，小应还打算邀请美食烹饪博主采用不同的新颖的方式对茭白进行烹饪，并且强调“茭白—麻鸭”共生的养殖系统，宣传茭白健康绿色的种植方式，树立品牌形象，给客户提供优质的服务。在项目推广阶段，小应和团队会到目前生产缙云茭白最多的大洋山，同当地茭白种植户进行沟通合作，解决茭白的打包、发货、运输等一系列问题，进一步对接快递公司，加快补齐茭白冷链保鲜等短板。同时，他们还增设抖音电商“鲁班”平台，即直接在抖音上完成交易，使得缙云茭白利润最大化。

二、乡野青创集项目

同班小徐在实习期间，接触到乡村振兴 IP 规划师的工作，虽然她不是艺术设计专业出身的，但因为兴趣爱好也和团队成员一起投入镇海永旺村的“野与望”永旺乡野青创集项目，开始涉足乡村旅游文化项目的设计、策划与运营。“野与望”永旺乡野青创集——乡伴集团宁波分公司所建设的乡村文旅项目，位于宁波市镇海区庄市街道永旺村。这个项目是基于在城市高压生活下的年轻人希望在城市周边找到一个静心休闲的场所。于是，小徐和她团队的小伙伴对永旺村进行实地考察，深入分析它在乡村振兴 IP 设计与策划中的创意主题，以及如何塑造以乡村美学为核心吸引力的艺术村落，如何搭建农创孵化平台，引进青年农创客入驻。

永旺村位于科创大走廊北核心区及中官路创新创业大街，周边分布大量产业园区、科技园区、创业园区，在科创产业发展中具有错位补充发展的优势。同时，永旺村毗邻高校，人才集聚有活力，具备青创人才集聚的地理优势。从风貌特色看，永旺村连片乡村，千亩田园 + 沿路林带 + 河网水系 + 乡村聚落有机分布，形成“田林水村”四素同构的乡土景观格局。其中，永旺村的花海是宁波网红花海之一，其花海标签已经形成一定知名度，已经有了旅游客群基础。

“野与望”永旺乡野青创集项目聚焦“乡村未来社区和青年共创集群”建设，围绕青创、科创、农创、文创，打造乡野田园、智慧共享、青年创业、青创公寓四大项目。IP 规划师们倡导与有趣的灵魂共享乡野，以“遇见美好”为主题，打造永旺村四大故事线，分别是：创造永旺的美、发现永旺的美、体验永旺的美及展示永旺的美。项目设计在提升生活环境的基础上，植入艺术及文创内容，将每一个故事全面体现到景观、建筑、运营业态之中，塑造以乡村美学为核心吸引力的艺术村落，从而完善配套，打造具有艺术气息的乡村社区。

在永旺村入口的设计中，小徐和团队老师用创意公园来创造永旺的美，通过缤纷花草营造精美的入口景观，通过特色花箱作为商业街道点缀，营造具有乡野气息的通透道路景观。其中，入口形象设计主题色为黄色的蜂巢系列，其设计能够让人联想到五金造型，联想到永旺过去的生产美，永旺的人民就像辛勤的蜜蜂，而永旺就像一个温馨的“蜂巢”可以让人停留。进入永旺乡野后，打造了花海小火车、永旺咖啡馆等场所。其中，花海小火车路段总长 1.4 千米，分为花海段、稻田段、花廊段、林间段，家长可以带着小朋友一起坐。蜂巢乐园和蜂乐剧场也为带着小朋友出游的家庭提供了一个很好的环境。在天气晴朗的春秋季，一家人出行，家长可以坐在天幕下聊天欣赏稻田花海，排解下一周的不良情绪，小朋友在蜂巢乐园玩耍，其乐融融。

永旺咖啡馆是宁波首家稻田里的咖啡馆，独特的稻田风景，一棵孤独的大树，围绕着的大面积落地窗，为城市快节奏生活的人们寻找到一个缓解压力的场所，是小红书上的热门打卡点。稻田象征着安逸、丰收、平静，巨大的落地窗设计为人们欣赏稻田提升了舒适度，唯一的孤独的树也象征着渴望独立空间的年轻人。“遇见永旺咖啡馆”每个节日都会推出限定新品，做出每个节日的活动，包括店面的装扮以及官方公众号和小红书的维护，有着专门的后台系统。每周会出系列推文，进行流量推送，并且对于小红书以及大众点评的评价进行回访，积极改进。在运营过程中，曾出现咖啡以及饮品口感不佳、服务较少、人流量过大导致的体验感不佳，小徐和团队成员积极听取意见，换咖啡豆、换机器，不断提升稻田咖啡馆的品质。

小徐跟我们介绍说：“2021 年 10 月我们举办了‘稻海粮仓’文化艺术季，庆祝丰收，庆祝乡村振兴共富裕。在设计理念上，我们以‘稻海’为概念，提炼出波浪线条主元素，整体使用代表丰收的金色为主色调象征着丰收季的来临。再以一个个红色的‘小谷堆’来表达粮食丰收满满及庆祝丰收的澎湃心情。最后用麦穗的种子‘米粒’进行点缀，将丰收节的大背景结合‘米粒’和‘农民’，体现‘粒粒皆辛苦’的农耕文化。2021 年 11 月我们还举办了‘冬日序曲稻田星光’音乐会，音乐会的舞台是搭建在稻田中的，运用稻穗等元素，突出乡野气息，用艺术赋能乡村振兴。音乐会中巨大的空气之星（air star）气球灯从树下缓缓升空，宛若明月，暖暖的光铺洒整个玫瑰花海，2.5 万盏玫瑰花造型的 Led 柔光灯也逐渐被点亮，显现出一片璀璨夺目的灯光花海。”

三、未来规划

自 2020 年以来，年轻群体的户外运动热度持续上涨，户外露营市场发展迅猛，兼具体育运动、旅游、休闲和社交等多重属性的户外运动成为大家的最佳选择。以休闲露营或精致露营为代表的新户外生活方式兴起，露营空间设计师、户外研学设计师、户外婚礼策划师等新型职业开始崭露头角，“后疫情 + 年轻中产 + 社交媒体”新户外生活拥有更多想象空间，市场潜力巨大。

永旺乡野可以通过与野森领土等大型户外企业合作，开展户外露营场地租赁、户外露营设备租赁、户外露营活动设计等活动，形成广场区、庭院区、露营区等不同的户外场景，综合现代元素和乡野趣味，营造城市与乡野的互动体验。永旺村就可以以稻田原乡为特点，创造“乡野露营体验”空间，打造一个在传统与现代碰撞中完美统一的乡野青创社区，让忙碌的人们在繁华的城市中寻找到一处角落感受自然的宁静与闲适，愉悦身心，心旷神怡。在未来，会有更多像小应、小徐一样热爱乡村生活、热爱创意设计的IP规划师们投入到城市乡村的建设中，让我们的生活更加多姿多彩。

第六节　社交新零售

社交新零售：

近年来，以淘宝、京东、天猫超市等电商为代表的线上零售依靠自身巨大的公域流量资源，实现线上零售的高速增长。社交新零售通过圈层社交、私域流量、会员制度等社交模式，赋能新零售，有效地增加获客流量、扩大销售市场渠道。

小庄是宁波职业技术学院2020届的毕业生，实习就职于安夏酒联（宁波）供应链有限公司，该公司位于宁波保税区，有2500平方米专业运营进口葡萄酒的展厅，公司通过全球葡萄酒直采以及原瓶、原装、原品牌进口，开展营销、仓储、通关、咨询、投资等业务。小庄的主要工作是通过线下千城万店优势，开展线上线下融合营销、体验式精准营销、产品精准营销，开启安夏酒联的葡萄酒新零售模式。本章节通过对安夏酒联宁波供应链有限公司的实地调研，探索传统酒水行业如何凭借互联网转型社交新零售。

安夏酒联（宁波）供应链有限公司作为宁波第一批葡萄酒贸易企业，在宁波保税区积累了数十年的酒水行业经验。面对着酒水市场普遍存在的品质参差不齐、价格虚标、销售渠道落后、促销方式比较单一、品牌鱼龙混杂、鱼目混珠等问题，公司的线下零售模式和销售体系也需要做出一定调整。近年来，安夏酒联利用社交新零售模式，将线下门店经营销售与线上互联网商城相结合，不仅为消费者提供合理的酒水价格，同时提供俱乐部平台，方便消费者群体之间资源对接共享，取得成人达己、聚贤聚能的双赢成效，线上俱乐部商城针对客户目标群体一键锁定、终身有效，同时结合微商社交裂变，数据链接分享，开辟新渠道营销，实现分享裂变式营销[①]。

一、葡萄酒社交新零售

安夏酒联供应链有限公司目前与葡萄酒新世界国家澳大利亚、智利、斯洛伐克、阿根廷，旧世界法国、西班牙、意大利知名酒庄开展一般贸易进口往来合作，产品类目主要包含：干红葡萄酒、干白葡萄酒、半甜白葡萄酒、半甜红葡萄酒、起泡酒、洋酒、白酒、啤酒八大类目产品。

随着网络消费用户数量的快速增加，进口葡萄酒行业新零售逐步融入社交板块，社交新零售营销应运而生。宁波安夏酒联供应链有限公司为解决传统进口葡萄酒企业面临的线下渠道资源短缺、社交属性弱、酒水信息不对称、产品知识不透明、售后服务不完善，加速线上转型发展。但客户群体社交体验式消费不足的“零售”通病，以及进口葡萄酒行业面临的其他问题和困境依然存在，因此安夏酒联打造社交赋能新零售 B2B2C 营销模型提升零售效率。

社交新零售营销主要是通过 B2B2C 模型的三个主要模式来实现的，即圈层社交、私域流量、会员制度（沈国梁，2020）。其中圈层社交主要是企业所有的信息都是在固定的社交圈之下发生的，做精细化用户分层，全面触达消费者，基于日常经营管理数据，企业客户管理系统中的数据，线上微信商城、淘宝店铺、抖音视频号等自媒体浏览数据以及各类社交数据，基于固定的客户群体进行数据化整合、统计可视化数据进行消费者群体细化，主要以人为中心融入社交元素，实现更高效率的零售，更低成本的运营。会员制度是有效地绑定客户人群、为其提供优质体验式消费的模式，一方面服务客户，使得消费者享受商城带来的专有权益满足成就感、归属感、荣誉感，另一方面可持续获取利润收益。安夏酒联作为传统酒水行业的转型升级的先行者、打造酒水社群经济与葡萄酒新零售俱乐部模式的开拓者，在圈层社交上做到了拥有自己的社交平台，包括提供学习酒文化、体验线下高端葡萄酒品鉴沙龙的机会。同时，在安夏 A9 俱乐部的社交圈层中企业将自身客户资源进行开放性的分享，安夏酒联负责提供社交平台，间接提高消费者对于该企业的黏性。

企业的私域流量一部分是建立在企业家本身人际关系圈子上，另一部分是借助于企业公域流量的来源，例如安夏酒联的线下门店客户、视频号、抖音号、微博关注粉丝等转化为企业本身的私域流量。安夏酒联线上板块 A9 俱乐部商城拥有礼包制度与会员特价产品，平台商城直接可以购买相应等级礼包，采用会员套餐累加升级机制，平台成员一键锁粉享受分享权利，而成为平台会员即可享受返利政策，做到真正让利给

① 作者根据安夏酒联供应链有限公司提供的原始资料，进行整理汇总。

消费者。安夏酒联社交新零售营销是基于社会关系网展开的分享裂变零售模式，产品经过身边的朋友们亲自体验，然后通过社交媒体等网络平台分享出来，也就是俗称的“种草”“安利”，更多的用户通过这一分享行为获知该产品的各方面属性以及评价。这种方式有助于自建私域流量池，提高产品的知名度，刺激酒水销量的攀升。

二、社交新零售中的场景营销

社交新零售中的场景营销主要包括社交场景、社群场景、分销场景和自媒体营销场景。社交新零售将线上、线下、技术、数据、供应链，零售价值链上的所有场景进行融合，让消费者获得更好的体验，提高消费者的购物效率。安夏酒联供应链有限公司将新零售、电商与社交场景融合，致力于做平台电商、内容电商以及直播电商板块，打造葡萄酒的品牌口碑、内容价值。想要可持续发展，就必须借助社交场景，通过企业的社群、企业家个人微信号等私域方式做粉丝沉淀，把付费的流量、弱关系粉丝，变成强关系的铁粉。同时借助粉丝为裂变的引爆点，通过粉丝裂变粉丝，实现业绩的裂变倍增。安夏酒联在新零售和社交场景融合以后，通过社交立减、老带新、拼购等方式，驱动老客户分享传播，实现裂变产生巨大的经济效益。

（一）社交营销场景

安夏酒联的千城万店分布在全国的各个城市，客户可以通过购买会员礼包晋升成为合伙人、店董。安夏酒联线上板块不仅包括了最新的社交新零售模式，并且拥有完善的线上社交平台与商城模式，高性价比的酒水商品以及线上酒文化与论坛化社交圈等模式，做到真正的社群化平台模式。让每一位消费者可以通过安夏 A9 俱乐部平台学习如何买好酒、什么是好酒等更多专业酒文化知识，同时客户本身也会通过分享链接得到收益绑定一系列的客户，从而企业的客户群体进一步得到扩充，品牌的认知也得到提升。所以，消费用户的社交空间，就可以当作我们的经营空间，碎片时间就可以作为经营时间，无论是线上商城还是线下实体店只会锁定安夏酒联一家葡萄酒品牌运营商从而增强客户的黏性进行复购。

（二）社群营销场景（见图 6 –3）

安夏酒联社群主要包括以微信用户端为导向的 A9 俱乐部贵宾群和大家庭核心群，其区别在于贵宾群主要管理一些粉丝和大众消费者，用户可以邀请身边的群体加入，社群中会举办宣导葡萄酒知识、沙龙活动等各种形式的活动；核心群主要包括安夏酒联的会员、店董、合伙人等客户，在社群中提供福利和节日活动优惠，企业家通过在社群中与客户进行互动激活用户下单刺激复购。当然安夏 A9 俱乐部举办的每场沙龙活动中，都会建立各种主题的沙龙社群，用户通过链接社群进行报名参加俱乐部活动，让用户享受企业场地活动的同时，带动身边的潜在消费者加入到社群中来，进行资源的匹配和对接。

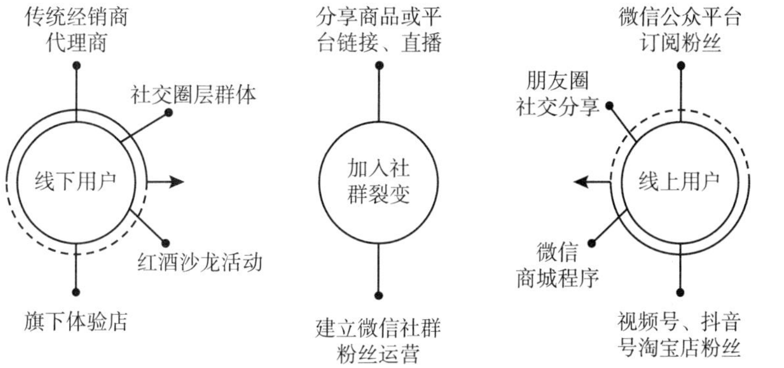

图 6－3　社群场景应用

（三）分销场景

安夏酒联自创特有的分润模式，消费者通过选购适合自己的酒水礼包成为俱乐部商城会员后，自用酒水更省钱而且分享给他人选购商城商品也能享受价值利润，逐渐利用以用户自身为营销传播导向的关系网，减少企业营销成本。安夏酒联通过社群、线下沙龙活动、朋友圈、自媒体绑定用户，分佣层级为两层，分享链接给用户进行线上商城选购酒水可直接获得差额佣金，而用户成为商城会员同样可以分享商城或者产品链接给身边的亲戚好友，带动潜在用户进行下单消费同样享受分销的利润。

（四）自媒体营销场景

葡萄酒本身存在重社交的属性，是高雅时尚饮品的代名词，葡萄酒的客户群体主要定位为追求高质量生活水平的中高端收入人群。在以内容为主的万物互联的时代背景下，安夏 A9 俱乐部在产品平台通过企业公众号，开发进口葡萄酒及相关文创产品，同时植入商品链接。企业通过自媒体宣传商品的文化和知识，例如品牌故事、历史故事、原产地故事，使得商品内容更加饱满、框架更加完善，吸引客户的消费需求。直播也将是社交场景的销售趋势，在安夏酒联举办的各场沙龙主题的活动中，通过直播社交开展葡萄酒营销。葡萄酒领域的直播带货需要关注三点：一是个人的 IP 符合，专业于葡萄酒领域的人设打造决定在粉丝心中的烙印；二是输出的内容，包括与葡萄酒相关的知识、文化、礼仪、生活等都决定你的粉丝量；三是沟通方式，企业家更多站在客户的角度思考怎么更有利于他，能为他带来什么，这都决定了成交率。

三、线上线下结合的社交新零售营销策略

安夏 A9 俱乐部平台构成分为线上与线下两个板块，线上通过平台自营的 App 与小程序，构建线上会员消费生态圈，由安夏 A9 俱乐部运营特有的分销、引流与社交文化构成。线下板块实行合伙人机制开店模式，开启千城万店的线下体验模式，让线上会员可以在这个社交平台上体验到真正的文化与服务。其中，安夏 A9 俱乐部线下体验店集静吧模式结合牛排茶饮、产品陈列、休闲体验、社交聚会、灵感办公于一体，采用高端欧式装修风格，古典简约大方，在 CBD 区域可以很好地进行商务谈判与休闲灵感办公，在商圈广场则是驻足体验品牌名酒与社交聚会的不二之选。

线上平台主要包括线上商城和社交平台两大方面，线上商城的优势在于葡萄酒供应链、全球直采、原品牌直供、过程可视化高性价比酒水商品、线上酒文化论坛社交圈；社交平台可以学习酒文化，体验线下高端葡萄酒品鉴沙龙，让每一位消费者懂得如何品酒、如何买酒。

（一）开展“互联网+大数据”精准营销

安夏酒联抓住企业内外部数据融合产生所需要的洞察力，让现有数据指导企业进行规划和完善营销体系框架，建立的微分销系统、搜索引擎、产品等多种渠道全方位获取客户的自然属性（例如，性别、年龄等）、社会属性、兴趣爱好、消费能力属性，也能够对客户消费行为进行大数据分析包括复购率、消费时间段、商品浏览量、客户层级等，进行数据集成，数据清理、存储形成针对每个客户的数据库，为用户的消费服务提供坚实的基础。

通过查阅大量的文献资料，例如，葡萄酒世界网，访谈专业品鉴师、酿造师，充分了解国家政策、掌握经济宏观背景环境，分析消费者的进口酒水的需求和行业的特征，并且通过线上线下平台收集数据，将目标人群初步定位为追求高质量生活水平的中高端收入人群。其中，包括对红酒文化认识较高的懂酒人群、商务人士、私企老板和企业白领等、国外友人，中老年健康保健人群等消费型客户群体，当然产品不局限于红酒，进口的各类啤酒、洋酒、清酒面对更为广阔的公域流量客户，追求个性化多样化的年轻人群。

微分销系统根据目标人群的信息，设立构建基础的维度，应用数据库对目标人群进行标签化的描述，安夏酒联从人口属性、行为偏好、能力属性三方面对客户群体进行细分处理，将线下活动路径，线上朋友圈、微博等社交平台整理、凝练化，形成描述用于指导精准营销策略的制定，指导精准营销活动的开展，满足消费者需求；建立多途径沟通渠道，以便形成良好的双向互动；重视线上线下结合的研发，为消费者提

供便利和服务。

安夏酒联微分销系统利用线上线下结合收集客户信息，从而进行数据分析划分市场，保护客户的忠诚度。安夏酒联不仅可以通过线上微信商城平台将选购会员礼包成为会员的信息录入系统，还可以通过线下门店里的消费信息，在社群里通过系统向会员发放福利、红包、优惠券和礼品，从而大大提高会员对企业品牌的忠诚度。

（二）打造专属的分享裂变营销策略

安夏 A9 俱乐部的用户群体可直接通过分享商城产品链接给需要的消费者，建立自己的私域流量池。在商城平台中产生消费行为之后，层层分佣，用户可获取利润价值的分配，同时可以分享给周围的人际关系网，为企业建立口碑和推广服务。

安夏 A9 俱乐部打破以往传统的经销商代理体系、产品广告推广巡展体系。把广告费、展览费省下来全部让利给真正的消费者和服务者。不以高额差价为收入来源，让精准销售，跑量销售占据市场。同时 A9 俱乐部线上商城平台拥有多个品牌独家代理权，所以可以有多项分享津贴补助体系，其中包括：分享津贴、激励分红、星级分红以及联创分红。从新零售板块中提炼出最大的津贴补助模式，利于大家的推广宣传，达到真正的口碑平台。安夏 A9 俱乐部商城平台拥有自创特有的分润模式和系统的分佣模式，建立没有中间商的直营体系成员，平台合理缴税纳税，分佣层级两级可以通过购买俱乐部任意单品或者礼包成为相应等级；平台成员享受一键锁定客户成为平台粉丝，粉丝也具有分享产品权利。

（三）基于客户心理需求的体验式营销策略

安夏酒联为给消费者营造出一种亲切、和谐、舒适的消费环境，从各家门店的装修、产品的陈设方式、产品介绍说明、酒杯样式搭配菜肴等多方面展现出浓郁的国际风格，店面外观设计简约大方，有开门见山之感，红酒展架陈列着来自新世界和旧世界的进口葡萄酒。在进口葡萄酒的销售包装上采用多款礼包设计，原木包装和皮质包装都给客户带来不一样的消费体验，质朴而又不失高贵之感，深色修长的瓶身、前后酒标中英文标明酒的原产地、酒精度。安夏酒联的产品是基于原瓶原装原品牌的采购标准，拥有五年以上品牌的葡萄酒品牌知名酒庄才能作为我们直采的供应商，国外知名酒庄自身配置酒瓶的瓶身、木塞或者螺旋塞、凹槽等各个细节对于酒体的存储都是极为重要的。

针对会员消费者群体，安夏 A9 俱乐部开展别具一格的沙龙活动，其中包括：红酒品鉴会、俱乐部、时装秀、旗袍秀、全民演讲、假面舞会、相亲会等，真正地把场地和服务做到位，不仅给消费者带来优质优良的产品体验，更能够满足客户学习和好玩等全方位发展的需求。其中，安夏 A9 俱乐部的品酒沙龙活动，让会员伙伴们进行现场品尝，邀请专业品酒师进行介绍和讲解，从味觉刺激消费者神经，给消费者享受一个优质的红酒品鉴体验活动。在红酒沙龙活动中，对消费者进行指导，摇杯闻香感受独特的葡萄酒气味，根据产品的特征不同，最佳饮用温度也有所区别，通过酒杯触摸红酒温度和醒酒摇杯碰杯体验来给品鉴者高雅的体验。

安夏 A9 俱乐部线下体验店采用静吧模式和高端欧式装修风格，俱乐部会员、店董可以在任意门店享受牛排茶饮、休闲体验、社交聚会、灵感办公等活动，场地自由免费面向会员举办各类沙龙活动，会员在线下体验店可以进行商务谈判与休闲灵感办公，当然也可以驻足体验品牌名酒与社交聚会。在安夏酒联的滴酒文化公众号，设有微信商城和葡萄酒文化的专栏，消费者可以了解原产地知名进口酒庄的发展历史，见识现代化酿造工艺流程，掌握葡萄酒的养生和饮用方式知识。通过互动报名，获得海外知名酒庄的旅游参观机会，领略西班牙、法国等地葡萄酒产地健康、自然、时尚的现代气息。

（四）打造个性化与多元化产品营销渠道

针对不同的客户群体对销售渠道的需求，安夏 A9 俱乐部选取不同的营销渠道来满足客户，做到优质优良的服务端运营。消费者可以从微信商城、淘宝店铺、京东店铺等线上电商完成订单，线上美团、饿了么自动分配订单数据给不同地区的店铺进行快速的配送服务，及时满足消费者一小时内送达的需求。客户也可以去当地的门店自提领取，减少配送的成本开支。对于偏爱于线下实体店消费的客户群体，消费者可以去线下零售店、俱乐部、体验店购买产品。

为适应年轻大众群体对节日高品质生活的需要，提升商品的包装和附属价值，通过节日的促销展开满赠、满减、积分兑换等活动形式，根据大众消费场景的不同，赠送相应的商品提升服务。对于不同的主题节日活动，安夏 A9 俱乐部推出个性化的葡萄酒礼盒甄选套餐组合，与俱乐部成员企业进行合作共享资源。例如，做冷链行业的合伙人，相互合作推出白葡萄酒搭配海鲜套餐组合美其名曰“海上交响乐”；做茶叶领域的合伙人，推出茶叶和葡萄酒系列套餐节日礼盒。带动身边资源的流动和销售，真正能够为俱乐部会员伙伴谋福利，给他们增值赋能的同时，一起合作共赢，相互提升企业的价值。

第七章

数字“新商科”产教协同实践探索

第一节　协同共建数字商贸产业学院

产业学院是一种创新型的产教融合组织形态，是实现教育链、人才链、产业链和创新链有机衔接、深度融合的有效载体，产业学院为产业集群的发展提供技术资源与高素质的人力资源，并使院校的技术资源和人才资源在向企业端流动的过程中形成规模效应，不再处于分散化、破碎化的自发状态（高鸿，赵昕，2021）。产业学院扎根到区域产业中办学，使“产”与“教”在空间上实现融合，便于学院与行业、企业的信息交流与沟通，解决运行过程中的信息不对称问题，同时有利于降低各方资源共享的空间成本。作为产业与教育的融合体，产业学院应充分借助数字经济发展的机遇，既成为产业转型发展的受益者，又成为其可持续发展的引领者、支撑者。

产业学院的组建模式主要包括“1+1”和“1+N”两种模式，即由一所学校的某个或某几个专业群（或二级学院）与特定的某一家企业或与若干家企业共同组建。“1+1”模式组建的产业学院，一般由大型企业集团和院校组建，这些企业通常是区域内产业的龙头企业或者企业集团，不仅有能力、有条件全面支持产业学院的教育资源建设，参与产业学院的办学过程与人才培养过程，还能有效促进产业学院专业链与行业产业链的紧密对接。“1+N”模式组建的产业学院，一般是基于区域产业集群式发展而建立的，若干特定产业的相关联企业共享人力资源、科技以及同一区域公共设施，降低了信息交流和物流成本，形成区域内资源集聚效应、知识创新效应、合作互补效应。

一、数字贸易产业学院

浙江金融职业学院国际贸易实务专业群（以下简称专业群）作为国家高水平专业群，与全球数字国际贸易龙头企业阿里巴巴（中国）网络技术有限公司共建“阿里巴巴数字贸易产业学院”，打造结构化教师教学创新团队，重构专业课程体系，全面对接跨境电商 B2B 和 B2C 数据运营职业技能等级标准，创新“双元育人、书证融通”复合型数字国际贸易技术技能人才培养模式，不断夯实学生技术技能基础，全面服务学生高质量就业，走出“双元育人、书证融通”的实践样板，全力打造复合型数字国际贸易技术技能人才培养高地（章安平等，2021）。

（一）对接行业，精准定位跨境电商人才培养方向

国际贸易实务专业群以服务国家外贸数字化转型、浙江省数字贸易先行示范区和跨境电商综合试验区建设为目标，对接数字国际贸易新业态、新模式，面向跨境电商 B2B 和 B2C 全业务链岗位群，充分融通跨境电商 B2B 和 B2C 数据运营职业技能等级证书岗位要求，着力培养具有“国际化视野、创新性思维、职业化标准”的复合型数字国际贸易技术技能人才。

国际贸易实务专业群立足国际贸易产业高端——数字国际贸易，紧密对接数字国际贸易产业链和跨境电商人才链，优化人才培养规格，明确群内国际贸易实务专业培养跨境电商 B2B 前端和中端业务人才——跨境电商 B2B 运营专员、销售专员和营销专员；跨境电子商务专业和国际商务专业培养跨境电商 B2C 前端和中端业务人才——跨境电商 B2C 运营专员、营销专员、采购专员和物流专员；商务英语专业培养跨境电商 B2B 和 B2C 后端业务人才——跨境电商 B2B、B2C 客服专员和商务助理，全面提升专业群人才培养的精准度（见图 7－1）。

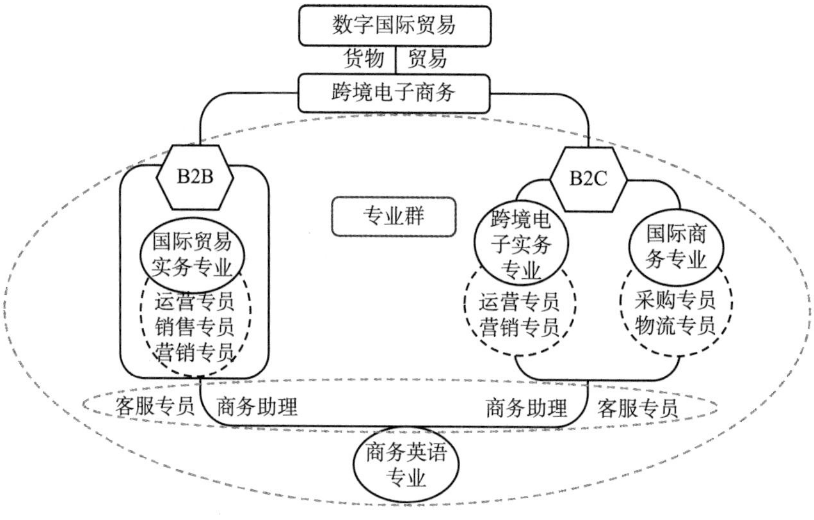

图 7－1　浙江金融职业学院国际贸易实务专业群体系构建

资料来源：中国教育报。

（二）强强联合，共建阿里巴巴数字贸易产业学院

依托浙江金融职业学院国际贸易类技术技能人才培养的扎实基础，发挥阿里巴巴国际站强大的平台资源整合优势，2019 年 12 月 18 日，专业群与全球数字国际贸易龙头企业阿里巴巴（中国）网络技术有限公司强强联合，共建“阿里巴巴数字贸易产业学院”。双方协同构建数字贸易人才培养共同体，共同组建结构化教师教学创新团队，校企双元共同开发岗位职业技能标准和教育教学标准，共同开展“1 + X”融通培养，协同推进产教深度融合。

为进一步将校企双元育人落地、落实，实现教育链、人才链与产业链、创新链有机衔接，2020 年初，基于阿里巴巴数字贸易产业学院平台运行机制优势，专业群面向 2018 级学生遴选组建了首届阿里巴巴数字贸易班，为学员创造良好的成长环境。首届阿里巴巴数字贸易班在阿里巴巴国际站总部举行开班仪式，阿里巴巴国际站领导对阿里巴巴从湖畔时代到钱塘江时代的发展历程、“新六脉神剑”价值观的形成和绩效评估体系做了现场介绍，为全体学员佩戴阿里巴巴数字贸易学院徽章，培养学生的职业责任和职业使命。首届阿里巴巴数字贸易班创新半年虚拟组班教学、半年实体订单培养、半年学徒制培养的“0.5 +0.5 +0.5”模式，依托阿里巴巴国际站真实账号，双导师育人团队开展实战教学，探索实践特色学徒制培养。阿里巴巴数字贸易班学生的技术技能水平得到杭州富杰户外用品有限公司、江东方集团泓业进出口有限公司等阿里巴巴国际站头部企业高度认可。

阿里巴巴国际站百万外贸人才计划

在全球疫情背景下，数字化成为外贸商家的必选项，跨境电商人才建设成为传统外贸数字化转型的核心因素，跨境电商商家普遍面临人才短缺的难题。商家调研发现，98%的国际站新签商家有招人需求。为此，我们把人才培育纳入数字化服务贸易体系，并推出百万外贸人才计划，联合部委建立多层次跨境人才标准，联合高校实施多层次跨境人才培养，联合企业保障多层次跨境人才就业。

1. 建立多层次跨境人才标准

（1）组织高校、商家举行跨境行业人才基准沟通会，勾画跨境人才图谱，迭代高校人才培养标准。

（2）联合人力资源和社会保障部、教育部等部委及清华大学等高校专家组、行业龙头协会，重新设计跨境电商人才培养体系和分层标准。

（3）扩展行业认证类型：从仅面向学生的1+X，扩展为覆盖新手到精英的10个认证，满足高校、市场精细化需求。

2. 实施多层次跨境人才标准

（1）升级“跨境电商高校人才培养计划”，预计未来两年内联合2000+高校建设外贸行业人才基地及产业学院，培养100万名跨境电商人才。

（2）全国范围内调研并组建专家团，设计不同学科人才培养方案，搭建包括教学大纲、教材、课件、题库、考试系统等在内的一整套跨境电商教培体系。

（3）开发全网唯一跨境电商实训模拟平台，向全国高校永久免费开放。

3. 保障多层次跨境人才就业

（1）联合教育部发布跨境电商专场招聘活动，未来3年举办超1000场次官方双选会，推动超500场次三方双选会，为100万名毕业生提供就业机会。

（2）追踪就业者持续发展，向商家免费提供进阶培训体系，为就业者沉淀职业发展通道，提升行业人才留存率。

资料来源：阿里巴巴国际站．阿里巴巴国际站百万外贸人才计划，http：//supplier. alibaba. com/.

二、跨境电商产业学院

由宁波职业技术学院、北仑区商务局以及自贸区宁波片区的多家外贸行业龙头企业合作建设的北仑跨境电商学院结合区域中小企业发展的需求，积极为宁波外贸企业、国际货运企业、国际服务贸易企业、数字贸易企业开展技术推广和社会服务，开发区域跨境电商资源，迈开“出口”和“进口”两条腿，为行业企业培训和输送了大批优秀人才，毕业生成为宁波中小企业抢购的香饽饽。

（一）北仑跨境电商学院人才培养

近年来，北仑跨境电商学院通过搭建创业创新平台、服务中小外贸企业、对接区域产业园区、开发多语种国际贸易课程，采用“训赛融通、产训结合、项目导向”的教学模式，极大地提高了学生的跨境电商从业能力。学院毕业生熟练掌握跨境电商运营、跨境电商大数据分析、跨境电商客服、跨境电商物流等主要岗位群的工作流程和操作规范，具备良好的职业意识和创新创业意识。在跨境电商等外贸领域还涌现出不少自主创业的明星，多名优秀毕业生创立的外贸企业年营业额均突破1000万美元。

出口：成立“跨境电商速卖通创业班”。在出口实践项目推进过程中，学院成立跨境电商创业班，将阿里巴巴旗下国际在线零售平台“阿里巴巴全球速卖通”引入课堂。同时，带领学生团队对接区域外贸企业，跟踪该企业的发展动态，深入了解企业的产品开发、市场需求、品牌战略、网络营销等运营情况，结合实际业务对学生进行跨境电商实操技能的培训。

进口：建立“进口跨境电商实训基地”。在进口实践项目培育过程中，学院与宁波保税区进口商品交易中心合作共建校内生产性实训基地，借助进口商品交易中心“功能+窗口”“前店+后仓”的平台运营模式，与企业联合进行“周末集市促销、跨境购营销、微营销”等活动，为学生提供技能培训，积累平台的操作和实践经验。

（二）共筑跨境电商实战基地

北仑跨境电商学院基于跨境电商业务工作过程，融 VR、AR 等深度情景体验开展跨境电商实战教学，建设跨境电商数据分析中心、跨境供应链促进中心、跨境数字创新中心、海外数字客服中心、跨境电商直播中心、外贸数字结算中心等实践场所（见图7-2）。学院协同多家企业联合建设集“实战教学、行业培训、技能鉴定、创新创业”等功能为一体的高水平跨境电商实践教学基地，以支撑跨境电商选品、市场调研、运营、营销等关键工作环节的数据采集、数据分析与数据挖掘等可视化教学需要。宁波贝发集团有限公司就是其中一家合作企业，贝发是一家集文具的研制开发、生产销售和商贸服务于一体的行业龙头企业，跨境电商、商务英语等专业与贝发集团有限公司合作开展跨境电商短视频营销实训课程的建设，通过校企合作，共建“1+X”证书跨境电商 B2B 数据运营证书的短视频营销实训课程，协助企业在云博会期间通过短视频营销取得了显著的效益，为行业企业提供具有语言优势、熟悉外贸业务、擅长新媒体营销的复合型人才。

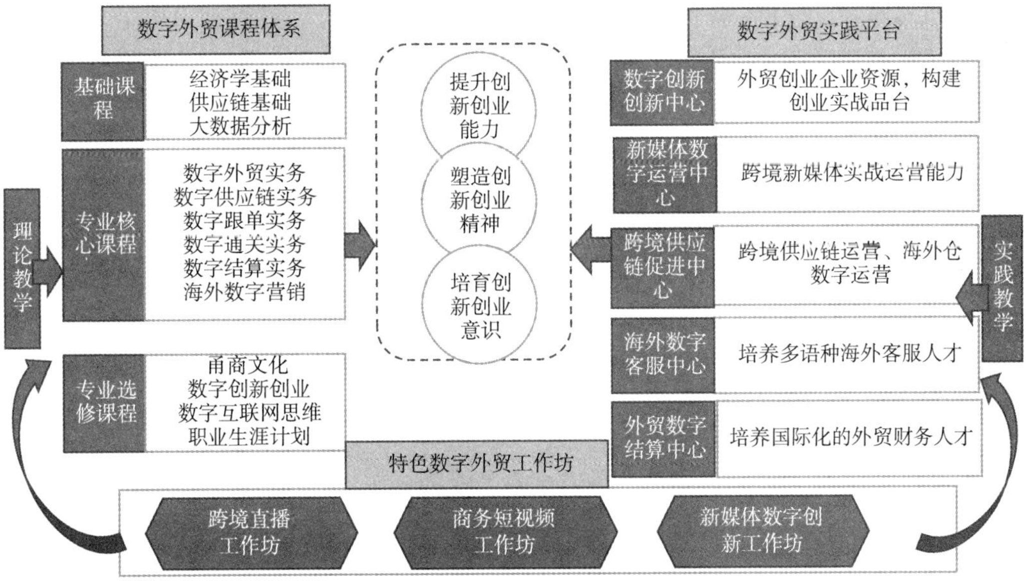

图7-2　北仑跨境电商学院课程体系构建

北仑跨境电商学院与区域数字化前沿企业合作开发教学项目，采用跨境电商虚拟仿真运营系统等现代数字化评价手段，突破现有实训室平台、教学软件功能，充分利用跨境电商仿真软件、海关单一窗口网络教学软件，在翻转课堂中嵌入虚拟仿真技术，通过慕课、课堂派等软件开展学生作业上传、老师审批作业、小组作业分享互评，实现高效精准的信息化教学管理。在教学任务执行过程中，采用跨境电商企业真实任务驱动、成果导向的项目教学法，以职业能力为本位、以工作过程为主导，实现教学过程与工作过程的有机结合，培养学生在真实环境中解决较复杂问题的能力。

（三）“1 + X”证书跨境电商 B2B 数据运营证书

企业和学校双主体共建实践教学体系，开展“1 + X”证书的培训和辅导，能有效提升职业教育现代化水平。北仑跨境电商学院深入拓展与企业的合作协同实践，通过“1 + X”证书与企业用人单位紧密合作，创新人才培养机制，深化产教融合、产学合作、协同育人、汇聚企业资源支持专业综合改革，以产业和技术发展的最新需求推动专业人才培养改革。

为满足地区产业发展、企业用人需求以及专业建设目标、学生就业能力提升等多层面需求，依托宁波贝发集团有限公司的产业优势与宁波君翰电子科技有限公司的专业教育服务经验，在浙江省商务英语优势专业建设成果的支撑下，深入推进教育教学综合改革，校企共同探索“1 + X”证书下实践教学体系的建设和优化，探索商务英语专业复合型人才的培养路径和方法。其中，宁波君瀚电子科技有限公司专业凭借先进的实践协同理念、强大的教育服务体系，与浙江省多家高校和教育机构建立了长期合作关系，致力于培养实践教学师资，创新合作教学环境建设、三维互动体验式培训平台建设，虚拟仿真教学系统开发，等等。公司侧重于“1 + X”证书跨境电商 B2B 数据运营证书实操培训课程、跨境电商数据可视化分析课程的建设，通过合作，校企共建“1 + X”证书跨境电商 B2B 数据运营综合实训平台等，将跨境电商运营模拟与现实工作接轨，进行仿真运营和业务运作。

第二节　协同共建数字商贸人才实践基地

一、建设背景

随着国家“一带一路”建设、自贸区建设以及跨境电商、海外仓的快速发展，浙江积极参与构建国内国际双循环发展格局，抢抓全球产业链重构机遇，通过“走出去、引进来”，构建有韧性的全球产业链，积极培育一批具有国际竞争力强、品牌影响力强、跨国经营指数高的外贸龙头企业。宁波是长三角南翼经济中心，拥有货物吞吐量全球排名前五的天然良港，拥有国家创新型试点城市、国家跨境电商试点城市、小微企业创业创新基地等多项国家级的荣誉，发达的外向型经济和优良的产业基础，为国际商贸专业学生的发展和就业提供有利条件。2020 年 9 月 21 日，中国（浙江）自由贸易试验区扩展区域方案发布，宁波将建设链接内外、多式联运、辐射力强、成链集群的国际航运枢纽，打造具有国际影响力的国际供应链创新中心、全球新材料科创中心、智能制造高质量发展示范区。

宁波职业技术学院国际商贸专业群（下设国际经济与贸易、商务英语、德语、西班牙语、日语、韩语等多语种方向），该专业群与宁波临港产业集聚区以及浙江自贸区（宁波片区）的众多国际商贸和国际物流企业有着长期的合作。“十四五”期间，国际商贸专业群以国家级的跨境电商综合试验区、浙江自贸试验区宁波片区、国家职业教育与产业协同创新试验区建设为契机，力争在工业化和信息化融合发展、传统产业转型升级、创业创新体系建设、“一路一带”人才培养输送等方面实现重大突破。专业群紧密对接区域中小企业，推出多平台跨境电商运营、多语种网络外贸操作、中东欧进口商品推介会等产教融合的实践教学项目，构建应用型、复合型、创新型的国际商贸人才培养体系，为专业群平台建设、学科发展、专业建设、人才培养、社会服务提供有力支撑。

二、国际商贸专业群产教协同实践探索

宁波职业技术学院地处由宁波经济技术开发区、保税区、大榭开发区、出口加工区及北仑港区组成的宁波北仑新区，毗邻全球排名前十的宁波舟山港，区内集聚了上千家大型外资企业和中小外贸企业，是全球地区重要的制造业基地、高新技术基地和临港产业基地，优越的地理优势为专业发展和学生就业提供有利的条件。宁波职业技术学院国际商贸专业群依托港口经济圈独特的区域资源，通过校企协作育人平台，协同宁波临港产业集聚区的龙头企业、中小微企业、产业园区共同建设多语种国际贸易实践基地、多语种跨境电商直播基地、多语种跨境供应链促进中心、多语种海外数字客服中心，培育具有国际视野、创新型、复合型的国际贸易（跨境电商）技术技能人才（见图 7 - 3）。

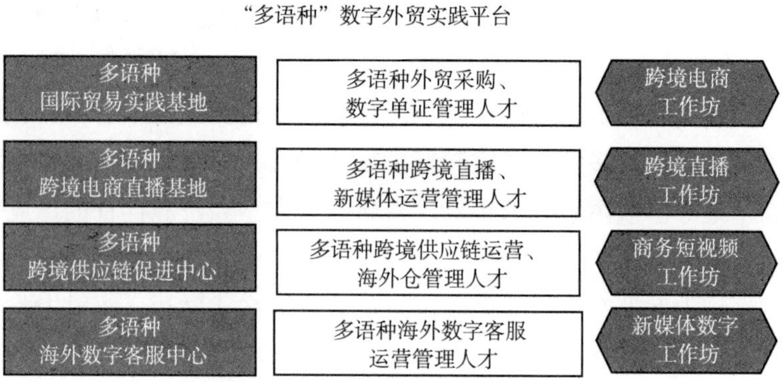

图7-3　国际商贸专业群多语种数字外贸实践平台

（一）多语种国际贸易实践基地

国际商贸专业群紧密围绕国家外贸行业转型升级战略，对接浙江省跨境产业集群，坚持"政校企行"四位一体产教融合协同育人，助力国际商贸企业人才培养和转型升级。目前，专业群与阿里巴巴、考拉海购、中东欧进口商品中心、贝发集团、宁波国际物流、思逸倍欣等20余家行业企业合作，成立"多语种外贸人才培养联盟"，参与建设北仑数字贸易学院、北仑跨境电商学院、北仑外贸跨境供应链促进中心等产教融合型平台。国际商贸专业群通过跨专业资源整合，在校内建设了多语种跨境电商实训室、英语短视频直播实训室、云数字语音室、综合网络云管理语音室、智慧物流实训基地、网络营销实训室、商品摄影工作室等8个跨境电商相关实训平台（见表7-1）。其中，"多语种跨境电商与智慧物流实训基地"在2019年被认定为教育部创新行动生产性实训基地。依托校内外的平台和资源，国际商贸专业群通过引企入校、项目实践、创业孵化、订单班、学徒制等培养方式积极培育具备扎实专业技能兼具创新创业精神和国际视野的技术技能人才。

表7-1　国际商贸专业群校内数字化实训基地

序号	实验实训室	功能	主要实施课程	主要设备配置	工位数（个）	面积（平方米）
1	多语种跨境电商实训室	跨境电商班级特色项目、多平台跨境电商实训	《跨境电商物流》《跨境电商英语》《多平台跨境电商运营实践》《跨境电商物流》	物联网智能控制系统、短焦距投影仪、服务器、网络交换机、音响等	50	122
2	阿里巴巴跨境电商服务中心	跨境电商综合服务中心、商务接待、商务翻译		联合办公场地、会议室、机房	50	400

续表

序号	实验实训室	功能	主要实施课程	主要设备配置	工位数（个）	面积（平方米）
3	国际贸易综合实训室	外贸企业职场化训练项目	《外贸跟单项目》《外贸单证项目》《报关报检项目》	电脑、桌椅、短焦距投影仪、服务器、网络交换机、音响等	50	120
4	智慧物流实训基地	国际货运代理、智慧物流实训基地	《货代操作项目》	智慧物流机器人等	30	180
5	跨境电商直播实训室	英语短视频制作、英语直播实训	《商务视频拍摄与制作》《跨境电商直播》	环形灯、声卡转换器、电脑、LED 摄影灯等	40	100
6	云数字语音室	语言语音教学、网络机房	语言类课程（英语、德语、西班牙语、韩语、日语）	东方正龙云桌面数字语音系统	45	116
7	综合网络云管理语音室	语言语音教学、网络机房		蓝鸽云桌面语音系统	48	113
8	商品摄影工作室	产品拍摄、图像处理	《图片处理与制作》《数字新媒体》	摄影棚、三脚架、相机等	6	40

★模拟实训：任务导向型的场景模拟实训，由浅入深的外贸和跨境电商操作流程。
★孵化基地：校企合作挂牌共建跨境电商创业实战孵化基地。
★创业实战：在真实的平台上进行真实的跨境贸易，进入全真的创业实战时代。
★教学实训：配套跨境电商系列精品教材，完整的课堂教学和实训教学设计。

（二）多语种跨境电商直播基地

2019 年 6 月第四届全球跨境电商峰会在杭州召开，会议呼吁：必须加快跨境电商专业人才培养，聚焦复合型人才培养。因此，突出外语专业复合型人才的培养，强化学生“岗位职业技能 + 外语技能”的培养是提升人才核心竞争力的关键要素。

国际商贸专业群与阿里巴巴北仑服务中心、中小微跨境电商校企业联合创建了省内领先的多语种跨境电商直播基地，协同商务英语、日语、西班牙语、德语等语言专业，创建集教学、经营、培训等多功能于一体的多语种实践基地。协同学生社团开展新媒体运营、商务短片拍摄、航拍 VR 制作等工作坊活动。其中，与文具龙头企业贝发联合共建“1 + N 语言 + N 品类 + N 产品 + N 企业 + N 空间 + N 直播”模式，搭建了“办公用品、绘画艺术用品、自己动手（DIY）、文创礼品、时尚生活、生命健康”等多语种云直播中心。2020 年 6 月德语专业教师林晶羽担任贝发集团第 127 届中国进出口商品交易会（广交会）德语直播间主播，并带学生助理学习参与了直播全过程，通过“云广交会”向全球采购商传递贝发集团的产品理念和性价比优势。为助力企业复工复产、开拓海外新市场贡献力量，也为应用德语专业的教学提供了素材①。

（三）多语种跨境供应链促进中心

跨境供应链促进中心是北仑区从事电子商务、对外贸易、供应链管理等领域的企事业单位和职业院校合作共建的非营利性社团组织。促进中心聚焦数字贸易、优化营商环境，协助企业建立海外网络营销平台和渠道，通过搭建一站式企业成长平台为北仑企业“走出去”提供便利化服务。目前，促进中心已与宁波美博进出口有限公司、贝发集团股份有限公司等20多家企业签订合作协议，依托文具跨境展示运营中心为北仑区文具文创重点企业提供产品展示的窗口。同时，不定期举办沙龙交流、直播展示、项目培训，实现企业与学院共同发展。

（四）多语种海外数字客服中心

国际商贸专业群协同保税区大型跨境电商企业，打造多语种海外数字客服中心，师生共同参与，以数字化的方式为全球客户提供售前、售后服务，协助企业建立与客户沟通的平台。考拉海购是阿里旗下以跨境业务为主的电商企业，产品涵盖母婴、美容彩妆、家居生活、营养保健、数码家电等海外进口商品，考拉海购获得由中国质量认证中心认证的“B2C商品类电子商务交易服务认证证书”，是国内首家获此认证的跨境电商，也是目前国内获得最高级别认证的跨境电商平台之一。

国际商贸专业群协同考拉海购的宁波保税基地，通过构建跨专业实训体系，开展“双十一”“双十二”的进口商品海外客服实训项目。由考拉海购的公司主管给学生们进行现场实操培训，通过交互性用户体验和数字化客服实操，训练学生在客户运营和维护方面的专业能力、语言能力和综合能力。这些实战式项目主要通过师徒结对的方式，分组分项目展开，包括：通过网络在线文本方式为每一位考拉客户提供专业的全程服务；对于用户的需求和建议及时受理和处理，持续提供专业的品质服务；挖掘客户潜在需求，进一步提升客户体验；遇到客户反馈的异常问题及批量事件，积极寻求有效的解决方案。

三、国际商贸专业群产教协同实践路径

（一）制订国际商贸专业群人才培养方案

国际商贸专业群依托长三角一体化区位优势和浙江自贸区、跨境电商综试区、供

① 宁波职业技术学院网站．向外商直播带货、培训外资企业员工……宁波这所学校的小语种很“香”[EB/OL].（2021－07－01）. http：//www. nbpt. edu. cn.

应链创新试点等区域政策优势，集聚国内外优质资源，校企协同制订人才培养方案。按照数字经济时代新型商贸岗位（群）能力要求制定完善人才培养标准，培养适应大数据、人工智能、云计算、区块链等现代信息技术发展需求，掌握国际贸易政策法规、国际市场营销、跨文化交际、大数据统计分析等基本理论，具备良好的交流沟通、交易磋商、数字运营、外语应用等技术技能，具有国际化视野、创新性思维、职业化标准的高水平复合型数字商贸人才。

（二）推进国际商贸专业群产教融合基地建设

国际商贸专业群积极推进产教融合，与自贸区的国际贸易、跨境电商、国际物流、全球供应链企业在实习实训、就业创业、人员培训等方面开展深度合作，协同宁波临港产业集聚区共同建设多语种国际贸易实践基地、多语种跨境电商实践基地、多语种海外数字客服中心、多语种海外直播运营中心等实践基地；协同浙江自贸区（宁波片区）的春晓湖工业社区、灵峰工业社区、横杨工业社区组建外贸产业人才培养联盟，建设一批融人才培养、产学研合作、社会服务功能于一体的共享型“国际贸易＋多语种”校外实践基地，为区域和产业发展提供人才和智力支持。

以校地党建共同体为依托，通过产教融合，积极推动校外工业社区特色实践基地建设，建成了一批融产学研和社会服务功能于一体的共享型的校外实践基地，为学生拓展更多的企业实践、校外活动机会，协同推进区域经济发展。其中，“国际贸易＋多语种”专业与宁波临港产业集聚区协同打造外贸职教产业联盟，助力宁波临港产业集聚区特色外贸产业发展。通过产教融合、校地合作，协同共建宁波临港产业集聚区产学研合作基地（北仑灵峰工业社区）、大学生特色实践基地（春晓工业社区）、临港社区学院（临港工业社区）、大学生创新创业基地（北仑跨境电商促进中心）等，并从协同创新的视角，提炼了多个临港特色产业园与高职院校协同发展的案例和模式（见图7－4）。

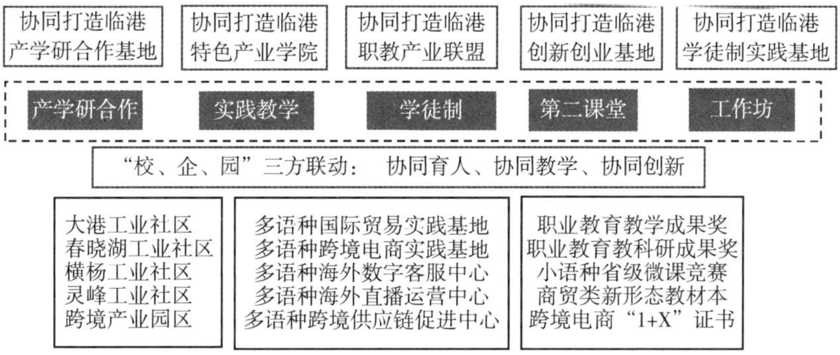

图7－4　校地共建国际商贸专业群产教融合基地

（三）推进国际商贸专业群学徒制人才培养

国际商贸专业群与宁波临港产业集聚区开展“分岗位、分方向、分语种”顶岗就业指导，通过“学徒制”模式与中小微企业深度合作，开展国际商贸专业学生在大三实习期间的“顶岗就业指导”和“职业规划指导”，为企业培养一批懂语言、懂贸易、懂技术的复合型商贸人才。协同区域外贸企业，制订“国际贸易特色学徒制”教学方案，通过整合学校教师、平台培训师、企业导师三方师资，实施“国际贸易＋多语种”三师协同育人的特色学徒制管理模式，成立“国际贸易＋多语种”特色学徒制班，结合“第二课堂”“工作坊”开展“国际贸易＋多语种”学徒制教学。

国际商贸专业群与宁波思逸倍欣进出口有限公司（见图7－5）等外贸企业合作建设“多语种”外贸学徒制基地。专业依托思逸倍欣4000多平方米的企业实践基地，建设多语种国际贸易综合实训基地、多语种数字化单证实训基地、多语种跨境直播间等大学生实践基地，通过“分岗位、分方向、分语种”开展顶岗就业指导。在学徒制模式下，企业通过个性化“双向”分组择岗的方式，由外贸师傅“一对一、一对二”开展指导，在小细节上推敲，在大方向上引导，个性化人岗匹配，培育学生从掌握外贸基本技能到独立解决实际问题的能力。2018～2021年，企业总共接收49位“国贸＋多语种”学生到企业实习，就业留用率超过70%。同时，校企协同完成《外贸企业现代学徒制顶岗实习实施方案》《外贸企业现代学徒制双师管理实施方案》等学徒制方案，企业先后被授予“宁波市大学生实习就业基地”“宁波市产教融合型企业”“宁波职业技术学院现代学徒制实践基地”。

图7－5　作者和企业教师拍摄于宁波思逸倍欣进出口有限公司

（四）加强国际商贸专业群“双师”队伍建设

专业教师团队师资结构合理、国际化水平高、教学经验丰富。现有专任教师21

人，75%的教师有海外留学或境外访学进修的经历，多语种教师数量省内最多，其中包括西班牙语教师2名、德语教师3名、韩语教师3名。教师通过企业实践、访问工程师等项目到企业开展业务进修和实践，全面了解企业需求和业务，提高教师“双师素质”，专业“双师型”教师占比达到95%；国际经济与贸易专业企业兼职教师数量21名，其中，外贸行业一线的兼职教师承担授课任务达25%以上，专兼结合教学团队合作开展学生技能训练、顶岗实习指导，优势互补、共同提高。

国际商贸专业群与区域龙头企业联合搭建起跨专业的“教学工厂”，校企协同开展跨境电商政策研究、海外仓推进、贸易数字化改革、国际物流仓储服务、跨境直播等方面的实践研究，实施跨专业商务管理类人才创业创新等综合职业素养的培训；积极推进企业实践、访问工程师等项目，专兼结合教学团队合作开展学生技能训练、顶岗实习指导，专业“双师型”教师占比达到95%；通过“双师团队”共同开展实训项目设计、实训教材开发、实训基地建设，进行全方位的实践类课程改革创新，联合企业开展外贸精英人才专题培训教育，满足了学生的多样、个性发展需求。

（五）加强国际商贸专业群区域社会服务能力

国际商贸专业群积极致力于宁波临港产业集聚区中小外贸企业技术服务，承担企事业单位委托的商贸领域技术培训、技术咨询等项目。专业群以校地党建共同体为依托，积极推动宁波临港产业集聚区工业社区特色实践基地建设，专业群教师主动对接区域工业社区，通过“送教上门”“个性化定制培训菜单”等活动，帮助企业开展跨境贸易政策讲解、跨境直播技巧培训、海外仓运营管理、多语种产品翻译、英语口语等企业员工系列培训，助力社区与企业深度融合的生态圈建设。通过搭建一站式企业成长平台，培育一批“有灵气有活力”的临港产业集群，更好地吸引青年人才落户，优化区域产业生态系统。

第一，扩展社会服务领域和发展空间，与宁波市跨境电商产业园及企业形成合作与共建常态机制，寻求跨境电商、中小外贸企业等优势教育资源与宁波市现代服务业、商贸零售业的有机结合，采取“专业＋行业（协会/商会）＋企业”形式开展社会服务。同时，不定期举办沙龙交流、直播展示、项目培训，实现企业与学院共同发展。第二，积极开展对外社会服务工作，承担企事业单位委托的商贸领域的技术服务、技术培训、技术咨询等项目，积极组织申报各类科研与技术服务项目。第三，组建特色小镇外贸产业人才培养联盟。以浙江省特色小镇建设为契机，协同各类社会主体开展特色小镇外贸创新型人才、中高级管理人才、技能型人才的培养，建设特色小镇跨境电商创新创业基地，为区域和产业发展提供人才和智力支持。

第三节　协同打造数字商贸产教协同中心

高校与企业的产教协同能够有效推动多种社会资源的重组，实现企业研发、生产实践、教育教学的有机联合，是培养高素质创新技术技能人才、推动区域产业发展的有效途径（邱璐轶，2020）。高校和企业联合成立产教协同中心、协同创新中心、协同促进中心，能够有效提高科研院所、高等院校的科技成果转化率，完善促进产业发展的相关制度措施，推动产教融合可持续发展。数字经济时代的供应链运营已经不是简单的传统采购、生产、物流岗位，而是数字化的供应链运营。我们以供应链为例，将供应链数字化管理的智能技术和先进理念融入课程体系，用全供应链数字化管理的跨界人才打造教学团队，实现跨界融合教育（郑晓青，2021）。

宁波职业技术学院供应链管理专业坚持开放包容、合作共赢的办学理念，与宁波市商务局、宁波（中国）供应链创新学院合作建设宁波数字供应链研究院；与北仑区政府合作建设北仑外贸转型升级基地、北仑跨境供应链促进中心；与行业龙头企业深圳市怡亚通供应链股份有限公司建立战略合作伙伴关系，与顺丰集团、韵达供应链、百世物流等多家供应链企业长期合作；与宁波现代物流研究院、万联网等研究机构开展项目研发合作。通过产教融合、工学结合，创新“德技并修、学训化创”的人才培养模式，培养“管理＋技术＋创新”复合型创新型物流技术技能人才，形成“产业高端、港链贯通、大国工匠、开放共赢”的办学特色①。

一、产教融合

（一）与行业龙头企业共建

基于对应高端产业——供应链管理服务业、产业高端——数字化供应链业态的专业定位，自 2017 年开始设立物流管理专业（供应链管理方向）时，即与行业龙头企业——世界 500 强深投控所属企业深圳怡亚通供应链股份有限公司开展深度校企专业共建。怡亚通作为全国首家专业供应链上市企业，已形成完整的商流、物流、信息流、资金流四流合一的供应链生态模式，并自主开发平台整合型供应链全境数字化运营系统，符合专业数字化运营人才的定位，更与企业数字化运营人才需求高度匹配。在校企合作中，双方共同制订、修订、优化人才培养方案，开发了 5 门专业基础与核心课

① 作者参考宁波职业技术学院第二批国家职业教育供应链运营教师教学创新团队资料，并通过实地调研，进行整理归纳。

程和供应链虚拟仿真系统、并同步编写系列教材、共同实施人才培养、教师下企业实践、联合开展社会培训、共同规划设计校内开放性共享性智慧供应链生产性实训基地等。此外，专业与龙星物流、德邦物流、顺丰速运、韵达供应链、百世物流等十余家临港供应链服务企业开展了订单班培养、课程共建、实训实习、协同创新等多种校企合作（见表7－2）。

表7－2 供应链管理专业校企合作目录

序号	企业名称	目标岗位
1	宁波龙星物流有限公司	仓储运输
2	百世物流（宁波保税区）有限公司	电商物流
3	浙江德邦物流有限公司	干线快运
4	宁波顺丰速运有限公司	快递运营
5	宁波国际物流有限公司	货运代理
6	宁波华贝供应链管理有限公司	国际采购
7	浙江国贸数字科技有限公司	大数据分析
8	深圳怡亚通供应链有限公司	供应链运营
9	宁波盛威国际股份有限公司	电商物流
10	贝发集团股份有限公司	国际采购
11	宁波思逸倍欣进出口有限公司	国际采购
12	宁波橙启网络科技有限公司	电商物流

资料来源：作者及团队根据供应链管理专业合作企业资料整理。

（二）全方位拓展工学结合模式

供应链管理专业始终坚持产教融合、校企协同育人理念。其中，专业与宁波龙星物流公司深度合作，前后共有2000名学生到公司轮岗实训，企业经理、部门负责人6人兼职任教，开展实训实习指导、始业教育、课程开发等，9名教师到企业挂职锻炼；专业与顺丰物流、百世物流、德邦物流、韵达集团等开展订单班培养、学徒制跟岗实习、双十一企业实践等活动；专业与宁波和丰物流开展中高职一体化现代学徒制培养；专业与北仑数字科技园通过“院园融合”模式，开展各类工作室、工作坊等第二课堂活动，定期组织学生开展创业项目模拟路演，助力学生实现创新创业梦想。

2019年建设成立的供应链专业群下设供应链管理专业、跨境电子商务专业、市场营销专业、物流专业等商科专业。其中，跨境电商专业依托供应链专业群优势，协同区域产业集群建立了文具跨境聚集区展示运营中心作为校内生产性实训基地，成为学生劳动教育的重要阵地。该中心充分立足文具优势产业集群和供应链管理专业群，积极探索打造跨境电商产教综合体，涵盖文具展示、跨境运营、电商直播、创新创业四大功能，目前，已有创源文化、贝发集团、康大美术、盛威国际、港口博物馆等20多家文具文创类企业产品入驻。其中，跨境电商专业的两个班级，由班主任带领建立了直播电商志愿服务队、文具跨境新零售超市志愿服务队，分别作为班集体特色项目和劳动教育载体，已经成功为昕科工贸、爱屋格林、港口博物馆3家企业提供了直播电商服务，深受企业欢迎。

（三）提升科技创新与社会服务水平

依托供应链管理专业群优势，结合地方跨境电商产业快速发展和跨境物流电商一体化发展的定位，专业申报并获批浙江省商务局第五批跨境电商培训基地，联合企业开发跨境电商、跨境物流、跨境供应链培训模块，开展电商物流高技能人才培训和专业技术人员继续教育。专业与百世物流等成立协同创新中心，开展跨境仓流程改善、信息化改造等联合攻关研究。教师软著与专利3项，其中，自主研发的计算机软件著作权“基于大数据分析技术的用户画像分析系统”被多个小微企业和学生创业者使用，起到了良好效果。

同时，供应链管理专业群还协同宁波市商务局、宁波市跨境电商协会、北仑商务局建立了北仑外贸跨境供应链促进中心，该中心主要是宁波范围内从事电子商务（含跨境电商）、对外贸易、供应链管理等相关领域的企事业单位、院校和个人自愿结合组成的地方性、联合性、行业性非营利性社团组织。由宁波豪雅集团、宁波优胜国际贸易有限公司、爱屋格林（宁波）贸易有限公司、美博跨境电商园、北创跨境电商园、宁职院数字科技园、中国邮政集团公司宁波市北仑区分公司、北京燕文物流有限公司宁波分公司、宁波恺英网络科技有限公司、宁波橙启网络科技有限公司等12家区域代表性企业共同成立。主要是依托高校做好北仑区外贸转型发展公共服务工作，比如进出口企业的跨境电商转型升级、人才招聘、技术服务等。

二、实训实习

（一）探索双元育人模式，建设精准就业实践基地

专业与宁波龙星物流有限公司等10余家企业建立了良好的校企合作关系，通过课程开发、企业授课、集中实训、顶岗实习、订单班培养、教师下企业实践、科研服务、企业培训等合作方式，构建了校企联动、工学互促、双元育人的校企合作体系。截至2021年，专业近3年校内外实习完成率达到100％，企业满意度98.25%。其中，与北仑职业高中开展“3+2”联合培养项目，协同宁波物流园区30余家企业合作配置学生

实训实习工位，实训项目统一在港口供应链大背景下，实现不同课程在岗位、流程、情境上的有机衔接，真正做到校企共建“知能融合”培养基地、“对流互通”培养平台、“双师教师”培养基地、“产业人才”实践基地、“精准就业”合作基地。

（二）协同数字供应链企业，建设虚拟仿真实训基地

数字化供应链可通过与合作伙伴多渠道的沟通，实现高效协同、快速响应，以提升企业效率与业绩，数字化供应链已成为众多企业转型升级的当务之急。其中，专业与企业合作共建的“智慧物流与跨境电商综合实训基地”被教育部2015～2018年创新行动计划认定为国家级生产性实训基地。智慧物流实训基地总面积约800平方米，以数字化、智能化为核心，建有智慧物流实训室和供应链虚拟仿真实训室，配有移动机器人（AGV）搬运机器人、电子播种墙、电子拣选台车等设备以及供应链虚拟生态运营系统、港口集装箱实训系统、金蝶ERP生产物流实训系统等实训软件。

宁波新嘉国际供应链有限公司是世界500强企业中国远洋海运集团有限公司下属子公司，由宁波保税区和中远海运物流共同打造。依托集团网络和宁波保税区政府平台优势，业务内容涵盖了全程物流服务、供应链服务、销售平台、出口集拼、仓储运营、下游配送等全程供应链服务，服务网络遍及全球。公司在宁波保税区现有各类仓库共约80000平方米，并设有中东欧贸易物流园基地。专业通过与新嘉供应链的合作，培养具有全供应链数字化管理思维的复合型、创新型人才（见表7－3）。

表7－3　宁波新嘉国际供应链有限公司业务岗位介绍

业务种类	业务介绍	实习岗位	岗位职责
全程物流业务	提供进出口海空运、清关、仓储配送等全程物流服务	客服	进出口海空运订舱操作、关务、客户对接等
供应链业务	提供进出口贸易代理、代理采购、保险、金融解决方案等供应链服务	单证	外贸合同签署；贸易单证审核、制作、跟单；收付汇、结汇等
销售平台	提供集团内部商品销售服务	电商运营	销售平台日常维护运营、商品在线宣传推广等

三、教学资源

（一）协同构建供应链课程体系

专业以提升学生的职业能力为中心，面向供应链运营企业以及临港服务业，培养胜任岗位操作、实务运营、规划设计、数据分析等工作，懂得应用互联网、大数据、

云计算及人工智能技术，适应数字经济、智能经济发展需要，培养既懂供应链又懂数字运营的高素质复合型人才。专业通过构建“基础课程一体化、核心课程项目化、方向课程模块化”，建设“供应链+数字技术”基础课程，包括供应链基础、财务基础、市场营销、大数据分析基础等；建设“项目化教学+案例分析”为载体的核心课程，包括物流基础、供应链仓配运营与技术、采购与供应管理、供应链生产运作管理、供应链大数据分析等，课程对接职业标准及X证书要求，按国际物流、港口物流、供应链管理不同职业方向分流培养。

（二）主持物流管理国家资源库

根据物流产业数字化、智能化、全链化高端业态的发展态势，物流资源库10门标准化核心课程持续完善更新，同时，不断新建基于行业细分、地方特色、技术拓展等方面的个性化课程。所有核心课程均配有微课、PPT、视频、动画、图片、试题库等各类多媒体数字化教学资源，均可实施基于资源库的线上线下混合教学，配套教材同步改版更新，出版教材8部，其中“十三五”规划教材2本（见表7-4）。同时，与区域数字化前沿企业合作开发教学项目，开展供应链管理、“海外仓”国际物流、多平台跨境电商运营、商务大数据分析等课程信息化教学的创新研究，尝试采用亚马逊、WISH、全球速卖通平台等多平台跨境电商和跨境物流项目的教学，实施供应链人才创业创新等综合职业素养的培训。

表7-4　　物流资源库配套出版教材一览表

序号	教材名称	出版社	主编	类型
1	《配送作业管理》	高教出版社	沈文天	国家“十三五”规划教材
2	《物流基础》	高教出版社	邱渡军	国家“十三五”规划教材
3	《供应链管理基础》	高教出版社	马翔	国家“十四五”规划教材
4	《组织行为学》	广东出版社	赵莺燕	—
5	《仓储管理》	高教出版社	刘智慧	—
7	《物流管理学》	哈尔滨工业大学出版社	马翔	—

（三）共建精品在线开放课程

物流专业基于网络平台，把握物流管理发展的热点、焦点、痛点、难点问题。关注网络资源的整合与链接，引入物流论坛、物流公众号、物流微博等资源，课堂信息量大，课程资源丰富。2019年与深圳怡亚通联合开发建设供应链运营系列5门在线课程：《供应链基础》《供应链仓配规划与运营》《供应链金融》《供应链管理实务》《采购与供应》，充分开发和应用多媒体网络教学资源，加强课堂外资源的延伸与拓展，课程案例、数据、流程等均来自企业真实项目。2020 年末启动职教本科物流管理专业教学资源库建设，创新“校企行共建模式”，丰富资源库课程体系。承担了“一带一路”贸易文化传承与创新资源库《甬商文化》建设，开展《仓储作业管理》国家级在线精品课、《物流成本管理》《仓储管理实务》等浙江省在线精品课程建设。

（四）开发数字化教学资源

按照不同教学领域和行业领域，组建由骨干教师、行业企业专家组成的“模块化课程组”，教学组根据职业技能等级标准和岗位工作过程课程标准，持续更新完善物流资源库，形成专业数字化资源库，支持各院校在智慧职教平台建设个性化课程。启动职教本科物流管理专业教学资源库建设，创新校企行共建模式，丰富资源库课程体系，联合 10 所双高校，2 所职业技术大学，5 所本科学校，引入怡亚通、京东、顺丰等企业大学课程，引入物流管理、供应链运营、商务数据分析等 X 证书资源，与高等教育出版社合作出版配教材，搭建适合学生、职工和社会学习者共用的“标准化课程 + 个性化课程 + 企业培训课程 + X 证书认证课程”的学历、培训、认证一体化课程体系、一站式学习平台。

广泛推广应用线上线下混合教学，促进自主、泛在、个性化学习。围绕物流资源库建设 2 ~3 个示范性虚拟仿真实训中心所有教室都建设（改造）成智慧课堂。适应“互联网 +”信息化环境及学生学习特点，加强“智慧职教”云课堂、浙江省在线开放课程、“爱课程”、超星泛雅等资源平台的建设应用。

四、社会服务

供应链管理专业是中国物流与采购联合会物流师技能鉴定站点。专业服务浙江“八八战略”，紧跟八大万亿产业，重点面向紧缺领域供应链集成服务领域需求，专业开展非学历培训等社会服务。专业承接北仑区、宁波保税区、宁波人社局物流、电商等技能培训项目，2020 年共培训 1876 人；与北仑区商务局共同发起成立宁波市北仑区外贸跨境供应链促进中心，开展跨境电商出口新模式、产品制造企业“跨境电商”知识普及等系列专题培训、技能培训 310 人；为大港社区培训 35 人，自主开发跨境电商供应链运营培训项目，精准服务地方小微经济企业融入互联网 + 创业大潮。专业承担商务部发展中国家援外培训项目港口物流培训任务，设计培训课程、聘请师资和组织教学，累计培训各国政府官员、企业人员 2000 余人。专业教师协助本地龙头物流企业龙星物流完成信息化改造，编制岗位业务流程、操作手册和开展员工培训，结合自己的专业领域、专业特长，为行业企业开展相关管理咨询和业务咨询。近五年团队成员共开展横向课题41项（见表7-5），到账经费达644余万元。百世物流赠送写有“物流人才沃土，校企合作典范”的锦旗，对学生综合素质与能力给予高度评价。

表7-5　　专业团队教师主持企业横向课题

序号	项目名称	项目来源
1	贝发集团员工培训服务	宁波贝发集团
2	“考拉海购”网店客服能力进阶培训及实施	宁波无尾熊科技有限公司
3	双十一跨境定式与物流协同发展研究	宁兴优贝国际贸易有限公司
4	跨境仓储物流服务的路径选址	宁兴优贝国际贸易有限公司
5	互联网+跨境电商背景下百世物流运作模式探讨	百世物流科技（宁波保税区）有限公司
6	企业跨境电商及跨境电商物流应用问题研究	百世物流科技（宁波保税区）有限公司
7	跨境电商项目储配运作与优化	百世物流科技（宁波保税区）有限公司
9	百世物流科技公司电商配送作业优化与成本管理	百世物流科技（保税区）有限公司
11	基于提升企业生命力的物流企业内部文化构建研究	宁波海辰物流有限公司
12	大数据驱动背景下的电商及物流模式高级研修班	浙江省人力资源与社会保障厅
13	宁波经济技术开发区现代国际物流园区集卡司机之家建设可行性方案调研	霞浦物流园区公共服务中心
14	跨境电商仓储配送实施设计	宁波伯洪企业服务有限公司
15	快递物流行业与北仑电商协同发展调研	北仑区商务局
17	PVC运输规划解决方案	宁波淇均物流有限公司
18	智慧供应链流程设计与培训	宁波华贝供应链管理有限公司
19	企业跨境电商业务拓展的可行性及运营模式研究	宁波市海曙立兴微特电机厂
20	跨境电商物流储配运作优化与成本控制	宁波伯洪企业服务有限公司
20	农产品流通安全监控及青年物流电商创业服务科技特派团队	宁波市科技局
21	跨境优质物流资源开发与人才培养	宁波国华国际货运代理有限公司
22	跨境电商平台应用与产品开发	宁波恺英网络科技有限公司

资料来源：作者及团队根据供应链管理专业群服务企业资料整理。

第四节　协同打造数字商贸特色小镇基地

近年来，浙江通过打造数字经济新高地，培育了杭州云栖小镇、滨江物联网小镇、义乌陆港电商小镇等一批颇具影响力的数字经济特色小镇。这些特色小镇充分发挥数字引领、创新驱动和创业孵化作用，成为浙江经济弯道超车的重要引擎。当前，浙江正处于数字化转型发展的关键时期，特色小镇作为高质量发展的数字化产业平台，在数字技术研发、数字人才供给、数字资源配置等方面还存在短板，急需科技型、创新型、技术型的青年人才加入。本书从产教融合的角度，研究数字经济驱动下特色小镇与职业教育协同发展的新模式、新路径，以期为区域产教融合提供新思路。仅供领导参阅。

一、浙江特色小镇产教融合发展现状

“十三五”期间，浙江通过打造“五个一批”① 产教融合体系，建设了一批以产业集聚区、经济技术开发区、高新区、特色小镇等平台为重点的产教融合示范基地（见表7－6）。2019年至今，作为浙江“金名片”的特色小镇在“五个一批”产教融合体系建设中表现抢眼，众多小镇通过“校地融合”“校企协同”“产学研合作”“学徒制培养”等方式，实现人才供给侧和产业需求侧的有效融合。截至2021年12月，依托浙江特色小镇建设的省级“五个一批”产教融合示范基地数量达到28个，其中数字经济类特色小镇产教融合基地数量占50%以上。在新一轮科技革命下，数字技术迭代对小镇的发展提出了更高的要求，特色小镇更加强调产业发展与人才供给的相互适应、彼此赋能。

表7－6　　浙江省特色小镇产教融合基地建设

类型	特色小镇	产教融合基地	主要合作院校
数字商贸小镇	义乌陆港电商小镇	“一带一路”电商产业学院	浙江商业职业技术学院
	下城跨贸小镇	浙江省跨境电商综合服务产教融合基地	浙江经贸职业技术学院
	前洋E商小镇	直播电商人才孵化基地	浙江工商职业技术学院
数字智造小镇	路桥吉利汽车小镇	汽车全产业链智能制造产教融合基地	台州职业技术学院
	瓯海时尚智造小镇	时尚产品设计智造产教融合实践基地	温州职业技术学院
	北仑灵峰汽模小镇	宁波灵峰汽模产教融合示范基地	宁波职业技术学院
数字科技小镇	滨江物联网小镇	浙江省“数字安防”产教融合实践基地	浙江警官职业学院
	云栖小镇	阿里云大数据产业学院	深圳职业技术学院
	德清地理信息小镇	德清地理信息小镇学院	浙江水利水电学院

① 五个一批：《浙江省产教融合“五个一批”工作方案》中的定义为“一批产教融合联盟、一批产教融合示范基地、一批产教融合试点企业、一批产教融合工程项目和一批产学合作协同育人项目”。

续表

类型	特色小镇	产教融合基地	主要合作院校
数字时尚小镇	余杭艺尚小镇	杭州市艺尚小镇产教融合示范基地	乔司职高
	濮院毛衫时尚小镇	桐乡市濮院针织产业产教融合示范基地	嘉兴职业技术学院
	梦栖小镇	“数字文旅出海”产业学院	浙江旅游职业技术学院
数字文旅小镇	乌镇互联网小镇	现代旅游产业人才培养及技术服务产教融合基地	浙江旅游职业学院
	龙泉青瓷小镇	龙泉青瓷“非遗”技艺传承创新产教融合实践基地	丽水学院
	横店影视小镇	浙江横店影视职业学院影视制作产教融合实训基地	浙江横店影视职业学院

资料来源：作者根据2019~2021年浙江省“五个一批”产教融合立项文件整理。

第一，特色小镇急需数字技术技能人才。随着农村电商、直播带货、数字文旅、创意民宿等非农产业进入乡村、小镇成为常态，传统的小镇劳动力已经无法适应新产品、新模式、新业态的发展，特色小镇迫切需要数字化、智能化领域的人才参与项目研发、设计、实施和运营。因此，如何将小镇传统劳动力转化成拥有数字技能的复合型劳动力，是提升小镇劳动力技术技能水平、助力区域协调发展、实现共同富裕的关键。

第二，职业院校实践基地急需数字化升级。当前，职业院校实践基地主要集中在传统的工厂车间，缺少立体化、数字化、多元化的产教融合实践基地。以数字经济为引领的特色小镇，依托区域产业优势建设了一批集数字化设计、智能化生产、智慧化管理于一体的产业基地，这些新型产业基地急需联合高校组建“高、精、尖”人才培养联盟。因此，职业院校协同特色小镇在智能制造、时尚创意、数字技术等领域，优先布局一批融产学研和人才培养功能于一体的产教融合实践基地意义重大。

第三，数字经济赋能产教融合可持续发展。随着新一代数字技术在小镇的广泛应用，未来工厂、数字车间、智慧仓库、数字农场等新型数字化产业空间在小镇快速布局，小镇对数字人才供给、数字技术研发、数字资源配置的要求越来越高，也对职业教育适应性提出了新的要求。职业院校能否通过数字化人才培养、数字化专业设置、数字化课程改革、数字化“双师”队伍建设适应数字经济发展的新格局，是实现小镇产教融合可持续发展的关键。

二、数字时代特色小镇与职业教育协同创新模式

特色小镇建设是一个多方协同创新的过程，特色小镇需要通过集聚高端人才孕育特色产业，需要通过融合多方主体优化产业生态圈，需要通过整合人文要素带动区域发展活力。在数字经济驱动下，职业院校围绕小镇数字化的发展需求，优化学科专业

结构，布局和培育了一批与数字经济紧密结合的特色专业和学科。同时，依托小镇新型的数字资源和优质的环境资源，建设了一批融产学研和社会服务功能于一体的数字化、共享型校外实践基地，通过产教融合，实现“小空间大集聚”“小平台大产业”“小载体大创新”。

第一，协同共建小镇数字产业学院。产业学院是一种多元主体的教育平台，是深化产教融合的重要载体。职业院校与特色小镇协同共建人力资源、科技创新、产业服务多元融合的产业学院，实施现代学徒制、订单班等人才培养模式，能够有效推动人才培养领域的供给侧结构性改革。例如，浙江旅游职业技术学院与杭州良渚新城的梦栖小镇合作，成立“数字文旅出海”产业学院，协同开发中国良渚文化数字慕课、智慧旅游、沉浸体验等数字文旅产品，打造文旅 IP 创新人才社区，培育数字文旅出海专业人才。

第二，协同共建小镇数字产学研基地。职业院校依托小镇产业优势，协同小镇企业在工业设计、智能制造、物流电商等领域开展技术研发和创新，打造结构合理、功能互补的研发团队，协同共建小镇数字化产学研基地。例如，北仑灵峰汽模小镇与宁波职业技术学院模具专业开展“互联网 + 制造”产学研合作，协同建设小镇汽模、汽配产业的“数字车间”“未来工厂”，联合地方政府、小镇企业和第三方机构共同组建人才服务联盟，加快推进传统工业与互联网技术的融合，引领制造业数字化、智能化、生态化转型发展。

第三，协同打造小镇数字青创空间。职业院校与小镇共建众创空间、孵化空间、直播基地等青年人才空间，为小镇孵化链上的青年创业者提供服务与帮助，助力青年人才实现产业供需对接。例如，义乌陆港电商小镇携手浙江商业职业技术学院、义乌工商职业技术学院，共建“网红直播电商创业孵化基地”，聚焦电商人才培养，通过“职等你来、乐业小镇”等产教融合活动，吸引青年人才集聚小镇，成为义乌电商产业集聚发展的新高地，先后获得国家电子商务示范基地、浙江省产教融合示范基地的称号。

第四，协同打造小镇数字未来社区。职业教育充分发挥专业优势和青年人才优势，走进小镇社区，通过资源共享和优势互补，协同提升小镇未来社区居住和发展水平，推进职业教育与社区教育协同发展。例如，浙江机电职业技术学院师生组建“数字赋能社区之治，助力共同富裕之梦”社会实践团队，深入杭州滨江物联小镇周边社区，开展社区数字驾驶舱、社区养老智能设备的使用指导和维护，为“数智滨江”社区智能化改造贡献力量，助力小镇打造具有归属感、舒适感和未来感的新型数字化社区。

第五，协同助力数字乡村振兴。职业院校以数字乡村建设为契机，通过数字技术与农业农村发展深度融合，协同打造小镇产学研合作基地和实践基地，实现乡村生产智能化、服务便捷化、治理科学化。例如，金华职业技术学院成立乡村振兴科技服务团，开展“农村互联网平台”建设、“无人机”消杀、“青创农场”开发、“数字化种植基地”研发等乡村振兴行动，学院师生的研究成果和竞赛成果在小镇乡村实际投产使用，真正实现“乡村出题+高校答卷+成果落地”。

三、以数字化改革推动特色小镇与职业教育协同创新

作为浙江重要窗口的“金名片”，特色小镇已经成为集聚创新资源、激活创新要素、转化创新成果的新平台。为了更好地推动特色小镇高质量发展，职业教育要融合数字、科技、互联网等新元素，与特色小镇在人才培养、产学研合作等领域实现更深度的融合，实现小镇产业发展从资源驱动向创新驱动转变。

第一，协同创新，助力小镇数字化发展。特色小镇是集产业链、信息链、创新链、人才链和服务链于一体的创新生态系统，鼓励和支持以数字产业为特色的小镇建设，有助于培育数字经济产业集群，推动特色小镇高质量发展。首先，依托高校学科资源，建设小镇数字产学研协同创新平台，构建技术研发和成果产业化于一体的科技服务体系，共推小镇技术成果转化，共筑小镇科技创新平台。其次，围绕小镇产业转型需求，建设一批数字化智能制造创新中心、数字化企业技术研发中心，培育世界一流的数字龙头企业，加快推动小镇数字产业化和产业数字化发展。最后，建设小镇数字化产教协同示范基地、虚拟仿真实训基地，参与小镇企业数字技术服务、技术改造、技术协作，加快小镇数字经济特色产业培育。

第二，开放共享，优化小镇数字创新空间。特色小镇是产业迭代升级的摇篮，结合小镇新技术、新工艺、新业态的发展要求，培育一批数字经济领军企业，打造一批数字经济产业集群，形成主体多元、开放共享的数字创新体系。(1) 建设一批集教育教学、职业培训、技能鉴定、技术革新等功能于一体的小镇数字化实训基地，依托基地培养更高层次的实用技能型、复合应用型、拔尖创新型人才，实现人才培养与小镇产业彼此适应与赋能。(2) 支持小镇数字产业综合服务中心建设，通过师资、技术、课程、空间的共享，建设一批融产学研和社会服务功能于一体的共享型的校外实践基地，实现小空间大集聚、小载体大创新。(3) 推动小镇未来社区创新空间建设，利用5G、大数据、人工智能、物联网、虚拟现实等数字技术，赋能未来社区青年人才发展场景构建，建立线上与线下联通、现实与数字孪生的社区数字创新空间。

第三，合作共赢，培养小镇数字青年人才。特色小镇是数字青年人才成长的摇篮，打造开放共享的小镇众创空间，为创业者提供低成本、便利化、开放式的创业服务，实现人力资源、信息资源、空间资源、项目资源的效益最大化。(1) 通过建设特色小镇“互联网+”双创平台和产业创新服务综合体，开展大学生创业创新实践活动，组

织创新创业大赛及学科技能竞赛，多渠道吸引高校毕业生和青年人才到小镇就业创业。（2）通过搭建小镇共享用工服务平台，灵活数字青年人才就业供需对接，完善小镇数字化人才和项目落地政策，打造小镇数字青年人才就业新空间。（3）通过数字技术打造具有科技感、舒适感的小镇未来社区，优化小镇社区配套设施和配套服务，建设小镇社区青年人才个性化的学习空间和发展空间，营造小镇安居乐业的生态环境。

四、结论

产教融合是教育和产业深度合作、相互融通的有效途径，是浙江创建共同富裕示范区重要的智力支持和创新源泉。2019～2021年，浙江众多职业院校通过“五个一批”产教融合体系建设，加强与区域行业企业的紧密对接，不断推动高校专业改革和人才培养创新。

“十四五”期间，职业院校要抓住数字经济发展的契机，通过与特色小镇的深度融合，建设一批融产学研和社会服务功能于一体的数字化小镇实践基地，培育一批以数字经济为引领的小镇产教融合工程，挖掘了一批以数字经济为主导的小镇产教融合型企业，开发一批以数字经济特色小镇为依托的产学合作协同育人项目，让数字经济赋能特色小镇产教融合生态圈高质量、可持续发展。

第五节 协同搭建数字商贸国际合作平台

在“一带一路”倡议持续推进的新时期，我国加快布局与“一带一路”沿线国家在教育文化领域的交流与合作，推进与沿线国家教育资源共享，通过“引进来”和“走出去”两种方式，将教学资源、教学标准、专业人才、专业设备进行“引进”和“输出”，形成辐射“一带一路”的生态合作网络。2020年的《数字经济白皮书》中提到，要有效拓展数字经济国际合作，推动“数字丝绸之路”深入发展，高质量推动中国—东盟智慧城市合作、中国—中东欧数字经济合作，拓展与东盟、欧盟的数字经济合作伙伴关系，加大金融、物流、电子商务等领域的合作模式创新。

中东欧国家地处“一带一路”沿线，主要包括捷克、波兰、匈牙利 、克罗地亚等国，在沿线国家中占据了1/4席位。中东欧国家自然资源丰饶，经济基础扎实，产业特色鲜明。近年来，宁波借力“一带一路”的发展契机和得天独厚的港口优势，已发展成为中东欧进出口贸易往来最密切的城市之一。2015～2021年，宁波成功举办多届“中国—中东欧国家投资贸易博览会”，搭建了中国与中东欧国家经贸往来、人文交流的重要平台。其中，中东欧常年展就作为中国—中东欧国家投资贸易博览会落地项目，落户宁波进口商品展示交易中心。捷克的精酿啤酒、塞尔维亚的红酒、波兰的山羊奶护肤品、保加利亚的玫瑰水、匈牙利的贵腐酒……琳琅满目的中东欧商品进入中国老百姓的日常生活，中东欧进口商品交易中心也成为国内覆盖最全、品类最丰富、辐射最广、模式最新的中东欧商品贸易促进平台。

作为欧洲古老大学发源地之一，中东欧地区有着优质的教育资源，波兰华沙大学、捷克布拉格查理大学、爱沙尼亚塔尔图大学等高等学府在全球享誉盛名。在国际教育交流与合作领域，宁波与中东欧国家在中外合作办学、国际化人才培养、高层次人才引进、优质教育资源共享、留学生交流等多个领域实现优势互补、模式创新。通过中国—中东欧国家教育合作交流会、“一带一路”产教协同国际论坛等大型活动，宁波与中东欧国家不断推进区域教育信息共享，开启了全方位、多层次、宽领域的教育交流与合作。截至2018年，宁波各级各类院校已与中东欧国家的78所院校建立了合作关系，两地教育合作项目总数达100项（见表7－7）。

表7－7　　宁波与中东欧国家教育合作项目

合作形式	名称	意义
产教联盟	“一带一路”职业教育产教协同联盟	推进中国与“一带一路”沿线国家在产教协同、人才培养领域的战略合作
合作办学	宁波外事学校罗马尼亚分校——中罗（德瓦）国际艺术学校	中国中职教育首次探索境外办学，联合培养国际化中等艺术人才
	中国—中东欧国际物流与服务学院	推进国际化、高层次、创新型物流人才培养，助力宁波与中东欧大型物流园区建设、商贸流通
	宁波财经学院—斯洛伐克教育科研中心	培养中东欧小语种专业人才，推动两地政治经济、人文交流领域的深层次合作
	浙江万里学院—捷克语言文化中心	
	浙大宁波理工学院—波兰语言文化中心	
产学研合作平台	中国中东欧国家合作研究院	中国与中东欧在经贸、文化、法律、政策等问题研究的专业智库
	宁波海上丝绸之路研究院	
	中国中东欧国家技术转移中心	中国与中东欧国际科研合作协同创新平台，促进科技成果转化和孵化
	中国中东欧城市基建教育与投资研究中心	
	中东欧国家引智工作站	
研修培训	16+1中小企业合作官员研修班	促进中国与中东欧国家之间经贸合作交流、产业园投资建设等
	中国—中东欧国家经贸官员经济技术园区合作研修班	

资料来源：作者根据宁波市教育局国际交流合作项目相关材料，整理汇总。

宁波职业技术学院作为商务部“中国职业技术教育援外培训基地”和“多语种＋国际贸易”人才培养基地，积极推动职教领域的国际合作和产教协同，推动中国职教品牌走向世界。近年来，宁波职业技术学院国际商旅学院多次参与宁波与中东欧国家在国际教育、产教协同、人才培养等领域的合作，师生多次参与中东欧国际博览会志愿者、中东欧青年创客国际论坛、中东欧青年艺术周、中东欧产教协同基地建设、中东欧特色教学创新行动等项目，在国内外产生较大影响。

一、中东欧青年人才培养

随着宁波与中东欧国家的经贸往来越来越密切，近年来专业群也积极参与中国—中东欧国家博览会、中东欧青年交流周等国际化活动，搭建了中国与中东欧国家经贸往来、人文交流的重要平台。宁波中东欧国家特色商品馆是长三角地区颇具特色的进口商品专业市场，市场内产品涵盖中东欧10余个国家的上万种单品，是我国重要的中东欧进口商品集散地。宁波职业技术学院国际商贸专业群协同“中东欧国家特色商品馆”，通过“班级特色项目”“专业工作坊”“志愿者”等活动，打造了具有国际特色的校外产教协同实践基地。

（一）积极打造中东欧特色商品馆

宁波职业技术学院国际商旅学院围绕宁波国际会展中心16个中东欧国家特色商品馆，协同在校大学生“互联网＋”的创意创新思维，开展“一班一馆”“一馆一特”的新媒体营销策划活动。专业教师带领大学生团队，依托互联网、智能手机等科技载体，为各个国家馆的商家量身定制“网络杂志、博客、微博、微信、直播、特色旅游App、TAG、SNS”新媒体营销方案。各个班级的大学生团队，基于中东欧国家特色馆的产品优势、服务优势、渠道优势和市场消费潜力，为各馆注入了新的活力和创意思维，提升中东欧特色商品的销量和人气，同时也很好地宣传了中东欧国家文化。其中，专业教师指导学生团队完成的《中东欧特色商品馆新媒体营销策划》项目，获得浙江省第十二届大学生电子商务竞赛三等奖。

（二）积极开展中东欧教学创新行动

宁波职业技术学院国际商旅学院教师带领学生团队成立“中东欧特色商品新媒体营销工作坊”“商务视频拍摄工作坊”“中东欧国家旅游地图手绘工作坊”，配合“波兰馆”“罗马尼亚馆”“匈牙利馆”等国家馆完成了进口葡萄酒、进口保健品、进口水果等多类产品的“微视频、微广告”拍摄和制作。“双十一”期间，协助企业通过微信公众号、直播平台等多个新媒体渠道进行产品推广和宣传，提升中东欧国家特色馆服务优势，为馆内企业赢得了更多的商机。通过“专业工作坊”以“互联网+”的营销思维，实现线上线下融合发展，快速提升中东欧特色商品馆的知名度和影响力。2020年，“国际贸易+多语种”专业助力贝发集团开展“云广交会”累计直播达200余场，全球客户点赞量超过31万人次，累计成交额达1.65亿美元。

（三）积极参与中东欧国际博览会志愿者

宁波职业技术学院国际商旅学院积极配合商务局，选拔培养一批英语水平高、形象气质佳、综合素质优的学生，连续10年参与浙洽会、中东欧国际博览会、文博会等大型展会的志愿者活动。这些学生活跃在中东欧国家投资洽谈会、合作论坛、特色产品展以及人文交流等各项活动中，承担翻译、解说、引导、接待等会务服务。博览会上学生志愿者们热情好客、爱岗敬业，成为城市国际化的“亮丽名片”，也成为中东欧博览会永久落户宁波的语言人才支撑（见图7-6）。

图7-6　作者和学生志愿者拍摄于2021年中国（宁波北仑）中东欧青年艺术周

二、“一带一路”产教协同联盟

“一带一路”产教协同联盟是由参与“一带一路”沿线国家职教建设的高职院校、行业企业及相关社会团体组成，共同打造开放、包容、均衡、普惠的区域职业教育合作架构，共建“一带一路”职业教育共同体。“一带一路”产教联盟遵循沿线国家的地域特色、技术水平、文化差异，搭建国际化产教协同平台，推动与沿线国家在职教领域开展更大范围、更高水平的合作。2017年6月9日，宁波职业技术学院与中国教育国际交流协会、宁波市教育局共同成立全国首个“一带一路”产教协同联盟，搭建国际产教协同平台，形成高职院校“走出去”合力。2021年6月，第七届中国（宁波）—中东欧国家教育合作交流会上，浙江—中东欧国家教育智库联盟、宁波中东欧大学生影视联盟、中国（浙江）—中东欧跨境电商产教联盟、“一带一路”职教慕课联盟等 6 个联盟揭牌，联盟将积极打造中国与中东欧国家教育合作“双循环”中心枢纽，赋能中国—中东欧国家经贸合作示范区建设。与此同时，“一带一路”产教协同地方高端智库立足区域经济和社会发展实际，在深化产学研合作模式上，提出多个具有战略性、前瞻性的对策建议，成为“一带一路”沿线国家发展战略实施的助推器。

第一，建立产教协同高端智库。“一带一路”产教协同地方高端智库围绕中东欧国家特色产业和发展优势，建立以科研院所、高等院校、社会组织为主体的地方特色新型智库，参与项目合作、学术交流、培训访学等活动。2016 年 6 月，宁波中东欧国家合作研究院正式成立，研究院围绕“国内一流、国际知名的‘一带一路’地方特色新型高校智库”的发展目标，依托中国社会科学院欧洲所高端智库平台优势和浙江大学的权威学术资源，围绕宁波与中东欧的合作发展，开展经贸、文化、语言、法律、政策等高水平应用研究。

第二，设立引才引智工作站。通过高校、企业、政府三方协同打造中东欧“引才引智”高端智库人才工作站，为企业“走出去”和“引进来”提供强有力的智力保障。宁波工程学院通过与保加利亚国立交通大学合作，设立中东欧国家引智工作站，与保加利亚籍专家协同完成 2 项科技部国际合作项目。宁波首个高端制造业新材料孵化平台“宁波中星中东欧新材料研究院”引进中东欧国家高精尖紧缺人才和项目，探索金属新材料领域的新技术研发，助力宁波“中国制造 2025”智能制造产业发展。

第三，推进国际人才项目的对接。通过网络、电视、新媒体等传播渠道，对中国与中东欧国家的研究成果进行宣传和项目对接，定期举办大型的国际人才智力洽谈会和课程项目对接活动，在交流空间上应给予国际人才更多的创新融合机会。例如，举办“3315 计划”海外创业创新计划大赛、海外留学人才宁波行、全球新材料行业大赛等海外人才创业项目对接活动。2018 年，全球海外工程师大会累计引进外籍工程师、设计师、规划师等外国专家 1200 余名，极大提升了宁波开放式引才的影响力。2019 年，浙江纺织职业技术学院与罗马尼亚合作成立了“中罗丝路工匠学院”，开设服装设计、美妆、工业机器人 3 个专业，输出中国职教标准，培养技术技能人才。

三、中东欧青年人才协同创新实践基地

宁波职业技术学院积极助力国家“一带一路”建设，搭建境内外学历和非学历教育平台，推动中国职教品牌走向世界。作为商务部“中国职业技术教育援外培训基地”，学院积极配合商务部开展援外项目。截至 2021 年，已为 130 余个发展中国家的教育及产业界官员、技术人员培训累计达 3400 余人次，项目组在研修班课程设计、产

业调研、园区考察、对外翻译等方面给予大力支持。其中，斯里兰卡的商业文化交流与融合海外研修班、拉脱维亚贸易与投资研修班、发展中国家港口管理官员研修班等项目都得到了非常高的评价。

为积极推进宁波中国—中东欧国家经贸合作示范区建设，宁波职业技术学院等职业院校成立“宁波中国—中东欧青年人才协同创新实践基地”，以青年人才培养为突破口，建设“中东欧跨境电商青年人才实践基地”“中东欧跨境直播青年人才实践基地”“中东欧跨境供应链青年人才实践基地”“中东欧青年人才协同创新中心”，推动宁波与中东欧青年人才的交流合作（见表7－8）。

表7－8　　宁波—中东欧青年人才协同创新实践基地

基地名称	基地功能	合作企业、机构
中东欧跨境电商青年人才实践基地	协同中东欧国家培养掌握现代国际贸易、跨境电子商务技术，熟悉跨国经营运作的技术和管理人才	北仑跨境电商产业园 （多语种跨境电商实践基地） 贝发集团（多语种跨境电商直播基地） 宁波豪雅进出口有限公司 （多语种海外仓人才培养基地） 宁波思逸倍欣进出口有限公司 （多语种国际贸易学徒制基地）
中东欧跨境直播青年人才实践基地	搭建中国—中东欧国家间的国际产教融合资源共享平台，探索跨境电商进出口直播人才培养模式，构建“课堂＋基地＋公司”的人才培养模式	宁波中东欧进口商品中心 （中东欧新媒体营销策划实践基地） 宁波帝加唯达商贸有限公司 （中东欧进出口商品直播基地）
中东欧跨境供应链青年人才实践基地	协同助力产业供应链发展，促进产业资源、教育资源、科技资源和人才资源双向流动，推动全球供应链人才培养，促进产业转型升级	宁波市口岸办 宁波（中国）供应链创新学院 宁波国际物流发展股份有限公司 北仑外贸跨境供应链促进中心
中东欧青年人才协同创新中心	搭建立体化的中东欧青年引才引智平台，打造全球青年人才聚集地，为区域发展提供优质高效的人力资源支撑	北仑区商务局 共青团北仑区委 北仑区旅游局 浙江森凡文化科技有限公司

（一）中东欧跨境电商青年人才实践基地

国际贸易、国际金融、跨境电商、跨境供应链等领域的数字化程度越来越高，数字化岗位、数字化场景、数字化管理都对青年人才提出了更高的职业素养要求。中东欧跨境电商青年人才实践基地通过协同跨国企业的海外人力资源中心，派遣行业专家、行业能手为本土员工及当地居民提供跨境电商运营、跨境电商物流、跨境电商营销等专业技能培训，推进“中东欧跨境电商人才实践基地”建设。同时，开发海外人才招聘平台建设，形成一整套全面科学的海外人才招募、选拔、录用、评估体系，解决企业跨国招聘难题，为中东欧以及“一带一路”国家建设提供人才支撑和智力支持。

（二）中东欧跨境直播青年人才实践基地

浙江纺织职业技术学院联合宁波中东欧进口商品中心，探索“课堂 + 基地 + 公司”跨境电商进出口直播人才培养模式，培养具有国际视野和专业技术技能的跨境电商类人才。学院通过中东欧国家的跨境电商平台运营、跨境电商直播等项目实践，协同中东欧进口企业推动线上线下多渠道的商品销售。截至目前，已经与保加利亚馆、波兰馆、罗马尼亚馆等多个中东欧进口商品展馆开展系列中东欧文化商贸之旅直播活动 13 次，为企业孵化或培养了 50 余名主播、百余名场控、技术、策划人才。

（三）中东欧跨境供应链青年人才实践基地

“一带一路”国家的经济发展更多得益于国际区域间的合作，在这个过程中，产学研用多方协同、多元合作提供“世界方案”，形成务实高效、合作共赢的国际合作新格局。2015 年，浙大宁波理工学院和波兰比亚维斯托克理工大学创建全球首个多边联合物流学院“中国—中东欧国际物流与服务学院”，以全球供应链的视角实现与中东欧多国对人才的合作培养。同时，学院还与宁波现代国际物流园区合作成立实践基地，围绕宁波港口经济圈培养精通全球商贸流通的高端人才，构筑多国联动的产学研用多维度协同创新体系。

（四）中东欧青年人才协同创新中心

宁波职业技术学院积极搭建国际化产教协同平台，推动与沿线国家在职教领域的合作。通过建设中东欧青年人才协同创新中心，吸引中东欧企业和行业组织参与国际化人才培养的全过程，开发可供中东欧国家借鉴的人才培养目标、培养规格、专业教学标准和课程标准，为学生提供了解国际市场需求、拓展国际企业实践的机会。联盟通过搭建国际科研学术合作交流平台，举办国际学术会议、专业论坛，推进“一带一路”国家企业在海外专利申请、科技创新、技术研发、成果转换等领域的合作。

第八章

数字“新商科”人才培养实践探索

第一节 数字“新商科”人才职业能力分析

教育部职业教育与成人教育司司长陈子季认为，职业教育与产业距离最近、生源类型最广，在数字时代受到的冲击最大，在数字化转型中获得的收益也最显著。职业教育要看准教育数字化的必然趋势，借助数字化思维和方法，推动数字技术与教育深度融合，积极开展职业院校数字校园建设、信息化教学技能大赛等活动，促进新技术支持下的教育教学创新，以数字化转型的新成效重塑职业教育新生态。

一、数字新商科人才需求

数字技术对传统商贸影响巨大，数字技术在带动传统商贸业数字化转型的同时，也提升了价值链的延伸和拓展。在数字技术的推动下，商贸领域出现了众多的新业态、新模式、新服务，同时也出现了新场景、新消费、新服务，通过人工智能、大数据、云计算等技术，赋能生产及交易各环节，产生商贸新业态、新职业和新岗位，以满足商贸领域内新零售、数字运营、智慧物流、数字服务等行业的技术技能新需求。

赵慧娟和何耀琴[①]（2020）认为数字经济的不断发展催生出大量的新职业，新职业的不断涌现对人才产生了大量的需求，为了经济的可持续发展，我们不仅需要补充新型人才缺口，更需要加强新型人才的职业素质培养。充分运用数字技术和数字服务，探索高质量的教育模式，构建更加合理的新型人才培养职业教育模式，为数字经济发展提供有力的支持。对于新商科的人才培养，更应该具备新思维、新模式和新工具等

① 赵慧娟，何耀琴．数字经济时代职业教育人才培养的新要求及新举措［J］．北京财贸职业学院学报，2020（10）：47－52.

特质，新外贸、新电商、新物流、新营销等商贸领域急需具备跨界与复合型能力的数字商贸人才，我们在行业能力矩阵分析的基础上，构建“新商科”职业教育数字化改革框架（见图8-1）。

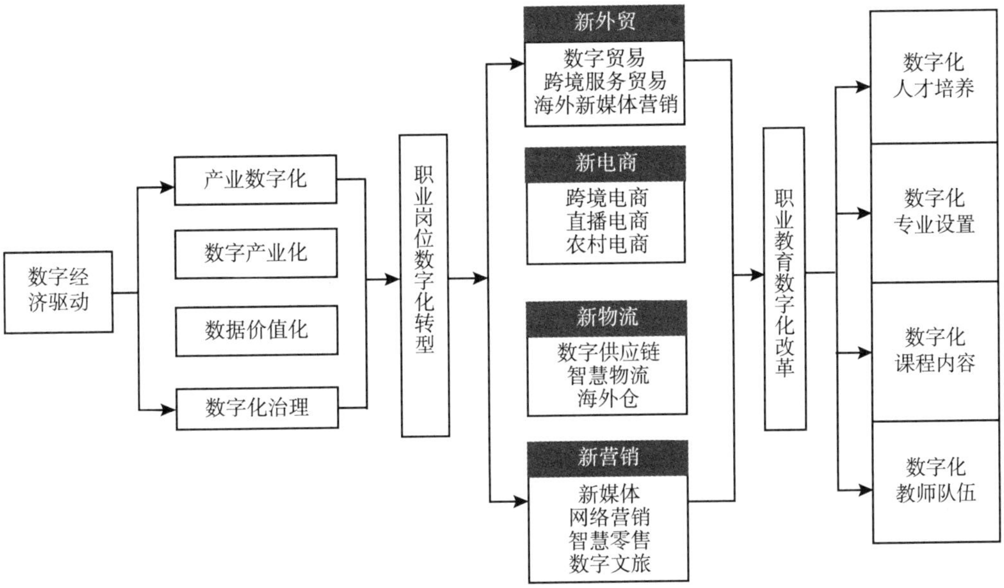

图8-1　数字经济驱动下的“新商科”职业教育数字化改革

商贸领域的数字化转型倒逼职业教育改革，通过建设以数字化为支撑的专业群和专业，职业院校紧跟时代发展策略，通过产教融合、校企合作使教育、人才、产业、创新有机衔接，培养未来新商科人才，适应产业的数字化转型。同时，职业院校积极推进数字化教师队伍的培养，数字化课程内容建设，以学科、环境、资源、育人、文化五个维度，通过“人工智能+教育”的模式来进行数字化改革。新业态催生新职业，新职业带动新就业，跟随时代与政策的步伐，把握数字化契机，将传统教育模式转化为跨界复合型新兴商贸人才教育模式，推动实现教育数字化转型，重塑职业教育新生态。

（一）数字新商科人才需求变化

随着数字技术的发展，“十四五”期间，企业积极拓展数字贸易重点领域，推进贸易的数字化转型，发展数字技术贸易、跨境电商贸易、数字内容贸易、数据及衍生品贸易等，越来越多的国际商贸环节嵌入了人工智能、大数据、云计算、区块链等技术。国际贸易、国际金融、跨境电商、跨境供应链等领域的数字化程度越来越高，数字化岗位、数字化场景、数字化管理都对青年人才提出了更高的职业素养要求，国际贸易企业亟须懂商业、懂贸易、懂技术的复合型数字商贸人才。例如，当前部分高职院校国际经济与贸易专业的人才培养还是在进出口业务的制单、跟单、外汇结算、报关报检等工作，属于外贸行业一线的高技能型人才。但在全球数字贸易和跨境供应链创新发展的背景下，现有的人才培养与外贸行业匹配度逐渐降低，企业期待更多数字化、智能化的国际贸易人才加入。

（二）数字新商科人才就业变化

从麦可思对近十年毕业生的收入水平统计来看，信息安全、软件工程、网络工程、物联网工程、计算机科学与技术、数字媒体技术等计算机类专业月收入较高。根据2017～2020年《中国本科生就业报告》现实，数字媒体技术专业近五年排名稳步上升，从2016届的第16名升至近两年的第7名，且毕业半年后月收入也逐年增长，由4949元涨至6326元。该专业学生毕业后可在IT企业、文化传播机构、影视与动漫公司、电商直播企业、数字娱乐、大型企事业等单位，从事软件编程、数字影视、电商直播、动漫游戏、交互娱乐、数字出版、移动终端等领域的设计与开发工作。

互联网行业迅速发展带来人才需求的上涨，高校也趁势加快脚步增设相关专业，培养社会急需的高素质人才。据统计，在新增备案本科专业中，近五年，越来越多的高校新增物联网工程（90所）、软件工程（80所）、数字媒体技术（56所）、计算机科学与技术（31所）、网络工程（25所）专业；在新增审批本科专业中，共有38所高校新增信息安全专业。

（三）数字新商科人才技能变化

不同于传统工业时代的工匠，数字时代的“工匠”不是普通技术工人，也不是专职科研人员，而是具备了工匠精神最重要的素质和品格的同时，更能将现代人工智能技术、数据技术等应用于设计、制造、生产、物流等各个环节，从而推动传统工业、流通业、服务业实现数字化转型升级。

全球化智库（CGC）和领英（LinkedIn）联合发布的《高校校友观察：中国高校毕业生职业发展研究与展望2020》报告对中国十所“双一流”高校超过21.8万毕业生的发展情况进行“画像分析”，通过这些高校毕业生的技能、能力的排名，分析高校毕业生的就业新趋势、新选择。该报告中提到新媒体、自媒体、短视频、直播等新兴业态在中国迅速发展，并成为更多年轻人就业的选择。与此同时，毕业生热门行业的就业技能排名中提到，管理类和数据类技能正在成为各行业代表性技能。其中，“Java”“Python”“C++”以及数据处理和数据分析技能与“项目管理”“领导力”“客户服务”“战略规划”等管理技能并驾齐驱，成为两大最主要的就业技能。从这组统计中，我们可以发现大数据在各行各业发挥的作用越来越大，数据类技能不仅能帮助企业提升对市场的预测，同时也能提升企业项目竞争力，为企业的决策与发展提供参考，拥有数据类技能的复合型人才受欢迎程度非常高。

二、数字新商科人才职业能力

数字新商科的核心职业能力可以分为硬技能和软技能两大类。这两类技能之间的主要区别是硬技能是针对具体就业环境的或者具体工作岗位的，而软技能通常是跨工作类型和就业水平的。这两类技能的另一个不同之处在于，硬技能比较容易通过培训和教育来学习，而软技能则很难教授，它们主要是通过在一个协作的商业环境中积累经验来成长的。此外，具备良好软技能的毕业生将在工作场所找到更好的机会。总体来说，硬技能由三个分组组成：（1）基础技能，包括专业领域的技术技能和知识；（2）思维技能，包括批判性思维以及分析性思维，计划、组织、决策技能；（3）商业技能，包括处理实际问题、创造思维、全球商业和多元文化意识。软技能主要包括以下两个部分：（1）与人有关的技能，包括人际交往能力、沟通和协作/团队工作；（2）个人技能，包含适应性和灵活性、领导力、专业精神、工作道德、志愿精神和社会责任。

2018年10月，清华经管互联网发展与治理研究中心联合上海科学技术政策研究所和领英中国《长三角地区数字经济与人才发展研究报告》，报告阐述了长三角地区几个重要城市的数字人才需求和发展情况。其中，表8－1展示了浙江三大城市高水平人才和数字人才前十的技能，此排名以各行业的通用技能为主。从纵向来看，高水平人才和数字人才的技能排名大相径庭，但又有共通之处。其中，高水平人才偏向于技能的通用性和综合能力，而数字人才更加偏向于技能对于其行业的特殊针对性。但是，高水平人才和数字人才都离不开微软办公软件、客户服务、领导力这些各行业都必备的技能。

表8－1　浙江三大城市高水平人才和数字人才的人才技能排名

排名	杭州		宁波		金华	
	高水平人才	数字人才	高水平人才	数字人才	高水平人才	数字人才
1	微软办公软件	项目管理	微软办公软件	微软办公软件	客户服务	管理
2	管理	微软办公软件	管理	项目管理	微软办公软件	微软办公软件
3	项目管理	管理	客户服务	管理	管理	客户服务

续表

排名	杭州		宁波		金华	
	高水平人才	数字人才	高水平人才	数字人才	高水平人才	数字人才
4	客户服务	Jave	项目管理	客户服务	战略规划	项目管理
5	领导力	领导力	谈判	领导力	销售	领导力
6	战略规划	客户服务	战略规划	战略规划	谈判	战略规划
7	研究	Linux	领导力	产品开发	销售管理	销售
8	销售	C ++	销售	工程	领导力	谈判
9	商务拓展	Python	商务拓展	制造	商务拓展	商务拓展
10	Java	JavaScrip	销售管理	谈判	项目管理	营销

资料来源：长三角地区数字经济与人才发展研究报告。

从横向来看，不同地区根据不同产业特色，人才技能也有所差异。例如，在三大城市的软件和IT服务中，杭州对于人才的编程技能最为看重。比如数字人才技能排名中的Java和Python，表明了杭州企业对于IT服务行业的重视程度以及计算机网络行业在杭州的重要地位。而宁波和金华地区对于IT数字技能人才的要求相对较弱，在制造业和贸易业发达的宁波和金华，其人才则更注重于与制造相关和产品销售方面的相关技能，比如客户服务、微软办公软件和项目管理这些有关产品研发和产品运营的技能。因此，这三大城市的各个行业具有共同的人才技能基础，又根据不同城市的特色产业发展出不同的人才技能特点。

对于大学生而言，在大学期间除了学习自身专业相关的知识之外，还要学习职场通用技能，比如办公软件、客户服务、项目管理这类各行业通用且价值较高的技能，对于日后在行业就业有一定的辅助作用。这不仅有助于减少大学生初入职场的尴尬和不安，也提高了初入职场工作的沟通和效率，提高了就业率和扩展了就业空间和就业地区。

在数字新商科专业群课程体系构建过程中，我们对杭州、宁波、金华地区的多个中小商贸企业进行了走访，对毕业生的职业能力要求进行了调研，我们发现在数字时代，中小商贸企业对于毕业生的数字技能要求主要包括以下几项：商务数据分析与应用、商务沟通协调能力、电商平台运营能力、全球网络资源开发能力、新媒体运营能力、网络营销能力、数字供应链运营能力和数字化学习应用能力。

（一）商务数据分析与应用能力

商务数据分析与应用能力是在云计算与大数据技术高速发展的背景下，依靠互联网与电子商务技术深度融合，服务于数字贸易领域的重要技能。该项核心技能以采集、分析及应用商务数据资源为核心。有些电商企业专门设有“商品数据分析员”的岗位，这类岗位人员需要精通数据分析基本原理与一些有效的数据分析方法。例如，公司会要求根据经营目标，分析天猫店、京东店、唯品会等渠道的商品结构、库存结构，根据业务发展的需要开展相关专题的数据挖掘与研究，定期对各运营市场等进行数据挖掘分析。此外，还包括数据采集员岗位，负责精准捕捉电商平台的数据信息。

义乌工商职业学院很多优秀毕业生在电子商务、跨境电商等领域就业和创业，这些行业领域对于学生的商务数据分析与应用技能都有一定的要求。为此学院专门设立了商务数据分析与应用专业，以培养现代商务数据分析师为目标，培养具有扎实商务数据统计分析基础、能够熟练掌握商务数据分析技能、通晓电子商务平台操作技术，能够胜任商务数据采集与分析、市场营销策划、电子商务运营与推广、网络营销策划等工作的高素质技能型人才。

（二）商务沟通协调能力

良好的沟通协调能力是商务专业的学生必备的专业能力，学生要具备深厚的知识储备和机智的应变能力，能够更好地与来自不同文化背景的人互动、沟通和谈判，同时保持一定的专业性，能够对各项棘手的事情进行巧妙应对。随着贸易数字化在全球化范围内的快速推广，对具有多元文化意识的员工的需求预计将成倍增长。宁波某外贸公司负责采购和跟单的小周说，她主要负责供应商的开发与审核，与各供应商进行比价、议价、沟通和协调，确保订单顺利进行。在这个过程中，她认为良好的沟通能力、一定的英文函电书写能力、突发事件的应对处理能力、单据填制的能力、图片的处理能力，以及对产品和市场的分析判断能力、一定的利润预算能力，都是工作必备的能力。在宁波某货代公司工作的小郭就说：“在货代公司，要知晓海运地理方面的知识，能与人良好沟通，有服务意识；对于事情的处理有应变能力；能及时知晓制作船司要求提供的相应文件资料；具有较强的工作责任心，有独立分析和处理问题的能力，并且能在职场中承受较大的工作压力。”

（三）电商平台运营能力

电商平台运营可以说是一个店铺或平台的灵魂。近三年来，电商行业中的运营岗位已经在内容运营、活动运营、社区运营的基础上不断升级，运营不再是简单的做促销、搞专题、写软文，而是要精确地量化并提升平台的增长和留存，进入到“精益运营”的阶段。

电商平台运营要有把控全局的能力，要根据平台的特性制订销售计划、运营计划及活动计划；负责平台日常运营维护、库存维护、活动上下线、商品标题、推广计划及实施；要负责与网店的美工开展沟通，把思路和想法表格给负责图片设计和美工的工作人员，并根据营销要求进行创意设计。在温州某电商公司负责平台运营的小周说："电商运营首先要对大电商平台规则进行学习，包括对产品图片发布的要求、物流限制、平台惩罚的解决方式，还有各大店铺的运营，包括产品的上下架、产品的美工设计、营销活动以及物流等内容。在你熟悉基本运营后，还要学会根据当下热点进行活动营销策划，包括节日促销、商品折扣，更好地辅助店铺成长。"

（四）全球网络资源开发能力

在数字经济时代，全球网络资源开发高度依赖互联网，通过网络开发全球贸易资源，不仅要熟悉最新出台的国际贸易政策法规，还要掌握海外市场网络平台的运营技巧，学会通过阿里巴巴、B2B、Facebook、领英等平台开发和维护国外客户。同时，要求具备良好的英语沟通水平，或法语、德语、西班牙语、韩语、日语、阿拉伯语等其他语种，能够与世界各国消费者进行在线交流，和不同地区的客商开展在线会议、在线直播等不同方式的沟通，有效地进行互动。企业员工要对全球的商业环境有所认知，在复杂的国际经济中，需要一个动态的学习环境来培养员工的国际商业技能和专业精神。该类复合型人才不仅要熟悉常见的业务操作流程和常见的国际交往礼仪，还要了解消费者所在国家的宗教信仰、文化习俗、教育程度、消费习惯等，还需要掌握多种跨境电商平台操作方法，以及网上开店、成本核算、网络支付、客户投诉等全方位的服务（见表 8 – 2）。

表 8 – 2　　跨境电子商务人才培养核心技能

序号	方向	培养核心技能
1	跨境电商运营	精通 B2B 和 B2C 运营技能
2	跨境电商客服	精通跨文化沟通交流技能
3	跨境电商美工设计	精通图片、视频制作技能
4	跨境电商网络营销	精通跨境网络推广技能
5	亚马逊平台专项运营	精通亚马逊平台规则和运营技巧
6	亿贝（Ebay）平台专项运营	精通 Ebay 平台规则和运营技巧
7	阿里巴巴平台专项运营	精通阿里巴巴国际站和速卖通平台规则和运营技巧

（五）新媒体运营能力

在移动互联网快速发展的时代，新媒体运营人员要负责微信、微博、头条、直播平台的新媒体运营工作，需要具备以下能力：能够撰写文案，策划专题，推送信息；开展企业或产品的策划与宣传工作；增加粉丝，提高关注度、活跃度。这类岗位要求熟悉互联网媒体传播特点，具备较强的新媒体运营能力，具备文案策划、信息编辑能力，具有新闻敏感性，能开展策划专题活动（见表8－3）。例如，新媒体运营中的内容营销，主要负责电商网站的运营及文稿撰写工作，根据平台活动、货品上新节奏制订内容推广计划。同时，负责品牌在电商平台中内容体系及品牌传播的建设，搭建并维护一套完整的内容生态，提升用户黏性和活跃度。在产品的全球网络营销推广和网络营销策划中多元文化意识对文案的写作和海外客户沟通都有很大影响，因此该类人才还需具备较强的跨文化交际和应用能力。

表8－3　新媒体运营人才核心技能

序号	方向	核心技能
1	文案编辑	精通文案撰写
2	网络文员	精通 office 等相关办公软件
3	摄影/视频编辑	精通 PS 等图像处理和视频剪辑软件
4	广告专员	精通洞察和分析市场信息
5	短视频运营	精通视频制作，熟练使用平面设计软件
6	文案策划	优秀的组织策划能力和数据分析能力

（六）数字供应链运营能力

电子商务的快速发展推动了现代物流体系的建设，新型数字供应链系统通过计算机仿真等数字技术的参与和配合进行构建，利用大数据、云计算、区块链及其他各种算法进行运算和调整，比传统的物流体系更加信息化、立体化、自动化。通过对供应链管理职业的技能要求、各类招聘网站的供应链相关岗位需求进行综合分析，供应链的从业者不仅要掌握一定的供应链基础知识，具备做需求预测、生产计划、分销计划的基本能力，还需要具备 SAP、ERP 等供应链软件的应用背景；而且要掌握数据分析能力，精通 Excel 等数据分析工具，至少熟悉 SQL 等一种数据库，掌握一门编程语言，掌握人工智能的技术、具备供应链建模的能力（见表8－4）。

表 8-4　　供应链岗位的技能要求

序号	核心技能	技能要求
1	具备数字分析能力	精通 Excel，能处理大量数据，掌握数据挖掘能力
2	掌握数字化技术	掌握 Python 等编程语言，掌握人工智能技术，具备供应链建模能力
3	掌握供应链知识	掌握精益生产、供应链库存管理、网络设计、分销计划、生产计划等方面的知识

（七）数字化学习应用能力

人工智能在未来教育中扮演的角色日益重要，语义网、机器人、自动化、智能代理、绿色技术和其他技术学习资源正在改变我们的学习、生活和工作，人工智能（AI）和大数据正在被用于新的工作和学习空间。在数字技术的影响下，企业对熟悉信息技术应用的员工需求越来越大。康拉德和纽伯利（Conrad and Newberry, 2019）就提出未来雇主更倾向于那些参加过信息技术相关课程的员工。事实就是如此，根据领英的人才调研报告显示，2022 年长三角地区的商务企业在招聘人才的时候，就有很明显的需求倾向。他们希望新招聘的商务人才具备良好的商业嗅觉以及数据分析能力，针对收集到的数据能够进行有效的可视化处理，制作统计图表，并结合企业运营情况做出正确的战略决策。有企业家表示："现在大多数的组织流程都是自动化的，并依赖于特定的技术技能来操作，员工应该用计算机应用知识武装自己，熟练掌握 Python 等数据分析相关计算机语言，熟悉常用的分析软件，例如 SAS、SPSS、Tableau 等。"

第二节　数字"新商科"专业群体系构建

专业群是围绕某一行业，以一个或多个重点专业为核心，若干个工程对象相同、技术领域相近或专业学科相近的专业组成的一个集合。"双高计划"实施以来，专业群建设成为全国高职院校高质量发展的重要举措和关键抓手，从专业建设到专业群发展，也是高职院校专业生态圈发展的一个重要过程。

一、新商科专业组群逻辑

高职院校的专业群建设，以创新发展为引领，以校企合作为载体，以人才培养为保障，以教师教学创新团队为引领，以数字化教学为手段，以实践教学与劳动教育结合为特色，以技术技能创新服务中心为平台，培养胜任新职业、新技能、新模式的创新型、跨界型高端技术技能人才。专业群的组建并不是随随便便把几个专业拼凑在一起就可以完成的，专业群的建设要讲究一定的规律和原则，我们需要从理论和实践双重角度，并结合区域产业特点以及高职院校专业办学特点来开展专业群的构建。平和光（2021）认为高职院校的专业群组建存在四重逻辑，第一是基于产业链组建专业群，第二是基于人才培养定位组建专业群，第三是基于群内专业组建专业群，第四是基于职业岗位组建专业群。以下，我们将以新商科专业群为例，从专业群的组群逻辑、发展定位以及人才培养进一步展开研讨。

（一）基于产业链组建专业群

随着产业链的不断完善，高职院校的单一专业人才培养只能满足产业链中的某一环节，人才培养规格较为单一，容易出现人才发展后劲不足，格局不大的困境。因此，基于产业链组建专业群，重点培养能够适应产业结构转型升级和产业布局优化调整的全产业链人才，这类专业群内部各专业与产业之间应有着明确的对应关系。郑晓青（2021）随着5G、AI、区块链、大数据、云计算等新技术的发展，全球供应链出现了新变化，对物流、供应链等领域从业人员的技术技能提出了新要求，我们在商贸物流专业群建设中把新业态、新理念、新技术的相关知识和技能融入人才培养和课程建设的方方面面。

例如，宁波职业技术学院供应链管理专业群由供应链运营、物流管理、国际经济与贸易、电子商务、跨境电商五个专业组成（见表8－5）。对接跨境物流、国际贸易、电子商务，打造数字化、智能化、国际化的智慧供应链基地，依托宁波舟山港国际枢纽大港、国际国内双循环和“一带一路”倡议的重要物流节点的区位特点和宁波供应链创新试点城市、跨境电商综合试验区、浙江自由贸易试验区拓展片区的产业背景，构建对接港口型自贸区业务大流程、覆盖港口供应链产业生态圈的课程体系，即：采购、生产、物流等课程对应供应链纵向流程岗位，大数据分析、供应链系统规划、供应链金融等课程对应供应链生态圈横向合作企业岗位，满足供应链人才跨学科复合型能力的需要。

表8－5　供应链管理专业群共享岗位、课程、实训基地

<table>
<tr><th colspan="2">专业</th><th>物流管理专业</th><th>国际经济与贸易专业</th><th>电子商务（跨境电商）专业</th></tr>
<tr><td rowspan="4">岗位</td><td>方向岗位</td><td>运输调度、仓储主管、配送中心规划、采购执行、物流金融监管</td><td>外贸采购与推广、外贸业务员、外贸跟单员、外贸单证员</td><td>网络推广专员、营销策划总监、运营主管、客服主管、客服专员、网店美工、网站运营</td></tr>
<tr><td rowspan="2">交叉岗位</td><td></td><td colspan="2">跨境电商专员、运营专员</td></tr>
<tr><td colspan="2">报关报检、单证操作、货代操作</td><td></td></tr>
<tr><td>共性岗位</td><td colspan="3">采购、销售、商务数据分析</td></tr>
</table>

续表

<table>
<tr><th colspan="2">专业</th><th>物流管理专业</th><th>国际经济与贸易专业</th><th>电子商务（跨境电商）专业</th></tr>
<tr><td rowspan="5">课程</td><td>专业群拓展课</td><td colspan="3">供应链金融、移动商务营销、现代企业管理、财务应用文协作、消费者行为分析、Excel 高级应用、人力资源管理、渠道管理、跨文化交际、国际结算、商务谈判与推销技巧、网络营销、商务英语、第二课堂（竞赛、讲座、工作坊、社会实践）、创新创业</td></tr>
<tr><td>专业群方向课</td><td>仓储作业管理
运输作业管理
配送作业管理
港口集装箱管理
物流成本管理</td><td>国际贸易实务
外贸单证
国际市场营销
跨境电商平台运营</td><td>跨境电商实务（B2B）
跨境电商实务（B2C）
跨境电商视觉营销
跨境客户服务与管理</td></tr>
<tr><td rowspan="2">专业群共享课</td><td></td><td colspan="2">视觉营销、AdWords 广告营销、商务数据分析与应用</td></tr>
<tr><td colspan="2">国际货运代理、报关与报检、跨境电商物流</td><td>—</td></tr>
<tr><td>专业群平台课</td><td colspan="3">国际经济与贸易、VBSE 财务运营管理、经济学基础、市场营销、创业基础、供应链基础</td></tr>
<tr><td colspan="2">实训基地</td><td colspan="3">校内：浙江省电子商务实践基地、浙江省示范性实训基地“经管实训中心”、浙江省“十三五”高等职业教育示范性实训基地、“智慧物流与跨境电商综合实训基地”、海享跨境电商梦工厂（阿里巴巴北仑服务中心）、多语种跨境电商综合实训中心、虚拟商业社会环境（VBSE）财务运营综合实训基地、宁波经济技术开发区数字科技园开发有限公司、网易考拉校园实训中心
校外：霞浦国际物流园区、北仑跨境电商园、网易考拉客户服务中心、宁波进口商品交易中心、洋洋海购、百世物流、韵达集团等</td></tr>
</table>

资料来源：作者及团队根据供应链管理专业群建设资料整理汇总。

（二）基于人才培养定位组建专业群

基于人才培养定位组群，需要明确专业群“培养什么样的人、为谁培养人”，专业群的课程培养方案必须围绕区域产业的特点，为区域产业培养急需的人才。东部沿海城市国际化程度较高，对于外向型商贸人才的需求比较多，该地区的职业院校商贸类专业群主要基于人才培养定位组建专业群。

例如，宁波职业技术学院的国际商贸专业群主要由国际经济与贸易专业 + 英语、日语、德语、西班牙语、韩语等语言类专业组成，该专业群面向国际商贸、跨境电商等涉外企业，培养能够从事国际贸易、跨境电商、外贸单证、外贸跟单、跨境供应链、会展策划与组织、国际商务谈判、海外新媒体运营、国际商业策划等工作的高素质复合型技术技能人才（见图 8 – 2）。专业群针对中国东部沿海城市的就业特点，积极服务宁波“一带一路”综合试验区、国家级跨境电商综合试验区、浙江自贸试验区宁波片区，涉及的岗位主要包括外贸业务员、外贸跟单员、外贸单证员、跨境电商专员、跨境直播电商、国际货运代理、国际会展策划、国际研学策划、涉外商务代理、海外新媒体运营、涉外职业经理人等，培养具有“国际化视野、创新性思维、职业化标准”的复合型的涉外国际商贸人才。

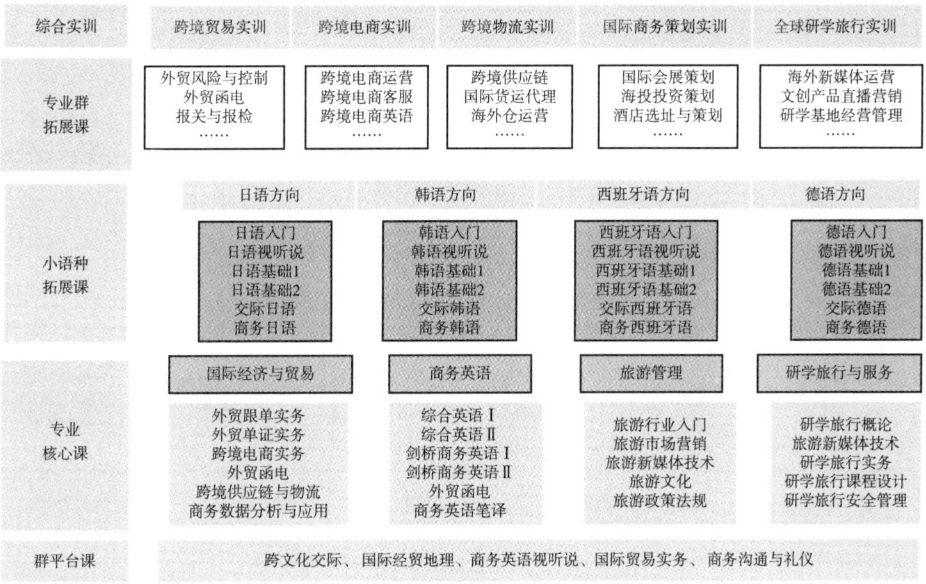

图8－2 国际商贸专业群课程体系构建

（三）基于群内专业组建专业群

基于群内专业组建专业群要基于群内原有专业的专业基础、师资力量、实训体系、课程模块等内在要素，在不对原有专业做出大调整的情况下，形成专业群内的协同共享、优势互补。这种组群方式一般选择一个或两个专业作为核心，其他专业协同组群，不鼓励“大拆大调”，而是通过优化组合实现群内资源最优化配置。

例如，数字商贸专业群以电子商务专业为核心，以市场营销专业、网络营销与直播电商专业为两翼，以现代物流管理、工商企业管理专业为支撑的专业群结构（见图8－3）。数字商贸专业群通过数字化技术手段，创新商业模式及管理手段，数字营销是数字商贸的“神经”，智慧物流是数字商贸“血脉”，新零售、新管理是数字商贸的“肌肉”，创造新体验的网络营销和电商直播技术则是数字商贸的“骨骼”，这可以有效地实现商业社会的整体运行效能。数字商贸专业群与现代商贸新流通链实现了有效契合，运用网络营销与直播电商新技术，从电子商务、大数据服务的线上出发，通过企业数字化管理，经智慧物流和数字营销，连通至线下的新门店、无人零售，有效形成了现代商贸线上线下融合的新流通链，提高了商贸流通速度和效率。专业群以专业为核心引领，带动群内多专业面向数字商贸产业群中的各层次人才结构进行适配和协同发展；专业群中相关专业通过教学资源整合共享，发挥专业群教学资源最大效益。

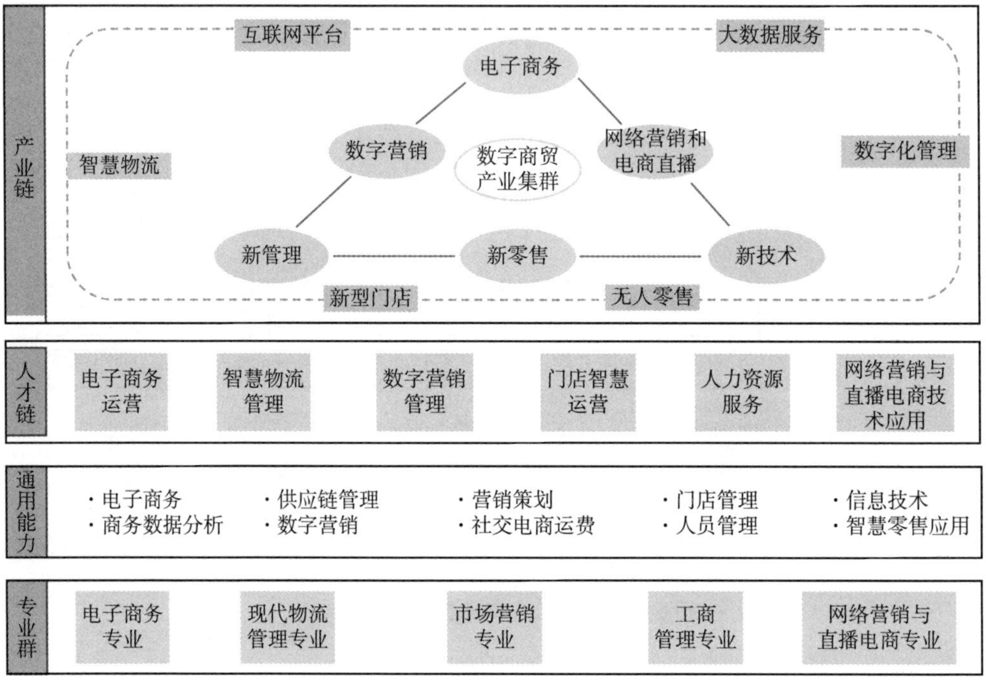

图 8－3　数字商贸专业群组群逻辑

（四）基于职业岗位组建专业群

基于职业岗位组建专业群的重要原因是在产业转型升级中，行业企业的岗位（群）也随之发生了转型升级，原有的人才供给已经不能满足现有的人才需求。因此，该种组群方式更多的是从就业的角度考虑，以该逻辑进行组群一定要以行业企业的职业岗位（群）变化为依据，将企业的岗位需求纳入专业群建设中，根据最新的职业岗位（群）人才需求设置专业群，从而让群内专业融合性更强，人才培养的适应性也更强。

浙江育英职业技术学院电子商务专业群数字化改造项目，围绕数字经济时代急需“新商科”职业人出发，通过重构“新商科”数字化现代商务人才培养方案，探索政行企校共同构建产教融合运行新机制；围绕新商科复合型技能人才培养的职业能力需求，重构课程新体系；构建数字化技创实践训练中心，创新教学新模式；改革评价目标、内容和主体，实施评价新方法等系统性人才培养改革，力争有效解决学校培养的人才与企业对人才的需求不对称、不匹配，传统商科人才培养知识结构单一、数字技术技能缺乏等问题，为实现学生高质量就业，助力区域产业高质量发展夯实基础（见图8-4）。

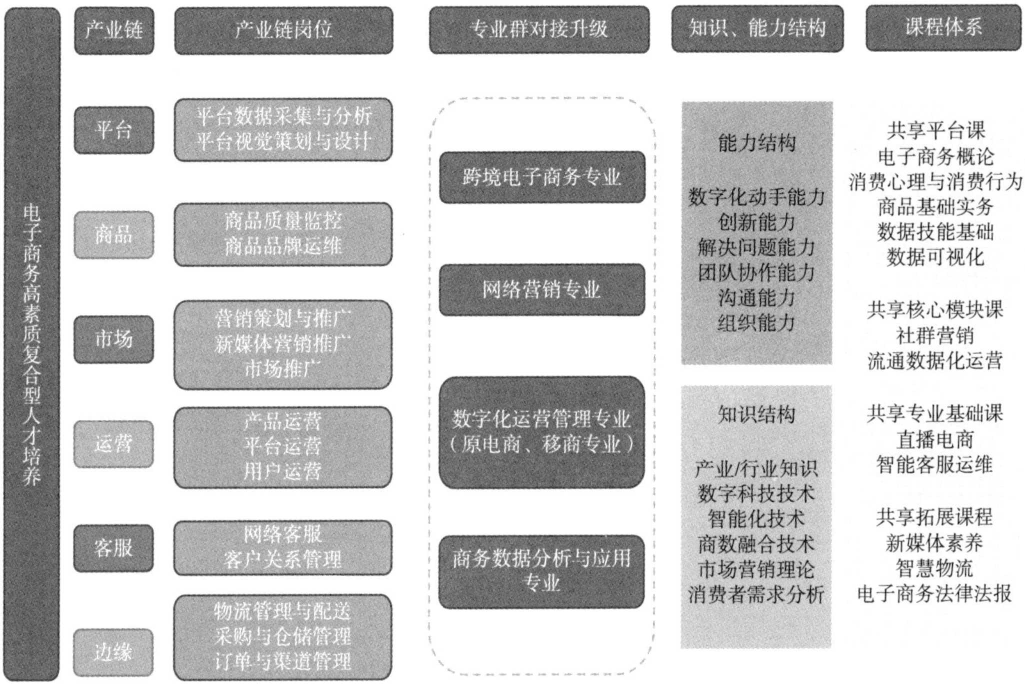

图8-4 浙江育英职业技术学院电子商务专业群建设

资料来源：浙江育英职业技术学院。

二、数字新商科岗位专业群

（一）企业、岗位和技能

在数字技术的影响下，全球商贸物流领域的新业态、新职业和新岗位不断出现，数字供应链、智慧物流、数字外贸、数字客服等新岗位对人才提出了更高的要求。“十四五”期间，越来越多的国际商贸企业开始数字化转型，企业开始积极拓展数字贸易重点领域，推进跨境电商、直播电商、跨境供应链、数字技术、数字贸易、数据及衍生品贸易等新业态的发展。阿里研究院数据表明，近五年来，我国数字贸易对人才的需求以年均39%的速度在增加。新外贸、新电商、新物流、新营销等新型数字商贸企业的核心岗位、核心技能也随之发生变化（见表8-6）。

表 8 - 6 新商科专业群企业、岗位、技能

专业	企业	岗位	技能
新外贸	国际贸易出口企业 国际贸易进口企业 跨境电商企业 国际贸易服务平台 国际贸易数字平台	跨境电商运营 跨境电商网络营销 跨境电商客服 跨境电商美工设计 数字化客服及风控	商务数据分析与应用 B2B 和 B2C 跨境电商运营 跨文化沟通交流 跨境网络推广 数字化客户服务与管理
新电商	网络科技公司 网络营销公司 电子商务公司 电商服务平台 电商直播企业 农村电商企业	网络（店）运营 网络（店）营销 网络（店）美工 网络（店）客服 移动商务运营 直播电商	商务数据分析与应用 电商文案设计与写作 网页设计与美工 网店运营与推广 短视频制作与直播 社交电商运营
新物流	仓储与配送型公司 运输型物流公司 电商仓储配送公司 国际货代理公司 供应链公司	智慧配送与运营管理 物流信息管理员 物流系统规划 海外仓运营与管理 供应链运营管理	智能仓库规划设计 智慧配送方案设计与优化 智能配载方案设计以及线路优化 物流信息收集、处理、数据分析 采购与供应链管理
新营销	新零售企业 数字营销服务企业 数字新媒体企业 智慧新零售企业	市场调研 网络营销推广 新媒体营销 新零售与门店云运营	大数据获取、统计与分析 网络营销策划 移动营销（微博、微信、App、公众号等） 智慧零售与运营
新文旅	文化创意企业 文旅企业 产业园规划 数字博物馆 会展策划服务企业	IP 规划师 旅游新媒体 研学旅游策划师 数字展会运营策划 海外投资顾问	旅游新媒体技术 数字文旅方案设计 研学旅行策划与管理 数字展会推广和营销 目的地国家跨文化交流

（二）目标岗位、工作任务、能力要求

如表 8 - 7、表 8 - 8、表 8 - 9 和表 8 - 10 所示，在调研中，多个国际商贸企业希望高职学生具备更强的数字运营、数字创新、数字管理、数字协作能力，以及创新能力、工作适应能力与职业生涯规划与设计能力。企业希望高职学生能够通过这些能力的提升，更好地适应跨境电商、智慧物流、网络营销等国际贸易新业态、新技术、新工艺的快速发展。

表 8 - 7　　新外贸

岗位	工作任务	能力要求
外贸业务员	1. 对外贸易客户开发 2. 对外贸易产品销售 3. 对外贸易合同履行 4. 对外贸易市场分析 5. 对外贸易风险控制	(1) 能够通过敏锐的洞察力主动开拓海外市场 (2) 能够利用网络平台以及国内外展会寻求、跟踪海外客户 (3) 能够开发整合客户资料，对客户的询盘进行及时回盘，做好客户维护和管理工作 (4) 能够经常保持与客户交流沟通，获取订单，负责跟进订单，对于客户的需求信息及时反馈
跨境网络营销	1. 海外市场调研 2. 商务数据分析和应用 3. 网络产品推广和营销 4. 网络产品营销策划	(1) 具备跨境市场调查分析能力 (2) 具备跨境市场数据分析能力 (3) 具备跨境网络营销策划及推广能力 (4) 具备跨境网络站外营销及推广能力 (5) 具备广告投放、选品及产品推介能力
跨境电商运营	1. 跨境平台的商店运营 2. 跨境平台订单跟踪 3. 跨境平台客户回访 4. 跨境平台商战略调整	(1) 掌握速卖通、亚马逊、Ebay、WISH 等跨境电子商务平台的操作 (2) 掌握跨境电商网上开店的流程及手续 (3) 掌握跨境电商企业网络推广方案的制订与实施 (4) 能够使用客户管理工具，开展名片展销等线上运营 (5) 掌握公司的库存和销售情况，与采购部、物流部开展沟通
外贸单证员	1. 进出口单证业务操作 2. 进口报关、清关、报检 3. 缮制单证，安排取单、开票、结汇	(1) 能够根据外贸合同，缮制进出口单据 (2) 能够根据信用证内容，申请开立信用证 (3) 能够对照外贸合同审核信用证并进行修改 (4) 能够缮制商业发票、装箱单、托运单，办理出口货物托运手续 (5) 能够通过客户和业务信息，申领原产地证，办理出口货物投保手续，审核海运提单 (6) 掌握货运法规与流程，缮制全套结汇单证并办理出口结汇与收汇核销
外贸跟单员	1. 协助履行外贸合同 2. 订单进行跟踪和操作 3. 协助样品生产、实施样品寄送与管理 4. 跟进生产过程，及时调整生产计划	(1) 能够跟进每单货物的进度，且核对相关数据 (2) 能够与货代公司进行密切的沟通与联系，妥善处理装箱、送仓等工作内容。 (3) 能够与车间、班组及技术人员打成一片，使其自觉地完成客户的订单 (4) 能够与业务员、跟单员以及客户、货代保持密切联系和有效沟通

表 8 - 8　　新电商

目标岗位	工作任务	能力要求
电商客服	1. 客户资料收集和管理 2. 为客户提供主动、热情、周到的服务 3. 对不同类型的客户进行不定期回访 4. 高效的投诉处理	(1) 掌握客户分类的依据与方法，能对客户进行分类，会对不同类型的客户采取不同的管理策略 (2) 能对客户实施关怀，强化与客户间的关系 (3) 能策划客户互动伙伴关系的工作方案，实现客户忠诚目标 (4) 能不断完善企业服务流程，以适应客户的需求，会建立企业基本服务体系 (5) 熟悉投诉处理流程，能妥善处理客户投诉 (6) 能灵活地应对不同类型客户，保持客户关系和谐

续表

目标岗位	工作任务	能力要求
电商运营	1. 网店运营与管理 2. 网店商品维护 3. 网店产品优化 4. 网络推广	(1) 掌握网络营销、网店编辑、客户服务的认知和实践技能 (2) 具有创新性地进行网店运营管理、网店美工、网络推广等综合认知和实践技能 (3) 具备创新性地解决复杂和不可预测问题的技能 (4) 根据新技术、新内容、新标准对电商运营进行知识更新与迭代
图像处理与制作	1. 移动互联网自媒体平台推广照片处理 2. 网站各类专题模板的图片处理 3. 产品图片的美化处理 4. 公司海报设计制作	(1) 可以独立进行并完成图片的 PS 处理以及海报图片的设计 (2) 能够开展 Photoshop 的各项功能的使用以及准确运用，掌握运用 Dreamweaver 中的 HTML、JavaScript、div + css 等技术 (3) 良好的审美与创新能力、优秀的设计创新能力 (4) 重视用户体验，能够充分领会项目设计意图，有较强的品牌意识
电商直播	1. 平台直播带货，与观众互动，提升粉丝数量 2. 参与直播活动策划、盘货、直播复盘等工作 3. 参与直播视频出镜拍摄工作，不断掌握流量热点	(1) 拥有一定的运营技巧、文案编辑能力 (2) 具有一定的粉丝基础有自己的 IP 账号 (3) 能够熟练地运用自媒体，会写脚本并且可以持续输出 (4) 掌握产品卖点，具备熟练的产品推介能力 (5) 语言表达能力强，可以控场，有随机应变能力缓解直播尴尬，增强直播氛围

表 8－9　　新物流

目标岗位	工作任务	能力要求
供应链运营	1. 供应链采购、生产、分销运作管理 2. 供应链风险防范与绩效管理 3. 供应链管理模式和服务创新	(1) 协调产品通关，安排货物运输及报关、检验检疫 (2) 掌握供应链规划设计流程，设计符合企业发展目标的供应链体系 (3) 熟悉供应链物流决策，熟悉供应链物流模式与供应链物流系统体系，合理选择供应商、分销商等合作伙伴 (4) 能借助历史数据，参考现有市场态势，做出中短期分析预测，制订运营计划 (5) 海关、出入境、港口管理等部门办理业务的能力 (6) 根据供应链指标数据诊断供应链存在的问题并制订针对性方案 (7) 能够利用新技术新理念进行供应链管理与服务的各类创新活动
国际货运代理	1. 接收委托、安排订舱、运输、报关、报检、结算等事宜 2. 制作国际单证及其他相关文件 3. 开展货运费用核算	(1) 能完成国际物流作业（仓储、配送、运输）任务 (2) 熟悉国际货运代理运作流程，了解各口岸进出口报关操作流程 (3) 掌握海运、空运等操作以及单证进出口申报 (4) 开展物流作业的调配管理 (5) 开展物流成本的预算、核算和管控 (6) 开展仓储、配送、运输管理方案的设计及优化 (7) 开展物流信息管理及数据分析，撰写分析报告等

表 8 - 10　新营销

目标岗位	工作任务	能力要求
营销策划	1. 开展企业品牌推广，市场调研 2. 负责撰写企业项目策划文案 3. 组建团队，执行营销策划方案	(1) 具有市场数据采集、市场调研、商业数据分析的技能 (2) 具有社交电商信息收集与调研、页面设计与发布以及与粉丝互动管理能力 (3) 具有智慧零售和销售管理的运营与策划能力 (4) 具有商务数据分析和决策的能力 (5) 掌握在新媒体平台开展数字营销方案策划的能力 (6) 掌握品牌与营销策划方案的制订与执行能力 (7) 掌握社交电商运营和数字营销的营销内容设计、产品规划、裂变与传播、转化与复购等技能
网络营销	1. 制定公司网络营销计划和发展目标 2. 通过网络进行渠道开发和业务拓展 3. 按照企业计划开展产品网上推广活动 4. 分析数据及网站优化	(1) 具备网络营销市场调查和分析能力 (2) 具有网络营销活动实施和客户服务实践技能 (3) 能够通过网络交易平台进行店铺建设和运营 (4) 能够对网店经营的商品或服务进行定价、促销活动方案制作 (5) 具备较强的品牌设计能力、营销活动策划能力、数据分析与决策能力
新媒体营销	1. 开展新媒体平台运营及推广 2. 策划优质的新媒体营销内容 3. 执行新媒体营销线日常活动 4. 提高关注度和粉丝的活跃度	(1) 掌握微博的日常运营和推广 (2) 掌握微信公众号的运营技巧 (3) 掌握短视频营销技巧 (4) 掌握社群营销及搭建社群方法 (5) 能够将微信营销、微博营销、自媒体营销、视频营销、社群营销等，适当地导入营销活动中，进行有效的策划，制订可行的营销方案

第三节　数字“新商科”人才培养路径探索

数字时代的到来，对高校新商科人才培养也提出了更高的要求。高校应该在新商科产教融合的过程中，充分发挥自身的办学优势和人才培养特点，对原有的教学资源和教学团队进行调整和优化（董鸿安，任君庆等，2021）。数字经济时代的新商科专业可以从数字青年人才培养、多元商贸人才培养、数字教育资源可持续开发、打造双元结构的师资队伍、教学模式转型等方面入手，构建数字时代下的新型产教融合生态圈①。

一、以数字经济为契机，探索新商科数字化教学改革

立足区域数字化产业发展的优势，全面对接区域数字化产业对青年人才培养的诉

① 作者参考宁波职业技术学院董鸿安教授关于《高职业院校科研服务效率评价及人才培养体系构建》的研究报告，并通过实地调研完成。

求，由单一岗位转向多岗兼容、单一培养转向校企协同培养、单一授课转向综合素质培育，从而满足数字化发展对新型人才的需求。

第一，探索新商科数字化实践教学。新商科专业可以结合区域数字化产业发展状况，协同企业共同制订相应的人才培养方案。例如，新商科专业可以引入数字化、行业的技术标准，根据数字型企业具体的岗位能力要求，加入相对应的信息技术课程、商务数据分析课程，来满足新经济背景下对新商科交叉型人才的培养。同时，新商科专业通过5G智慧新商科学习、VR虚拟现实新商科教学等方式，激发同学们内在的学习潜力，探索个性化学习需求，形成新商科个性化人才培养理念和学习生态。

在商贸类专业的日常教学中，实践类课程是拓展大学生实践教学和职业能力的最好途径，也是大学生自主创新的动力源泉。但目前，包括国际贸易、市场营销、电子商务等商贸类专业在实践教学环节仍存在着较多的问题。例如，实践教学项目依托缺失、实践课程开发力度不够、实践环节设计枯燥、实践指导场地不足等都较为突出。针对上述商贸类专业实践教学体系存在的问题，宁波高职院校围绕港口经济圈发展的新优势，谋划新动力，从协同创新的角度对实践教学进行改革和完善，通过校企融合的方式，主动融入港口经济圈，建立以专业为核心的教学、科研、社会服务联合体，使实践类课程教学更加丰富生动、真实直接。

例如，浙江工商职业技术学院、浙江纺织职业技术学院等众多高职院校的商科专业群面向区域内大学生和社会创新创业人员搭建了创业创新的教育培训、孵化实践和公共服务三个平台，积极鼓励在校大学生通过跨境电商、微商业、新媒体等新型媒介，迈开创业创新的步伐，加入“互联网+”的行动中来。其中，外贸类专业通过“平台+实体”的创业创新教学实践，让学生掌握全套跨境电商贸易流程，提前为企业培育了一批实战型的跨境电商人才（见表8-11）。在教学机制的改革中，创新性地实行柔性化教学方式，将阿里巴巴的速卖通平台、WISH、亚马孙等出口跨境电商平台引入课堂，强化英语、外贸、电商实操等专项技能。主动参与区域中小外贸企业的跨境电商和跨境物流业务，双十一期间，专业教师指导跨境电商创业班级参与企业活动，将更多的企业产品推广到平台上，接到了来自美国、俄罗斯、西班牙、巴西等客户的订单，在为企业创造利润的同时也提高了学生的外贸业务实操能力。

表8-11　　国际经济与贸易专业人才培养方案（实践教学）

实践类型	核心能力	对应课程
专业课程实践	●组织管理的一般知识与技能 ●熟悉商务大数据软件应用 ●熟悉进出口贸易一般流程 ●熟悉跨境电商的一般运营 ●熟悉跨境网络营销的一般操作 ●数字跨境供应链的一般流程	商务数据分析与应用 国际贸易实务 跨境电商实务 外贸跟单实务 外贸单证实务 跨境供应链实务

续表

实践类型	核心能力	对应课程
综合性实践	●熟悉外贸企业日常工作情况和商务环境 ●掌握外贸企业的常用业务操作技能 ●掌握外贸企业商务管理综合技能 ●全面熟悉和适应外贸相关工作 ●全面掌握专业问题的研究方法和实际研究过程	外贸企业认识实习 外贸企业模块实习 外贸企业综合实习 毕业实习 毕业论文
拓展实践	●掌握跨文化交际与沟通能力 ●熟悉行政管理技能 ●掌握第二外语	跨境商务交际与沟通 行政管理技能 西班牙语/日语/韩语/德语

第二，开发新商科数字化教学资源。为了提高商科专业教学质量和教学吸引力，高校可以联合企业开发更多体现应用场景的数字教育资源，包括开发精品新商科课程、新形态教材，融合互联网、人工智能等信息技术的虚拟现实、增强现实、配套移动软件，以及表现丰富的多介质数字资源。新形态教材在传统纸质教材的基础上，添加了可视性更强的动态图例和场景，增强了教材表现力和吸引力，不仅解决了传统教材更新不及时的老大难问题，而且有效服务于线上教学、混合式教学等新型教学模式。

例如，宁波职业技术学院物流专业根据物流产业数字化、智能化、全链化高端业态的发展态势，在物流专业课程信息化课程资源开发上，与深圳怡亚通联合开发建设《供应链基础》《供应链仓配规划与运营》《供应链金融》《供应链管理实务》《采购与供应》等供应链运营系列在线课程。充分开发和应用多媒体网络教学资源，加强课堂外资源的延伸与拓展，引入物流论坛、物流公众号、物流微博等资源，开发源于企业真实项目的课程案例。同时，核心课程均配有微课、PPT、视频、动画、图片、试题库等各类多媒体数字化教学资源，均可实施基于资源库的线上线下混合教学。在课程新形态教材资料收集过程中，校企合作引入企业的真实案，共同开发反映行业企业新技术、新工艺、新流程、新规范，校企“双元”合作教材建设。例如，国际贸易专业的《外贸跟单》新形态教材在编写过程中，得到了宁波思逸倍欣进出口有限公司、宁波凯耀电器制造有限公司的支持，通过校企合作的方式，企业为该书提供了丰富的实际案例和素材，跟单项目的工作任务都结合企业的实际，开展全方位的项目训练。教材还选用了几位优秀毕业生的跟单岗位工作案例，充分体现出实际工作中跟单工作完整流程及典型工作任务，辅助读者理解教材中的相关内容。

第三，打造新商科数字化教师教学团队。师资队伍是高素质人才培养的基本保障，为了满足传统行业对互联网、人工智能、5G 等信息技术深度融合的需求，新商科需要通过校企合作，深入学习新技术的发展需求，共同打造结构优化的教师教学创新团队。加强人才引进和培养，加强专业带头人选拔培养，实行学校和企业双带头人制度，打造专兼结合高水平双师型师资队伍，重点加强建设稳定、高水平、多类型的兼职教师队伍，对企业兼职教师的管理采用多样化的灵活机制。针对“专家型”的企业高管采取柔性引进使用，聘请他们做教学指导委员会专家和开办高端前沿讲座。针对“技能型”的企业兼职教师主要聘用他们负责技能指导、实训实习指导或者在理实一体化课程中进行少量课时的实战案例授课。

例如，浙江金融职业学院聘请行业龙头阿里巴巴的企业高管兼职担任商贸类专业的带头人，协同学院教学名师章安平教授构成“双专业带头人”；聘请行业专家担任课程兼职负责人和培训讲师，形成“校内课程负责人 + 行业课程负责人”的“双课程负责人”。聘请行业骨干担任创新创业导师，形成“学业导师 + 创业导师”的“双导师育人团队”，打造一支“双元双优”结构化教师教学创新团队。开展专业教师的企业访问工程师、企业部门管理层兼职、参与企业项目研发、培训、开展企业调研等活动，通过最低 6 个月的企业锻炼和业务实操，提升教师的企业实践能力。通过双元团队，共同开发岗位标准、专业教学标准、课程标准和教材，针对新技术研发的不同业务领域，企业教师和校内教师主讲各自“精专”的项目模块，实施分工协作模块化教学，全面提升人才培养质量。

二、以数字产业化需求为导向，推进新商科产教融合

产教融合是实现高校与数字型企业在新型人才培养领域优势互补和协同发展的关键。为促进数字经济下新商科的发展和数字新青年的就业，高校可以积极开展与数字型企业基地、数字型产业基地、数字型创业基地的协同合作，以“产教融合”为纽带，提升数字型企业长期合作的实效，推进人工智能教育产教融合进程。

第一，新商科专业可以重点对接区域内的人工智能技术企业、数字科技企业、新兴科技商贸企业，并根据企业实际需求制订系统化的人才培养方案，并将企业的具体岗位能力要求与实训课程改革进行深度融合，共建高水平的数字化校内外实训基地。

例如，浙江旅游职业技术学院加快推动导游专业群的数字化改造，建设导游专业群教学资源库和旅游全要素综合实训平台，率先在智慧旅游领域迈出了第一步，为全国旅游职业教育提供“浙旅样板”。近年来，随着线上旅游业务的发展，浙旅院对专业和课程做出快速调整，智慧旅游、数字景观介绍、智慧导览服务与管理等带有数字经济色彩的新课程开始走进课堂。专业通过建设现代旅游虚拟仿真实训中心（见表 8 – 12），系统打造虚拟景区、虚拟酒店、虚拟厨房等七个“云旅游”模块，例如，在虚拟景区模块中，利用 VR 技术模拟中外著名景点、景区，模拟旅游目的地地震、火灾、泥石流、旅游大巴故障等突发状况，学生通过沉浸式体验全面提升实训质量。

表 8-12 浙江省职业教育示范性虚拟仿真实训基地（商科相关）

序号	院校名称	虚拟仿真实训基地名称
1	温州职业技术学院	现代设计虚拟仿真实训基地
2	浙江国际海运职业技术学院	现代航运虚拟仿真实训基地
3	浙江旅游职业学院	现代旅游虚拟仿真实训基地
4	浙江纺织服装职业技术学院	现代纺织与时尚服装职业教育虚拟仿真实训基地
5	浙江金融职业学院	智慧财经虚拟仿真实训基地
6	浙江商业职业技术学院	冷链技术虚拟仿真实训基地
7	宁波经贸学校	数智化新商业虚拟仿真实训基地
8	余姚市第四职业技术学校	网店运营推广虚拟仿真实训基地
9	长兴县职业技术教育中心学校	5G+职业教育虚拟仿真实训基地
10	嘉善县中等专业学校	长三角示范区虚拟仿真实训基地

资料来源：作者根据浙江省教育厅网站《浙江省教育厅办公室关于公布浙江省职业教育示范性虚拟仿真实训基地的通知》整理。

2019 年 7 月杭州良渚古城遗址成功入选世界遗产名录，浙江旅游职业学院校长杜晓兰带领专业团队和考古研究团队联合打造《中国良渚文化》在线开放课程，全面完整地展现了良渚遗址的独特风采和良渚古城五千年的历史文化。课程以专业、科学、深入浅出的视角，呈现深度的解答和权威的论述，以动画、视频、图文资料以及专业讲解员现场讲解、教授学者授课、考古专家及亲历者深度访谈等丰富多彩的形式开展多媒体教学。

第二，新商科专业应积极与数字型企业共同组建“产学研”一体化平台，开展数字信息技术技能创新，为区域内知名企业提供数字化转型方案和服务，向企业输送一批高素质高技能的新型数字化人才，为区域数字化产业、数字型企业的持续发展培植新动能，助力区域数字经济建设与发展。

在全球化格局下，中国已经成为全球供应链网络的应用和创新中心，具有国际视野的供应链运营和管理人才成为行业企业重点培养的对象。宁波职业技术学院供应链管理专业通过搭建政行企校协作平台，与北仑区商务局共同发起成立宁波市北仑区麒麟外贸跨境供应链促进中心，促进北仑区内电子商务、对外贸易、供应链管理等相关领域产业发展，并协同涉外类专业与阿里巴巴北仑服务中心、园区小微跨境电商校企业联合创建了省内领先的多语种跨境电商实训中心，创建集教学、经营、培训等多功能于一体的“校中企”“企中校”等高水平国际商贸生产性实训基地。

宁波职业技术学院国际经济与贸易专业通过引入跨境电商专业操作软件，开展亚马逊、速卖通等平台实操练习，构建现代化的跨专业实训体系；电子商务专业依托“双十一”“双十二”电子商务实训项目，与宁波盛威卓越安全设备有限公司、网易考拉、太平鸟服饰等企业开展电商网络客服、图像美工等岗位的专项实训，并在人才培养方案制订、课程体系构建、实验实训项目设计等各方面展开深度合作；财务会计专业依托智慧财经虚拟仿真实训基地，引入智慧代账智能云平台，拓展了学生的专业实训模块，通过智能云平台中风险测评、财务分析、信息推送、云数据统计等功能优势，进一步提高学生专业技能，培养实用型、技能型的会计人才；艺术设计专业依托北仑文具跨境产业集群优势，参与举办北仑区首届文创（文具）设计大赛，大赛依托北仑外贸跨境供应链促进中心面向北仑区境内文具企业和文化设计企业征集优秀作品，吸引和选拔一批具有创新意识和优秀设计能力的青年设计人才。通过大赛，整合高校、文具文创类企业的资源，搭建创意交流平台，增进青年设计人才与行业企业的交流互动，从而推动人才汇聚、创意交流、创意转化，打造“青年北仑”“文化北仑”形象。

第三，充分调动数字型企业参与产教融合的积极性和主动性，强化政策引导，鼓励先行先试，促进供需对接和流程再造，构建校企合作的长效机制。

宁波职业技术学院的数字媒体应用技术专业服务长三角影视、动漫游戏、媒体传播产业集群，主要面向影视摄像、影视剪辑、视频创作、美术创作、淘宝美工、广告设计、视觉传达、游戏美术、VR创作、动画设计等专业岗位群。基于新型数字化人才培养，数字媒体应用专业与博地影秀城等区域龙头企业协同创建VR数字可视化实训中心、数字艺术交互实训中心、数字动态视觉实训中心、数字静态创意设计实训中心，开展虚拟现实技术、软件开发设计、影视动画、视觉传达四大方向的技术人才培养（见图8－5）。通过深化数字创意产业链与数字媒体教育链，专业、企业、行业协同培养“数字艺术工匠”；建立专业与行业企业实践协同的工作机制、专业与产业互适互补的动态调整机制；完善跨界融合的高水平教科研团队，加强民族动画、游戏的研究和开发；将数字媒体应用技术专业建成与区域数字创意产业紧密对接、资源共享明显、育训成效显著的省内一流、国内有影响的高水平专业。

图8－5　数字媒体应用技术专业实训方向

数字媒体应用技术专业主要面向数字媒体应用、数字创意产业发展，培养掌握数字创意基础理论，精通动漫、游戏、互动媒体、文化传播等专业技能，具备数字策划、制作、推广和执行综合职业能力，具有跨专业行业的实战能力、国际视野和创新思维的高素质技术技能型复合人才。专业在课堂教学之余，还协同企业专家开设了多个数字媒体特色工作坊、工作室，包括宁波零视影视传媒工作室、木格子数字动画工作坊、早木数字插画工作室。其中，与校友企业宁波奇想文化创意有限公司合作共同孵化大学生创业项目，立足短视频和直播电商领域，从“创意激发、技能提升、创业实践、导师问诊到以赛促创”将专业教育与创业教育有机结合。

三、以人工智能为依托，推进数字教育资源的持续开发

数字教育是利用数字技术将家庭教育、学校教育、社会教育有机融为一体，为学习者创造一个终身学习体系的数字化教学系统。

第一，人工智能为学生提供更好的个性化学习内容，更适应个体发展的学习环境，尤其在辅助学习中发挥更好的作用（见表 8－13）。如今，数字教育已逐渐被运用到传统教育的辅助教学中。例如，智慧教室是交互式平台创建的一个虚拟教室，教师可以预先为所有课程准备好线上作业和阅读材料，学生们通过移动设备即可观看在线课程，实现在线互动。再例如，数字教材的出现也受到了广大师生的欢迎，教材的内容方面不再停留于实体教科书上枯燥繁杂的文字，而是添加了丰富的视频，让学生可以更直观地理解较难的知识点。

表 8－13　传统的课堂学习与数字化学习之比较

比较项	传统课堂学习	数字化学习
教学资源	有限的纸质教学资源	丰富的在线资源
交流方式	粉笔和谈话	各种各样的媒介和交互内容
课堂研讨	课堂分组讨论	在线研讨互动
课后辅导	课后面对面的辅导	根据需要进行网上指导
作业批改	手动批改作业	系统自动批改＋主观题手动批改
学习地点	在学校内进行	不受空间限制

教学资源：教师将教学安排融入文字、图片、视频、音频等资源，依托各种数字化平台，例如，学习通、职教云、慕课（mooc）等平台，使学生随时随地在云端获取学习内容，并请教师在线解答相关问题。教师也可以运用大数据对学生的学习情况进行分析处理。数字教学资源主要优势在于提高学习的主动性，这种方式可以更好地把

知识点记忆转化成知识点探究，学生拿到这些问题时，是自己去寻找答案，这样能够大大地提高学生的主动性，提升教学效果。尤其是数字化教材的课后拓展练习，随扫随学、碎片化资源融合、微课、测验、二维码实现资源与教材融合，在课堂之外提供更多的学习资源。

交流方式：在疫情期间，数字化在线教学在师生交流上起了很重要的作用。像《外贸跟单实务》《外贸单证实务》在线上教学期间采取直播 + 录播的方式，相比传统的面授，在线教学中课堂的呈现方式更加多维。除此之外，老师们也采用了互联网上所提供的各种技术来改变原有的教学方式，从在黑板上抄写的方式改变为现在普遍运用的 PPT、视频、影像等更加灵活的方式去传送教育信息予学生们。与此同时在上课期间，学生可以在弹幕或者群里发消息跟老师交流，使师生间的交流更加融洽。

课堂研讨：在上课期间，老师无法很好地确认学生的学习情况。为了学生更好地掌握，老师们可以在教学的不同阶段，给学生下达不同的任务，或独立或分组去完成，然后通过课堂连麦、线上答疑、评论作答等形式对问题进行讨论。在讨论交流中，师生各抒己见，容纳不同意见，尊重并强调学生的个性，更要把课堂变成学生展示的舞台，引导学生在课堂这个舞台上尽情地展示自己的观点，展示自己的作品，展示自己的思想。此外，我们也可以依托智慧教室展现方式多样化、媒体化，加强师生之间的教学互动，使教学场景从物理空间拓展至网络空间和社交空间。

课后辅导：在课后，老师可以通过平台发布小测试、作业、问卷等，平台可以统计结果，然后根据结果老师有针对性地制订教学计划，调整优化教学进度和教学组织方式。确保在每名学生较好掌握所学知识的基础上，再进行新课教学。对不同学生的学习效率，进行针对性的辅导，有助于确保所有学生都能掌握知识，让学生立即得到反馈，帮助他们理解概念的内涵和外延。对学生来说可以对网课进行总结，有条理地对所学内容进行梳理，准确记录掌握不牢靠知识点。在课后时间找老师答疑解惑集中解决，特别是难度较大的重点教学内容。

作业批改：应该说人工智能在作业的批改和提交上能够为老师的工作提供便利，尤其是自动评分系统能够发挥较大的作用。《国际经贸地理》《经济学基础》等课程的课堂作业和家庭作业的评分会耗费老师比较多时间，人工智能虽然不能完全取代我们自己的评分，但对填空题、选择题、判断题的自动评分已经能够基本准确完成。当前自动批改已经非常的智能，当系统发现许多学生提交了错误的家庭作业答案时，它就会通知老师，并向学生发送一条个性化的信息，提示正确的答案。学生不需要等待老师的答复，而是立即收到反馈，这有助于他们更好地掌握经济学的基础知识，并在下次记住相应的解决方案。目前，人工智能系统已经能够开始识别一些书写清晰的主题，并且有较大的改进空间。

学习地点：人工智能突破了时空限制，具有很强的灵活性，学生可以根据自己的学习习惯合理地安排学习时间和地点，不再局限于课堂。老师和学生只要通过一台电脑、一部手机就可以开展教学活动，解决了因疫情防控而不能出行、聚集的问题，师生在家就可以完成教学任务。在时间方面，一方面，学生即使第一次没有听懂课程，也可以选择在线回放，再听一遍课程；另一方面，学生倘若因事耽搁了课程，可以看录制视频，随时学习。

第二，人工智能改变和塑造学习体验。随着移动学习便利化和教育软件的日益普及，数字化的学习方式、学习载体被广泛使用，学生可以根据个人的需求进行教学资源、交流方式的调整，通过数字化的在线研讨，课后的网络辅导实现更多主题的学习，通过系统自动批改作业和大数据的分析归类，重复学生未理解的错题，并普遍帮助学生按照自己的节奏学习。此外，人工智能可以在一系列常规的行政工作中发挥作用，包括处理学生的申请表格、采购教学材料以及进行人力资源管理，人工智能的介入能够有效提高行政效率，降低人工成本。

就读于高职院校涉外类专业的小陈平时特别注重英语学习，她说：“我最喜欢的数字学习工具是‘百词斩 App’。首先，它是一个可以免费背单词的 App ，操作界面也是干净利落的，并没有什么广告。其次，可以根据自己的需要来选择词汇。这个软件在词库上有很多种，从小学到大学，从教材词汇到高频词汇，满足你的不同需求；自定义词数，合理安排每日任务，让学习计划更加得心应手。百词斩的训练板块里包含深度复习和快速复习，里面还有很多小板块，例如听力、写作、阅读等。还有测试单词水平、听力。它是第一遍看图、听例句、认识单词，之后马上会有一小轮的复习，遇到错误，系统会自动记录再巩固复习一遍，第三遍会巩固中英互译，经过三次的反复记忆。最后会显示一个打卡记录，可以把当天的学习记录分享到朋友圈。除此之外，已经学过的单词，会有很多的维度进行复习和巩固，比如说单词拼写、听音选义等。遇到自己已经掌握的单词可以‘斩了’，后面就不会再次显示这个单词了。这个 App 还是支持离线使用的，还可以锁屏背单词，在锁屏界面即可背单词。百词斩的优点很明显，结合图片，也就是用具体的语境去让我们能更清楚直观地看到这个单词所表达的意思，可以利用碎片的时间随时随地背单词，给自己每天设置小计划，让自己更好地坚持下去。”

中联集团运营的中联培训以职业技能提升为出发点，支持企业职工、学校教师、高校学生、各类机构人员及待业人群等学习者广泛参与，实现培训课程发布、在线学习、教学交流、状态跟踪、用户管理、课程管理、考试考核、角色权限、统计分析等多元化功能，涵盖职业技能培训学习的方方面面。2022 年 1 月，中国就业培训技术指导中心公布了《关于推荐优质线上职业技能培训平台及数字资源的通告》，中联培训平台（www.zlpx.cn）获得人力资源和社会保障部全国优质线上职业技能培训平台及数字资源推荐。

首先，中联集团将培训平台和集团“1 + N”领军产业场景、生态、要素、模型融合，按社会急需紧缺的岗位核心技能培训规律锻造，进一步扩大优质线上培训资源供给，形成了推动技能提升资源共建共享的新生态。其次，中联培训融入了“场景化工作”模块，不仅能够在线学习，还实现了虚拟仿真技能实操，通过把企业生产经营过程中的真实业务数据和任务模块引入具体项目操作平台，再现岗位工作场景和工作流程，实景演练和理实结合，创新了职业技能型人才培养新模式，有效促进了人才就业创业。最后，中联培训汇聚300个职业工种，10000多门数字课程，500多名技能明星教师，课程采用“点播 + 直播 + 面授”多元培训形式，满足各类群体职业技能培训需求。

第三，人工智能推进教学资源的可持续开发。随着数字技术革新，商科类专业更应保持一种持续学习的动力。人工智能通过引入数字合作学习，开展图像化、虚拟现实或混合现实作为学习者学习、教育者教学的方法，促进实用和创新教育。数字技术和人工智能使学习技术建立在个性化培训、个性化信息和个性化能力的基础上，以实现创造力和创业精神。数字时代更强调适应性，因此，在新商科人才培养中需要将数字技术渗透到课程教学和第二课堂以及实践教学中，以便在学生在未来的持续学习和工作过程中，更快速地适应数字新环境。

例如，浙江商业职业技术学院积极探索“人工智能”与职业教育的深度融合，基于全国电子商务职业教育开发与应用中心建设，逐步完善学生的个性化基础数据。学院根据各专业学生的兴趣爱好、学习基础、网络学习路径以及学习作业完成情况，分析学生的学习风格、学习动机、学习能力，开启“一对一”人工智能新商科人才培养的个性化模式，推动常规课堂教育教学与智能化、场景化、个性化相结合。其中，商科创新创业活动平台以“大数据 + 人工智能 + 云服务”为核心，旨在让商科学生能随时加入具有“全真”特性的商科实践创新活动中，依托增强现实类教学工具、教学环境实现学习者通过自由自然的方式与商科实践教学活动进行增强现实级别的交互，让学习者在沉浸的自然交互中体会到商科竞争性的本质特征。

再例如，浙江金融职业学院坚持开放共享的理念，依托国际贸易专业国家教学资源库升级改进项目，充分对接跨境电商 B2B 和 B2C 数据运营职业技能等级标准要求，将电子认证、信用体系、数字贸易争端解决机制等数字国际贸易产业新技术、新标准、新规范融入教学内容，校企双元合作开发系统化数字教学资源，打造了包括2门国家级别、6门省级和12门校级的在线精品课程体系（见图8－6）。其中，“外贸单证操作”被认定为首批国家精品在线开放课程，成为全国职业教育在线精品课程建设的标杆。在优化教学资源建设的同时，引入常态纠偏机制和信息化诊断工具，利用智慧职教等平台跟踪学习行为、记录学习数据并在课堂教学中进行验证，赋予课程自我进化内生动力，实现个性化、精准化教学。

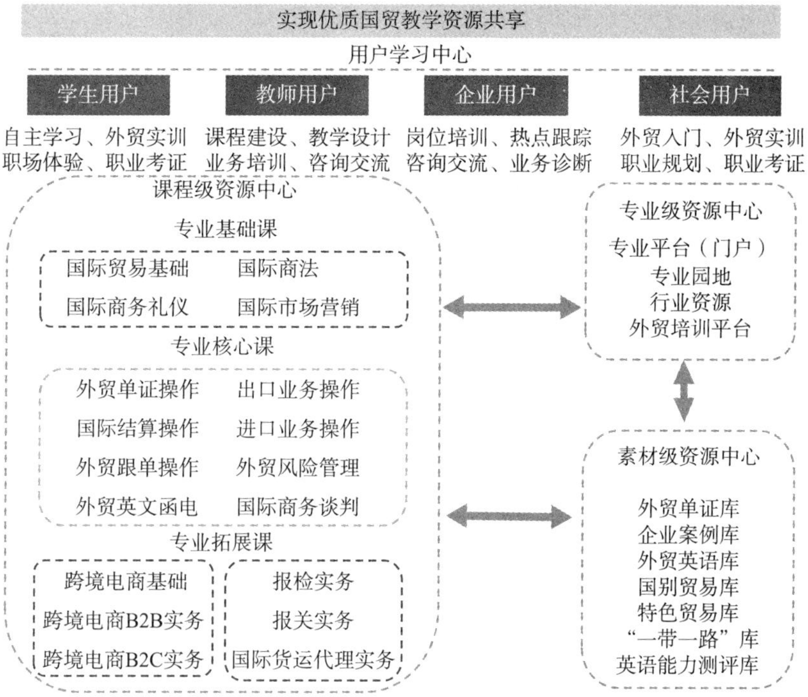

图 8-6 浙江金融职业学院国际贸易教学资源库

资料来源：浙江金融职业学院网站。

四、以产教协同为载体，推进国际化数字人才培养

跨区域产教协同对扩大中国的国际化合作、弥合国际交流鸿沟发挥了重要作用。在“一带一路”产教协同联盟、国际产学研合作平台、海外合作办学等项目的基础上，各大职业院校积极推进职业技能人才的跨国流动，进一步探索跨区域产教协同发展新模式，实现产教协同国际化可持续发展。

“十四五”期间，宁波将充分发挥自贸区建设优势，在跨境电商、数字化港口、未来工厂等方面，深入推进国际经贸合作，推进国际化数字人才的培养。接下来，我们将以中国—中东欧国家经贸合作示范区建设为例，探讨宁波与中东欧各国如何开展职教领域的国际合作和产教协同，如何推动宁波与中东欧在经贸、物流、科技、人文等方面的交流合作。

第一，加强与“一带一路”国家的跨区域产业合作。围绕新一代信息技术、新材料、新能源、节能与新能源汽车、高端装备等重点协作产业链条，组织开展物联网、大数据、新材料、智能装备、智慧物流具等产业的协作。首先，加强高校与“一带一路”国家产业界的合作力度，校企协同制订“一带一路”国家可借鉴的人才培养方案和“走出去”企业适用的人才培养标准，在“17+1 合作”平台上开展跨国企业联合人才培养，实现中国与中东欧国家间的人才互通。其次，以中东欧和“一带一路”沿线国家作为重点发展区域，稳步扩大留学生招生规模，优化留学生结构，为中东欧以及“一带一路”沿线国家的重点产业培养高层次人才。最后，发挥高校牵线搭桥作用，校企“抱团出海”，通过“专业＋产业、人才＋就业”主动服务企业走出去，积极对接海外产业园、跨境经济合作区，为中小民营企业“走出去”提供强有力的人才支撑。宁波敏实集团在塞尔维亚、捷克投资新能源汽配项目，投资总额超过1.5亿美元；宁波均胜集团在中东欧5个国家设有生产基地，其中匈牙利工厂是全球规模最大、设备自动化程度最高的安全气囊工厂……在中国—中东欧合作的大框架下，以双向投资为新引擎，曾以“单项冠军”闻名全国的“宁波制造”，正跑出国际产能合作的“加速度”。

第二，加强产教协同国际创新平台建设。首先，建立中东欧企业服务平台、自主创新平台、研发孵化平台，定期举办有权威性、专业性、国际性的论坛和研讨会，多方位多途径合作建设“一带一路”协同创新平台。其次，鼓励中国与中东欧国家共建科技咨询服务站，为中东欧产业园区提供区域产业分析、行业跟踪、科技咨询等服务，推进中东欧海外科创中心、中捷产业园、中东欧工业园等境外产业园的科技创新和成果转化。其中，中东欧国际产业合作园在匈牙利布达佩斯设立中东欧创新基地，联动周边国家，搭建中东欧项目服务网络。最后，鼓励有条件的“双创”示范基地与中东欧国家开展合作，打造“17＋1”创业创新发展平台，成立中东欧产业园创业孵化培训基地，为优秀的中东欧人才提供就业创业的机会，为中小企业入驻产业园、孵化创业项目提供咨询服务。

第三，加强国际优势特色学科合作开发建设。首先，引进中东欧国家的优秀智力资源，合作建设与中东欧国家战略密切相关的学科，尤其是生态农业、信息通信、人工智能、新型材料、跨境供应链等战略性新兴领域和传统优势领域学科。其次，加强与中东欧知名院校的学术合作与交流，共建高水平的科研院所、高标准的科技创新平台，加强优势特色学科的教育资源共享，推动国际学分转换和学位认同。最后，借鉴全球先进的人才培养理念，引入最新的职业标准、行业标准、企业标准，开发与国际标准对接的专业课程体系和人才培养模式，实现优势特色专业产教融合国际化发展，打造宁波与中东欧国家教育国际合作机制创新示范区。

第四，加强海外优质资源和优秀团队的引进力度。加强国际创新资源“引进来”，积极引进全球服务业跨国公司总部运营中心、研发设计中心、采购物流中心、结算中心，积极引进优质外资企业和创业团队，打造国际化的产业生态链和生态圈。首先，营造国际人才安心工作、放心居住的人居环境，吸引中东欧和“一带一路”沿线国家的高层次人才、专业人才、留学生来华学习和就业。其次，完善来华留学工作人员的社会服务体系，在生活、医疗、居住、文化等方面，致力为中东欧国家和全球人才提供优质的保障服务。最后，集合多方国际化资源，集中式地让海外人才共享语言翻译、职业规划、财务托管、法律咨询等一站式的服务。例如，成立中东欧青年创业创新中心、中东欧客商服务中心，为中东欧国家的中小企业和外籍人士提供人才落户居住、来华签证办理、企业注册登记等专业化的服务。

参 考 文 献

［1］敖成兵．斜杠青年：一种“互联网+”时代的职业身份解码［J］．中国青年研究，2017（12）：80-84.

［2］曹洁，罗淳．“斜杠”青年的收入和福利分析——基于CGSS2012、2013、2015的经验研究［J］．南方人口，2018（03）：56-67.

［3］戴小红，郑亚莉，章安平，等．金融职业学院首批国家级别跨境电商教师教学创新团队“三双”模式实践［N］．中国教育报，2022-03-15.

［4］邓文勇，黄尧．人工智能教育与数字经济的协同联动逻辑及推进路径［J］．中国远程教育，2020（05）：1-9，76.

［5］丁述磊，张抗私．数字经济时代新职业与经济循环［J］．中国人口科学，2021，（05）：102-113，128.

［6］董鸿安，任君庆，张振，丁镭．生态位视域下高职院校“双高计划”建设的综合竞争态势评价及启示——基于浙江省的分析［J］．中国职业技术教育，2021（27）：65-71.

［7］高鸿，赵昕．基于产业链与人才链深度融合的高职产业学院建设研究［J］．职教论坛，2021（04）：33-38.

［8］高校校友观察：中国高校毕业生职业发展研究与展望2020［R］．全球化智库&领英，2020.

［9］耿子恒．人工智能对产业发展影响的研究进展［J］．企业经济，2021（10）：31-40.

［10］龚六堂．数字经济就业的特征、影响及对应策略［J］．国家治理，2021（23）：29-35.

［11］郭璇瑄，陶红．数字经济赋能职业教育适应性研究［J］．贵州师范大学学报，2022（01）：65-74.

［12］国家发展改革委．《关于发展数字经济稳定并扩大就业的指导意见》发改就业〔2018〕1363号［A］．国家发展改革委网站．2018.09.

［13］国家发展改革委．《关于支持新业态新模式健康发展激活消费市场带动扩大

就业的意见》发改高技〔2020〕1157 号［A］. 国家发展改革委网站 . 2020. 07.

［14］贺武华，王树华 . 网信时代的职业观变革及青年职业教育研究："斜杠青年"视角［J］教育发展研究，2019（Z1）：89 –95，101.

［15］胡文兵，杨兴洪 . 农村电商发展现状与对策分析［J］. 电子商务，2020（11）：19 –20.

［16］纪雯雯 . 数字经济下的新就业与劳动关系变化［M］. 北京：社会科学文献出版社，2019.

［17］孔苏颜 . 数字技术赋能乡村振兴路径选择［J］. 合作经济与科技，2021（22）：30 –32.

［18］黎淑秀，许昌秀 . 全职型平台经济灵活就业青年的就业状况研究［J］. 青年探索，2020（06）：71 –81.

［19］李海舰，蔡跃周等 . 数字经济蓝皮书：中国数字经济前沿（2021）数字经济测度及"十四五"发展［M］. 北京：社会科学文献出版社，2021.

［20］李忠建，杨晓扬 . 数字经济下的就业趋势探究［J］. 经济研究导刊，2018（31）：170 –172，180.

［21］刘琛 . 数字经济背景下的职业教育［J］. 中国人民大学学报，2020（06）：40 –49.

［22］刘益宏 . 数字经济背景下对职业教育的发展与影响［J］. 北京经济管理职业技术学院，2020（20）：183 –184.

［23］马惠雯 . 大数据背景下智慧城市建设的创新路径［J］. 中小企业管理与科技，2021（11）：46 –48.

［24］牛天，张帆 . 嵌入、表达、认同：斜杠青年的自我实现研究［J］. 中国青年研究，2020（06）：90 –95.

［25］彭波 . 人工智能视域下教育评价改革何以可能［J］. 当代教育论坛，2021（06）：1 –15.

［26］戚聿东，丁述磊，刘翠花 . 数字经济时代新职业发展与新型劳动关系构建［J］. 改革，2021（09）：65 –81.

［27］秦秋霞，郭红东，曾亿武 . 乡村振兴中的数字赋能及实现途径［J］. 江苏大学学报，2021（05）：22 –33.

［28］邱璐轶，华忆迪 ."一带一路"倡议背景下宁波与中东欧国家产教协同实践研究［J］. 宁波经济（三江论坛），2019（07）：16 –19.

［29］邱璐轶 . 产业经济视角下特色小镇与职业教育协同发展模式探究——以浙江省为例［J］. 三江论坛，2017（10）：31 –33.

［30］邱璐轶 . 特色小镇：信息经济时代青年人才就业新空间［J］. 北京青年研

究，2020（01）：55－61.

［31］邱璐轶．特色小镇与职业教育协同创新实践探索［M］．北京：经济科学出版社，2020.

［32］瑞安办公．青年理想办公空间白皮书2020［J］．三联生活周刊，2020（11）：1－23.

［33］沈费伟．数字乡村的内生发展模式：实践逻辑、运作机理与优化策略［J］．电子政务，2021（10）：57－67.

［34］沈费伟．数字乡村韧性治理的建构逻辑与创新路径［J］．求实，2021（05）：72－84，111.

［35］沈锋萍．浙江信息港小镇打造未来社区的路径与对策研究［D］．南昌：南昌大学，2020（6）：32－35.

［36］沈国梁．2020零售新进化：从新零售到社交新零售［J］．中国广告，2020（02）：103－105.

［37］2021数字化就业：新职业新岗位研究报告——基于微信生态观察［R］．中国信息通信研究院，2021.

［38］苏岚岚，张航宇，彭艳玲．农民数字素养驱动数字乡村发展的机理研究［J］．电子政务，2021（10）：42－56.

［39］王秋玉．基于三重螺旋理论的产教融合生态圈建设路径研究［J］．淮海工学院学报（人文社会科学版），2018（09）：126－128.

［40］王雨青．数字经济时代农村电子商务发展现状与建议［J］．中国商论，2021（20）：71－73.

［41］王玉香，玄铮．“斜杠青年”职业选择的本体性研究［J］．中国青年研究，2019（07）：107－112.

［42］仵凤清．人工智能技术产学研合作创新区域网络研究［J］．数学的实践与认识，2021（19）：129－140.

［43］新时代新青年：2019青年群体观察［R］．美团研究院&中国青少年新媒体协会，2019.

［44］徐栋梁．数字经济时代职业教育技术技能型人才培养面临的挑战与对策研究［J］．产业与科技论坛，2021（15）：109－110.

［45］徐梦周．弥合数字鸿沟 推进共同富裕［J］．社会科学报，2021（09）.

［46］徐志强．5G的世界：智慧交通［M］．广州：广东科技出版社，2020.

［47］薛新龙．数字经济时代我国职业教育的发展与转型［J］．信息通信技术与政策，2019（09）：42－44.

［48］杨大鹏，数字产业化的模式与路径研究：以浙江为例［J］．中共杭州市委党

校学报，2019（05）：76－82.

［49］杨丹，张健挺．乡村旅游中的短视频赋能与路径分析［J］．中国广播电视学刊，2020（11）：14－15，56.

［50］杨飞虎，张玉雯，吕佳璇．数字经济对中国“稳就业”目标的冲击及纾困举措［J］．东北财经大学学报，2021（05）：78－85.

［51］杨佩卿，张鸿．发展数字经济，促进改善就业［J］．新西部，2019（16）：80－83.

［52］叶露滢．斜杠青年职业发展样态透视——基于易变性职业生涯定向视角［J］．山东青年政治学院学报，2020（05）：27－35.

［53］袁玉芝．人工智能对技能需求的影响及其对教育供给的启示——基于程序性假设的实证研究［J］．教育研究，2019（02）：113－123.

［54］湛泳，李珊．智慧城市建设，创业活力与经济高质量发展——基于绿色全要素生产率视角的分析［J］．财经研究，2022（01）：4－18.

［55］张亨明，章皓月．城市智慧化治理的实现路径与策略探讨［J］．海南大学学报人文社会科学版，2021（06）：52－59.

［56］张敏，戴小红．“双高计划”背景下中国特色现代学徒制发展路径研究［J］．教育与职业，2021（24）：39－42.

［57］章安平，米高磊，刘一展．浙江金融职业学院国际贸易实务专业群“1＋X”证书制度实践探索［N］．中国教育报，2021－04－01.

［58］赵慧娟，数字经济时代职业教育人才培养的新要求及新举措［J］．北京财贸职业学院学报，2020（05）：47－52.

［59］赵俊雅，徐晓燕．农村电商直播助力乡村振兴的策略研究［J］．中国储运，2020（11）：141－142.

［60］浙江省人民政府办公厅．关于高质量加快推进未来社区试点建设工作的意见［A］．浙江省人民政府官网．2019. 11.

［61］2021中国数字经济就业发展研究报告：新形态、新模式、新趋势［R］．中国信息通信研究院，2021.

［62］ALBOHER M. One Person/Multiple Careers：A New Model for Work/Life Success［M］. Business plus，2007.

［63］GAGULINA N，SAMOYLOV A，NOVIKOU A，et al. Innovation-driven development and quality of living under conditions of digital economy［J］. Web of Conferences. Volume 157，2020（1）：22－32.

［64］GRAHAM M，HJORTH I，LEHDONVIRTA V. Digital Labour and Development：Impacts of Global Digital Labour Platforms and the Gig Economy on Worker Livelihoods.

Transfer: European Review of Labour and Research 2017 (23): 135 – 162.

[65] HU F, XIAO W, LU Y, CUI S. The Impacts and Challenges of Digital Economy on Employment. Pioneering with Science & Technology Monthly 2021 (34): 30 – 33.

[66] MENG Q. Digital Economy and High Quality Employment: Theory and Argument. Journal of Social Science 2021 (2): 47 – 58.

[67] REBECCA S. SALON, NANCY BOUTOT, KEITH OZOLS, BETH KEETON, Janet Steveley. New approaches to customized employment: Enhancing cross-system partnerships [J]. Journal of Vocational Rehabilitation. Volume 50, Issue 3. 2019 (4): 317 – 323.

[68] STORPER M, VENABLES A J. Face-to-Face Contact and the Urban Economy [J]. Journal of Economic Geography, 2004 (4): 351 – 370.

后　　记

自2005年入职宁波职业技术学院以来，我一直都致力于区域创新和产教融合发展研究。2017年起我和团队以特色小镇和职业教育协同发展为切入点，通过一系列的问卷调查、专题访问和案例分析，对特色小镇和职业教育协同创新发展进行全面的探讨和解读。2019年底，在经济科学出版社李雪编辑的协助下，我的第一本著作《特色小镇与职业教育协同创新实践》顺利完成，并获得浙江省教育科学研究优秀成果一等奖。

当前，浙江正处于数字化转型发展的关键时期，特色小镇、产业园、科技园、创业园、淘宝村等特色产业空间作为浙江高质量发展的新型产业平台，在数字技术研发、数字人才供给、数字资源配置等方面还存在一定短板，急需科技型、创新型、技术型、领军型的新一代青年人才加入。"95后""00后"的年轻一代是数字技术的"原住民"，他们有着扎实的网络知识和技能储备，熟悉数字时代的互联网思维方式和表达方式，个性鲜明，追求自由，看重体验，愿意接受新生事物。随着共享经济、自媒体平台、在线教育、数字娱乐、智慧零售等新业态的迅速崛起，年轻人的就业形态也发生了巨大变化，更加灵活的就业形式、更加自由的工作时间、更加自主的工作方式，更好地激发了新一代年轻人的潜力和活力。在数字大潮中，新一代"数字新青年"的就业模式从传统的"公司+雇员"向"平台+个人"转变。因此，我认为研究数字产业发展与青年人才就业的关系，对实现资源优化配置，推动产业生态圈协调发展，具有一定理论价值和现实意义。

2020年初，我开始带领专业老师和学生团队开展杭州、宁波、义乌等地的"数字新青年"和"数字产业空间"调研。两年多时间里，我们团队走访了多个颇受年轻人喜爱的新型数字产业园区。例如，宁波的集盒青年广场，这个园区的产业空间是以集装箱形态呈现的，处处展现出特立独行的别样风格，吸引着各路潮人和文艺爱好者。集盒广场培育和孵化对象主要以电商、文创、户外、设计等新兴产业为主，不同的思想碰撞带给青年创业者源源不断的创业灵感，给他们提供了一个很好的发展平台。另外一个我们印象比较深刻的是DEMOHOOD青年创意社区，这个创意社区是在毛巾厂旧址基础上进行改造，保留原厂房的规格和样式，增添白色简约的Ins风，将新旧融为一体，非常更符合当代青年的审美。虽然DEMOHOOD青年创意社区是在废弃工厂的基础上改造而成的，但入驻商家形态丰富，从服装设计、绿植栽种、手工制作到瑜伽健身，各具特色的产业项目集聚在一个创意空间，洋溢着不同的文化自信。

在数字时代，新型的就业空间和多元的就业形态为青年人才创造了更多的就业机会。“十四五”期间，职业院校要抓住数字经济发展的契机，通过与数字工厂、产业园区、特色小镇、未来社区等新型产业空间的深度融合，建设一批融产学研和社会服务功能于一体的数字化实践基地，培育一批以数字经济为引领的产教融合工程，挖掘一批以数字经济为主导的产教融合型企业，开发一批以数字经济为特色的产学合作协同育人项目，让数字经济赋能职业教育产教融合生态圈高质量、可持续发展。

最后，在此感谢宁波职业技术学院学术著作出版资助专项课题（NZ22CB02）的资助，同时感谢宁波职业技术学院马翔教授引领的国家级职业教育“供应链运营”教师教学创新团队对本研究项目的支持。未来，我将继续带领团队推进高职院校新商科专业建设和人才培养，推动数字时代新商科专业的实践教学改革，着力培养具有“国际化视野、创新性思维、职业化标准”的复合型新商科数字技术技能人才。

作者

2022 年 7 月